Inhaltsverzeichnis:

Vorwort

Ein Vorwort gehört meist noch nicht zur eigentlichen Thematik, sondern schildert die Gedanken, die Autoren durch den Kopf gehen, wenn sie ihr Buch in einen Rahmen einordnen wollen - auch wir wollen dies tun.

Nachdem wir uns als Community-Mitglieder und Wissenschaftler mit Communities als den *Königinnen des Web 2.0* Tag und Nacht inhaltlich auseinandergesetzt hatten, waren wir gespannt darauf, zu erfahren, wie schwierig es ist, solch komplexe Produkte Kunden näher zu bringen, die eine Online-Community konzipieren und umsetzen wollen. Technische Genies für die Umsetzung, Firmengründung und erste Kundenprojekte sowie Kooperationspartner für eigene Community-Projekte waren erstaunlich schnell gefunden. Was uns fehlte, war ein konkreter schriftlich niedergelegter Leitfaden als Grundlage unserer Tätigkeit. Daher begannen wir unsere Autorentätigkeit, um diese zu schließen. Das Ergebnis war das erste gemeinsame Buch *Community Marketing Management - wie man Online-Communities im Internetzeitalter des Web 2.0 zum Erfolg führt*, in dem unsere Erfahrungen als Bauanleitung für Communities dargestellt wurden.

Der Erfolg war unerwartet hoch, aber schnell gingen die Folgefragen unserer Kunden und Leser über die der Erstellung und das Management von Communities hinaus. Zu diesen gehörten beispielsweise:

„Was ist Tagging?"
„Brauche ich das für meinen Online-Shop?"
„Einen Blog habe ich doch schon, reicht das nicht aus?"
„Meinen Sie, die Web 2.0 Blase platzt bald?"
„Was wird sich in Zukunft ergeben?"

Vor allem drehten sich die Fragen immer weniger um das Phänomen des Aufkommens von *YouTube* und Co, sondern immer mehr um konkrete Ansätze, wo Erlöskomponenten liegen. Also ging es immer mehr um das liebe Geld!

Da die Antworten nicht immer innerhalb von wenigen Sätzen zu beantworten waren, mussten wir uns Zeit stehlen, die Dinge tiefer und in Ihrer Gänze zu analysieren und anschließend zu Papier zu bringen. Da dies vor allem zu Lasten des Privatlebens ging: Danke an Nicole und Sarah für euer Verständnis, das Bekochen und die Tage und Nächte, die ihr allein verbringen musstet, während wir zusammen irgendwo auf der Welt gerade Zeilen schrieben. Ebenso danken wir unseren Mitarbeitern und unseren Freunden und Familienmitgliedern, die uns bei der Beseitigung von Rechtschreibfehlern und mit zahlreichen Anregungen tatkräftig unterstützten.

Und da stehen wir jetzt mit einem Buch, das unsere Sicht der gerade ablaufenden epochalen Umwälzungen schildert - basierend auf Erkenntnissen der jungen wissenschaftlichen Forschung und der eigenen praktischen Erfahrung als Berater für und Betreiber von eigenen Web 2.0 Projekten. Zusätzlich werfen wir einen Blick auf die nahe Zukunft und zeigen auf, was technisch bereits in kurzer Zeit auf breiter Basis möglich sein wird und welche Auswirkungen das auf die Unternehmensstrategie und -Organisation haben wird.

Köln und Fuerteventura im Sommer und Herbst 2007

Frank Mühlenbeck Prof. Dr. Klemens Skibicki

Die Tag-Cloud des Dankes

an unsere Mitarbeiter, Partner und Freunde:
Wenn Sie nicht wissen, was eine *Tag-Cloud* ist, so wird es umso dringender Zeit an der Zeit sein, dieses Buch zu lesen.

Christian Kracht
Monika Skibicki
Rouven Maier
Nicole Honka
Christoph Gunther
Thorben Maier
Sarah Beckmann
Johannes Flosbach
Robert Kunze
Alexander Wiebe
Alexander Holzhammer
Nikolas Fritz
Philipp Mollenkott
Angela Field
Patrick Stein
Oliver Schaarschmidt
Peter und Margret Mühlenbeck
Ralf-Dieter Brunowsky
Carsten Jacobi
Christoph Cäsar

1 Einleitung - Was, wie, warum machen wir für wen?

Um möglichst schnell in die Thematik *einzusteigen*, machen wir es kurz und schmerzlos oder wie die Marketingpraktiker sagen würden, wir folgen dem *KISS - Prinzip (Keep it simple and stupid)* und sagen gleich vorneweg, welche Fragen nach dem Lesen dieser Einleitung beantwortet sein sollten:

Worum geht es in diesem Buch?

Wir analysieren die aktuelle Entwicklung, die nach den spektakulären Übernahmen von *YouTube*, *MySpace* und *StudiVZ* und dem Börsengang von *OpenBC/Xing* endlich auch in der deutschen öffentlichen Wahrnehmung angekommen ist: Unter dem Schlagwort *Web2.0* werden zahlreiche Konzepte, Perspektiven und Technologien wie z.B. *Blogs, Podcasts, Vodcasts, Communities, Social Software, Me-Commerce, Crowdsourcing, Mitmach-Netz, RSS Feeds, RIA, Ajax,* etc. vermengt, die in ihrer Zusammenwirkung eine neue Entwicklungsstufe des Internets ausmachen.
Wichtiger als die Erläuterung der unzähligen Begriffe ist die Offenlegung der neuartigen Wirkungsweisen und Verschiebungen, die sich auf Seiten von Konsumenten und Unternehmen, ja sogar der Gesellschaft im Ganzen aus dieser Dynamik ergeben - hierfür steht der Begriff *Social Commerce*.
Basierend auf den gemachten Schlussfolgerungen geben wir Tipps und konkrete Leitfäden für die Konzeption, Implementierung und Verwertung strategischer und operativer Optionen, die in diesem neuen Marktfeld des *Social Commerce* erwachsen. Genauso weisen wir auf Risiken und Stolpersteine hin, die sich auf diesem Gebiet ergeben können.

Was bedeutet *Social Commerce* und *Web 2.0* – eine Kurzdefinition.

Die derzeit wohl wichtigste Sammelstelle für dezentral verteiltes Wissen im Internet, die Online-Enzyklopädie *Wikipedia*, definiert den Begriff *Web 2.0* folgendermaßen:

Web 2.0 ist ein Begriff für eine Reihe interaktiver und kollaborativer Phänomene des Internets, speziell des WWWs.[1]

Da uns dies nicht ausreicht, um die Komplexität der Thematik zu begreifen, werden wir uns im ganzen folgenden Kapitel eingehender damit befassen.

Ebenso so jung und deswegen (noch) nicht gemeinhin eindeutig definiert ist der Begriff des *Social Commerce*. Da auch dieser im Verlauf der einzelnen Kapitel Stück für Stück inhaltlich gefüllt wird, sei an dieser Stelle nur eine Idee genannt. Hierfür bedienen wir uns einer gelungenen Beschreibung von *Tim Hahn*, dem Geschäftsführer der *Netz 98 New Media GmbH*:

„Social-Shopping betrachtet den User und damit den Internet-Einkäufer als Ausgangspunkt sämtlicher Überlegungen. Der Begriff Social-Commerce geht dagegen einen Schritt weiter und nimmt eine netzübergreifende Sichtweise ein. Mit Social-Commerce werden beispielsweise auch all jene Handelsformen erfasst, die nicht schwerpunktmäßig im Internet angesiedelt sind. Im Zuge von Social-Commerce können auch Unternehmen, deren Kerngeschäft nicht im E-Business liegt, die zukunftsweisenden Komponenten User-Interaktivität und Kunden-Integration von ihrer Web-Präsenz in das Offline-Feld transportieren."[2]

[1] Vgl. http://de.wikipedia.org/wiki/Web_2.0.
[2] Vgl. http://www.hsid.de/internethandel/blog/?p=755.

Warum ist dieses Buch notwendig?

Die aktuellen Entwicklungen gehen weit über kurzfristige strukturelle Veränderungen für die Internetnutzung und den E-Commerce hinaus. Sie bedeuten vielmehr nachhaltige Verwerfungen der gesellschaftlichen Rahmenbedingungen der gesamten globalen Märkte und müssen deswegen nicht nur der Avantgarde, sondern von allen Akteuren mittelfristig tiefgehend begriffen werden, um im Wettbewerb bestehen zu können. Kurzfristig können Unternehmen zahlreiche Weichen stellen und neue Erlöskomponenten erschließen.
Die Ära des *Social Commerce* und des *Marketing 2.0*, der Unternehmensführung im vernetzen Zeitalter hat längst begonnen!
Dies scheint aber noch von vielen, die es angeht, nicht verstanden zu sein. So gaben in einer Studie der *BEA Systems inc.* 321 befragte Manager im Mai-Juni 2007 zu 57 % an, der Hauptgrund dafür, dass das Senior Management nicht in Web 2.0 Instrumente investiert, sei das fehlende Verständnis der Vorteile für das eigene Geschäft.
Dieser Wissenslücke stehen zwar zahlreiche Informationen und Expertenanalysen gegenüber, in der Regel sind diese aber nur dezentral verteilt auf Fachmessen, in Blogs oder bei Beratungsunternehmen zu finden. Wir haben uns hier die Zeit genommen, kurz inne zu halten, zu sammeln, zu analysieren und das Wesentliche komprimiert für den Leser, der dafür keine Zeit findet, zusammenzustellen.

Welcher Struktur folgt dieses Buch?

Wir erläutern zunächst die elementaren Begriffe und neuen Rahmenbedingungen des Web 2.0 Zeitalters. Anschließend zeigen wir, wie damit heute schon Geld verdient wird und darüber hinaus skizzieren wir eine Vision auf, wie dies optimalerweise erfolgen könnte. Zum Ende geben wir einen Ausblick über - aus unserer Sicht - wahrscheinliche Zukunftsszenarien und nennen die Schlüsselfaktoren des Erfolges in diesen neuen Rahmenbedingungen. In diesem letzten Teil greifen wir zudem einige kritische Fragen zum Web 2.0 Trend auf.

Stilistisch geht es uns vor allem darum, auf möglichst breiter Basis verstanden zu werden. Trotz eines wissenschaftlichen Backgrounds präferieren wir eine *Sprache, die jeder verstehen soll*. Falls Sie also wissenschaftliche Floskeln und detailliert präzise Fußnoten lieben, ist dieses Buch nur bedingt etwas für Sie.

Für wen ist dieses Buch geschrieben?

Im Prinzip kann dieses Buch jeder nutzen, der in irgendeiner Weise zukünftig ökonomisch erfolgreich sein möchte und dafür die vielen Schlagworte unter dem Oberbegriff *Web 2.0* verstehen und in ihrer Bedeutung einordnen können muss – wir leben in Zeiten tief greifender nachhaltiger Veränderungen der Märkte. Viel konkreter wird es, wenn Sie Ihren bestehenden oder geplanten Webauftritt unter Web 2.0 Gesichtspunkten optimieren wollen; dann finden Sie nämlich hier einen Leitfaden.

Die mittlerweile recht ansehnlich große Szene der Web 2.0 Blogger und Journalisten mag in vielen Kapiteln nichts Neues entdecken – kein Wunder, denn Sie sind ja auch Experten, die sich anders als die meisten, intensiv mit der Thematik auseinandersetzen. Dennoch sollten auch Sie den ein oder anderen innovativen Aspekt oder weitere Anregungen finden. Vor allem ist dieses Buch aber für diejenigen geschrieben, die ihre Kenntnisse noch vertiefen wollen, ohne dabei das gesamte Web durchsuchen zu müssen.

Wie sollten Sie dieses Buch lesen?

Dies hängt davon ab, wie Sie es nutzen wollen.

- Für den gesamten Überblick lesen Sie natürlich von vorne bis hinten – unsere Empfehlung.
- Wollen Sie gezielt Begriffe oder einzelne Web 2.0 Tools klären und verstehen? Dann suchen Sie einfach die entsprechende Stelle im Inhaltsverzeichnis.

- Wollen Sie strategische Entscheidungen treffen? Dann dürfte für Sie zunächst das grundlegende Verständnis der neuen Rahmenbedingungen in Kapitel 3 interessant sein.
- Wollen Sie kurzfristige Verdienstmöglichkeiten auf ihre Einsatzfähigkeit für ihr Unternehmen abklopfen? Vorausgesetzt Sie kennen sich schon im Web 2.0 ein wenig aus, so können Sie auch direkt in das Kapitel 4 springen.
- Sie stehen dem ganzen Hype Web 2.0 noch kritisch gegenüber und wollen erst langsam über zweifelnde Fragen testen, ob das Ganze überhaupt etwas für Sie ist? Dann gehen Sie direkt zu Kapitel 6.3.

....oder fangen Sie doch einfach vorne an und lesen in einem durch.

WICHTIG: Da wir auch kapitelweises Lesen ermöglichen wollen, kommt es an verschiedenen Stellen vor, dass Begriffe und Sachverhalte erneut erläutert werden. *Doppelungen* sind bei einem solchen Anspruch leider nicht gänzlich zu vermeiden – aber Wiederholung hilft ja zuweilen auch beim Verstehen. ☺
Sollten Begriffe unklar bleiben oder Ihnen als Leser nicht so geläufig sein, so können Sie kurze Erläuterungen in unserem *Web 2.0 Glossar* nachschlagen. Sie finden diesen in unserem Blog

www.braininjection.wordpress.com.

Viel Spaß beim Lesen!

2 Was ist Web 2.0? Verschiedene Dimensionen

Eine der ersten wesentlichen Aufgaben dieses Buches ist die Klärung des schillernden Ausdrucks *Web 2.0*, der als (noch) nicht eindeutig definierter Sammelbegriff für tief greifende Veränderungen im Internet steht. Dabei werden wir der Natur des Terminus folgend zweigeteilt vorgehen und einmal mehr die inhaltliche, einmal mehr die technische Komponente hervorheben. Anschließend stellen wir die wichtigsten Teilkomponenten detaillierter vor.

2.1 Web 2.0 – ein Perspektivwechsel

"The second internet goldrush is in full swing, and this time it's all about real people, creating, editing and showcasing their own lives and opinions."

John Lancaster, 2006

Der zweite[3] Teil des oben stehenden Zitates beschreibt sehr prägnant, worum es im Kern beim Sammelbegriff Web 2.0 geht - nämlich das Internet anders zu verstehen als in seiner ersten Hochphase von Mitte der 1990er Jahre bis zum Platzen der Börsenblase der New Economy im Jahre 2000. Die charakteristischen Merkmale der damals neuartigen Geschäftsmodelle dieser Phase - auch *Dotcom-*

[3] Nur der Vollständigkeit halber sei hier erwähnt, dass der erste Teil des Zitats von *Lancaster* bezüglich des Vergleichs mit einem Goldrausch eher differenziert zu betrachten ist, da es sich bei einem solchen um eine eher kurzfristige hitzige Periode handelt, in der es viele Pioniere versuchen und einige erfolgreich reich werden. Für die Betrachtung von Unternehmensübernahmen und Börsengängen bis zur normalen Marktbereinigungsphase mag dies vielleicht gelten, nicht aber für die Nachhaltigkeit der Entwicklungspfade, an deren Anfang wir uns gerade erst befinden. Eine genauere Begründung dieser Analyse geht aus Kapitel 6.3 hervor.

Unternehmen genannt - waren, dass sie bereits auf den durch das Internet vergleichsweise gigantisch gesenkten Kommunikations- und Transaktionskosten basierten. Der Fluss der Kommunikation im Netz war aber vor allem in eine Richtung ausgeprägt und die Machtverhältnisse damit eindeutig: Es gab einen Betreiber eines Webauftritts, der Inhalte (im Folgenden auch oft als *Content* bezeichnet) oder andere virtuelle Produkte bereitstellte, die die Internetnutzer (im weiteren Verlauf auch *User* genannt) anschauten oder auf ihren heimischen Computer herunterladen konnten.

In der Dotcom-Ära gab es noch ein eindeutiges Kommunikationsmodell.

Interaktion oder Beteiligung waren nur in wenigen Fällen berücksichtigt, beispielsweise beim Online-Händler *Amazon*, bei dem Interessenten darüber informiert wurden, welche Produkte von anderen Konsumenten des gerade betrachteten Produktes auch angesehen wurden. Diese Integration von anderen Kunden war jedoch anonym und vom Betreiber bereitgestellt.

Nachdem das Platzen der Internetbörsenblase den Focus der Öffentlichkeit von den Internet Start-ups weg verschoben hatte, entwickelten sich in den nächsten Jahren - von der Businesswelt und Aktienanalysten weitgehend unbemerkt - neue Konzepte.[4] Diese wurden einerseits vorangetrieben durch neue Technologien, vor allem aber war es die stark steigende Zahl von Breitbandzugängen, die es einer kritischen Masse von Usern ermöglichte - aufgrund von immer einfacher handhabbarer Software und höherer Datenübertragung - das Internet in neuartiger Weise zu nutzen.

[4] Wem das zu unscharf ist, der sei an die Einteilung von Epochen der Kunst oder Architektur erinnert. Dort beschließt auch nicht eine höhere Instanz, wann eine Periode beendet war ist die nächste anfängt. Dies übernehmen nachfolgende Generationen mit dem Überblick der historischen Perspektive und differenzierten dabei zwischen Regionen, Elementen und Personen.

Aus Konsumenten wurden auch Produzenten
= Prosumenten.

Dieser Perspektivwechsel bestand primär darin, dass Internetnutzer über die frühere Rolle des Konsumenten von Information hinaus selbst zum Produzenten werden konnten. Die eigene Festplatte wurde zunächst zum Server und zum Ort der Produktion von Inhalten, das Web selbst zunächst das Medium der Verbreitung, zunehmend auch Ort der Erstellung und Speicherung von Inhalten. Das *Mitmach-Netz* war geboren, von Klassenkampf-Theoretikern wäre es wahrscheinlich die *Demokratisierung der Produktionsmittel* genannt worden.

Web2.0 führt zu einer Demokratisierung
der Produktionsmittel.

Zunächst noch an bzw. über der Grenze der Illegalität und von klassischen Anbietern als Auswüchse bekämpft, waren es zu Beginn die Tauschbörsen für Musik und Videos à la *Napster* oder *Kazaa*, in denen die Teilnehmer ihren Festplattencontent für andere freigaben, um im Gegenzug deren Inhalte herunterladen zu können. Im Laufe der Zeit traten neue Konzepte auf, in denen die Nutzer ihre persönlichen Inhalte auch jedem direkt auf einer großen Plattform zeigen und dabei die Technologie und den Speicherplatz des Betreibers direkt nutzen konnten. Mit dieser konnte er zudem durch Bild- und Tonmaterial auch multisensorisch produzieren. *MySpace* und *YouTube* stellen die international bekanntesten und größten Plattformen dieser Art dar. Im deutschsprachigen Raum gab es schnell ähnliche Anbieter, von denen *Clipfish*, *Myvideo* und *Sevenload* als die erfolgsreichsten genannt werden sollten.
Noch einfacher als bei Videos ist die Erstellung schriftlicher persönlicher Online-Tagebücher, den *Blogs*, die durch Audio- oder Videoda-

teien noch bereichert werden können. Werden letztere alleine - ohne Blogs - genutzt, bezeichnet man dies als *Podcasting*.[5]

User Generated Content (=von Nutzern erzeugte Inhalte) ist das wichtigste Merkmal des Web 2.0.

Entscheidend für die weitere Entwicklung war, dass seit den frühen Jahren des 21. Jahrhundert – im Gegensatz zu vorangegangenen Jahren - nicht nur die technischen Möglichkeiten für eine immer größere Zahl von Internetnutzern bestand, sondern diese auch tatsächlich genutzt und geliebt wurden. In der Folge entwickelte sich das neue Verständnis des Internets als eine interaktive Plattform mit Kommunikation und Interaktion in alle Richtungen und mit einem Selbstbewusstsein der früheren reinen Konsumenten von Betreiber-Content, die auf einmal das, was sie interessiert, selbst produzieren, konsumieren und verbreiten können. Damit war das wichtigste von allen Schlagwörtern, die unter Web 2.0 subsumiert werden, geboren: *User Generated Content*, die Bereitstellung der Inhalte eines Webauftritts durch die dezentral überall verteilten User anstelle der Betreiber.

Kollektive Intelligenz ersetzt Redaktion - die Inhalte können jetzt dezentral erstellt werden.

Unterstützend ermöglichen neue Technologien, die Inhalte und bereits existierende Anwendungen je nach Bedarf eines jeden Users individualisiert zusammenzustellen. Dieser persönliche Mix aus verschiedenen Quellen nennt sich heute *Mashup*.
Dabei beschränkt sich die Vernetzung von Inhalten jedoch nicht nur auf das, was individualisiert aus Bestehendem für die eigene Startseite zusammengestellt wird, sondern auch auf die kreative Erstel-

---

[5] Die Begriffe werden im Kapitel 2.2.3 genauer analysiert.

lung neuer Mashups. Mit Hilfe innovativer Möglichkeiten wie *Yahoo pipes* wird das Internet somit vom heutigen *Mitmach-Netz* eher zum *Selbermachen-Netz*. *Pipes* ist ein Baukasten für Mashup Anwendungen, den der User vollständig aus dem Browser heraus ohne eine einzige Zeile Programmiersprache bedienen kann. Er kann zwischen verschiedenen Modulen wählen, die beispielsweise Online-Dienste, Newsfeeds oder Benutzereingaben auslesen oder bestimmte Aktionen (wie Inhalte sortieren, analysieren oder zusammenführen) durchführen. Die Module werden in Form eines Flussdiagramms – einer *pipe* – direkt im Browser zusammengebaut.

Mashups ermöglichen das „Mitmachnetz" und das „Selbermach-Netz".

Für den Übergang zu diesem neuartigen Internetnutzer, der sowohl konsumiert als auch produziert, wurde auch der Begriff *Prosument* geprägt.[6] Das Internet ist somit immer mehr von einem reinen Kommunikationskanal zu einer Plattform des realen gesellschaftlichen Lebens geworden, in der sich Leute darstellen, austauschen und organisieren, also einfach nur *leben*. Im Web 2.0 vernetzt sich zunehmend alles in allem, beginnend mit den bisher bekannten Medien. Fernsehen, Handy, Radio, Print und Spielekonsolen verschmelzen zu einem gesamten Raum, einer Klammer des realen und virtuellen Lebens in einem wahrhaftigen *Netz*.

„Continuous Beta" = das Bananenprinzip – das Produkt reift beim Kunden.

Während diese Medienkonvergenz als extrem spannender Prozess noch lange nicht abgeschlossen ist, wurde die Vernetzung von Anbietern und Nachfragern in Form des Begriffes *Beta* zu einem cha-

[6] Der Begriff wurde allerdings bereits 1980 von *Alvin Toffler* in seinem Buch *The Third Wave* eingeführt.

rakteristischen Begriff von Web 2.0 Diensten. Beta steht dabei ursprünglich für eine Testphase, in der die Nutzer dazu aufgefordert werden, das schon funktionsfähige, aber noch mit Fehlern behaftete Produkt zu verbessern. Anders als in der klassischen Ökonomie versuchen Web 2.0 Unternehmen ganz bewusst gar nicht erst ein vollkommen ausgereiftes Produkt auf den Markt zu bringen. Nicht nur der Zeitwettbewerb zwingt dazu, erst einmal zu schauen, ob ein Dienst vom Kunden angenommen wird. Die Nutzer werden vielmehr als wertvolle und zudem kostenlose Qualitätstester und Entwickler in die Erstellung des Produktes integriert. Diese Testphase wird aber bewusst niemals abgeschlossen sein. Das Produkt wird permanent verbessert und befindet sich folgerichtig kontinuierlich in einer *Beta*-Phase. Die frühere Trennung von Nutzern und Anbietern wird dabei reduziert. An deren Stelle tritt von den Anbietern bei den Nutzern eingeforderte Interaktion.

Wisdom of Crowds (= Weisheit der Massen)
wird zur Produktoptimierung eingesetzt.

Gezielt wird die Aufmerksamkeit, das Wissen, die Intelligenz und die Kreativität von vielen, tausenden oder millionen dezentral verstreuten Nutzern eingesetzt, um die Plattform schneller zu optimieren als es die Abteilungen selbst riesiger Softwareunternehmen könnten. Der Paradigmenwechsel zum offenen Umgang mit dem Angebot eines Unternehmens hat also nicht nur philosophische Gründe, sondern handfeste ökonomische Zeit- und Kostenvorteile.
Gleiches gilt für Öffnung, Tausch und Integration statt Abschottung der eigenen Produkte durch Web 2.0 Anbieter.

APIs und Widgets helfen, das eigene Angebot
zu verbreiten, bedeuten aber Kontrollverlust.

Die Bereitstellung offener Programmierschnittstellen, *API - application programming interface* genannt, ermöglichen die Weiterentwicklung und Anbindung der eigenen Angebote, die auf diese Weise optimiert und verbreitet werden. Ebenso werden Nutzern und anderen Web-Angeboten so genannte *Widgets* kostenlos und technisch simpel integrierbar bereitgestellt. Über eine Schnittstelle erscheint beim Widget meist ein bannerähnliches Fenster auf dem Bildschirm des Users, das auf die Datenbank des ursprünglichen Anbieters zurückgreift. Beispielsweise kann sich der Nutzer über ein Widget einer Foto-Community die dort gerade neuesten Bilder anzeigen lassen. Der User kann sich also über Widgets sein eigenes Mashup individuell zusammenstellen. Die Anbieter der jeweiligen Dienste werden auf diese Weise häufiger genutzt und weiter verbreitet.

Genauso wie die Grenzen zwischen verschiedenen Anbietern, und zwischen Anbietern und Nutzern geringer werden, schwindet im Web 2.0 Zeitalter für immer mehr Menschen die Unterscheidung von Aktivitäten zwischen realem und virtuellem Leben. Anders als früher macht man in der neuen Online-Welt alles, was man in der Offline-Welt auch macht, nur zu geringeren Kommunikationskosten. Den vorangegangenen Erläuterungen über Internetnutzung entsprechend charakterisierte der Namensgeber der beschriebenen Entwicklung, der Internet-Pionier *Tim O`Reilly*, Web 2.0 eher als *eine Einstellung als eine Technologie*, ein anderer Umgang mit dem Internet von allen Seiten.[7]

"Web 2.0 is an attitude rather than a technology"

Tim O`Reilly, 2004

[7] Der Ausdruck wurde ursprünglich von einem Mitarbeiter von *O`Reilly* für den Titel einer Konferenz im Jahre 2004 entwickelt und hat sich seitdem rasant etabliert. *O`Reilly* gründete 1978 einen Computerfachverlag und betrieb seit 1993 die erste kommerzielle Homepage, die er 2 Jahre später an *AOL* verkaufte.

Der hauptsächliche Grund, warum *O`Reilly* mit seiner Aussage sehr richtig liegt, ist, dass viele der technischen Möglichkeiten wie auch viele der heute erfolgreichen Konzepte bereits zu Beginn der Dotcom-Ära bestanden, aber die Zeit für die spätere Entwicklung noch nicht so reif war wie heute. So existierten beispielsweise die frühen Formen von Communities und Foren im Internet bereits in den 1980er Jahren. *Tags* sind letztlich nichts anderes als *Meta-Keywords* und bei *Blogs* handelt es sich um seit den 1990ern bekannte *Content Management Systeme*.[8]
Selbst wenn das Bewusstsein der Internetnutzer damals soweit gewesen wäre, so war aufgrund des bestehenden Flaschenhalses der Breitbandzugänge die Zahl der *aufgeklärten* und anspruchsvollen-selbstbewussten Webuser für einen signifikanten Einfluss noch nicht ausreichend hoch. Auch wenn von der technologischen Seite her viele Elemente schon seit längerem existieren, so haben sie doch erst in den letzten Jahren einen Grad an Perfektion und Kombination erlangt, dass sie ihre Wirkung umfassend entfalten konnten.

Das Internet ist die neue Plattform für Software.

Ohne auf technische Details eingehen zu wollen, sei hier der Sammelbegriff *Ajax* genannt. Bei Ajax handelt es sich um eine Sammlung verschiedener technologischer Komponenten, die eine wesentlich schnellere und dynamische Anwendung von Internet-Applikationen ermöglicht. Dies ist vor allem deswegen von herausragender Bedeutung, da interaktive Nutzung von Diensten genauso möglich ist, wie es früher nur mit auf den jeweiligen auf den individuellen PC heruntergeladenen Programmen möglich war. Dank Ajax reicht der Internetbrowser aus, um nahezu alle Angebote nutzen zu

[8] *Content Management Systeme* (kurz *CMS*) sind Anwendungssysteme zur gemeinschaftlichen Erstellung und Bearbeitung des Inhaltes von Websites, also z.B. von Text- und Multimediadokumenten.

können. Damit ist nicht mehr das Betriebssystem des Computers *Heimatstützpunkt* einer genutzten Software, sondern das Internet.

„Nichts ist mächtiger als eine Idee,
deren Zeit gekommen ist"
Victor Hugo

Zusammenfassend lässt sich zu den vorangegangenen Abschnitten festhalten, das alles zusammen kommen musste, um die Web 2.0 Revolution zu starten: Technologie, neues Rollen-Verständnis und ausreichend viele Breitbandzugänge.[9]

Mittlerweile entwickelt sich das Angebot und die Nutzung von Web 2.0 Diensten rasant und ist spätestens seit 2006 vom Rand- zum Massenphänomen geworden. Wenn auch der ohnehin sehr junge Begriff den meisten Nutzern noch nicht so recht geläufig ist. So kam eine Untersuchung im Auftrag von *stern.de* im Frühjahr 2007 zu dem Ergebnis, dass zwar zwei Drittel der deutschen Internetnutzer bereits Web 2.0 Angebote nutzen, diese aber wie im Falle von Communities nicht unbedingt als solche erkannt haben. Drei Viertel kennen Online-Enzyklopädien wie *Wikipedia*, zwei Drittel Diskussionsforen und lediglich ein Drittel kennt Blogs.

Zwei Drittel der deutschen Internetnutzer nutzt bereits Web 2.0 Dienste, erkennt sie aber oft nicht als solche.

Ebenfalls ein Drittel der Befragten gab an, den Begriff *Web 2.0* schon einmal gehört zu haben, aber lediglich jeder Zehnte weiß wirklich etwas damit anzufangen. Diese Unkenntnis und Unerfahrenheit könnte auch ausschlaggebend dafür sein, dass noch weniger als 50 % der Befragten angaben, dass Web 2.0 Angebote für sie

[9] So stieg der Anteil der DSL-Anschlüsse in Deutschland allein von 2005 auf 2007 um 20 Prozentpunkte auf jetzt fast 60 %.

persönlich wichtig seien.[10] Aufgrund des hohen Innovationsgrades der Thematik und nicht-standardisierter Methoden und Zuordnung von Angeboten zum Web 2.0 Begriff ist es nicht verwunderlich, dass die Ergebnisse verschiedener Untersuchungen noch recht unterschiedlich ausfallen. So kommt die *ARD/ZDF Onlinestudie* des Jahres 2006 zu dem Ergebnis, dass bereits 12 % der Gesamtbevölkerung über 14 Jahren mindestens einmal pro Woche eine Web 2.0 Anwendung nutze. Von denen, die als regelmäßige Internetnutzer als *Onliner* bezeichnet werden, sind dies 20 %. 9 % gehören sogar zu der Gruppe der intensiven Nutzer. Der meist genutzte Web 2.0 Dienst ist die Online-Enzyklopädie *Wikipedia*, die von 32 % aufgerufen wird. Fotogalerien werden von 12 % und Weblogs lediglich von 7 % genutzt.[11]

2.2 Web 2.0 Komponenten im Detail

Nach den eher allgemein gehaltenen Erläuterungen, die vor allem ein Gespür dafür vermitteln sollen, wofür Web 2.0 steht, werden wir jetzt konkreter und gehen auf einzelne Bestandteile bzw. Kategorien, die langläufig - leider nicht besonders trennscharf - unter dem Begriff subsumiert werden, im Detail ein.

2.2.1 User Generated Content und Consumer Generated Media

Web 2.0 wird häufig als *Mitmach-Web* bezeichnet. Die Mitglieder von Web 2.0 Plattformen produzieren Inhalte für die Gemeinschaft. Diese sind dabei nicht auf den Text beschränkt. Heute geht es vor

[10]Vgl. http://stern.de/computer-technik/internet/:%0A%09%09 stern.de-Studie%0A%09%09%09-Web-2.0--/591483.html.
[11] Vgl. http://www.daserste.de/service/0206.pdf.

allem darum, mediale Inhalte zu produzieren. Aus diesem Grund spricht man auch von *Consumer Generated Media*.

Noch vor wenigen Jahren funktionierte das Internet folgendermaßen:
Firmen und wenige Private produzierten eine eigene Webseite, auf der sie ihre Produkte oder sich selbst dargestellt haben. Aus technischer Sicht war der Inhalt fest mit der Technik der Webseite verbunden.

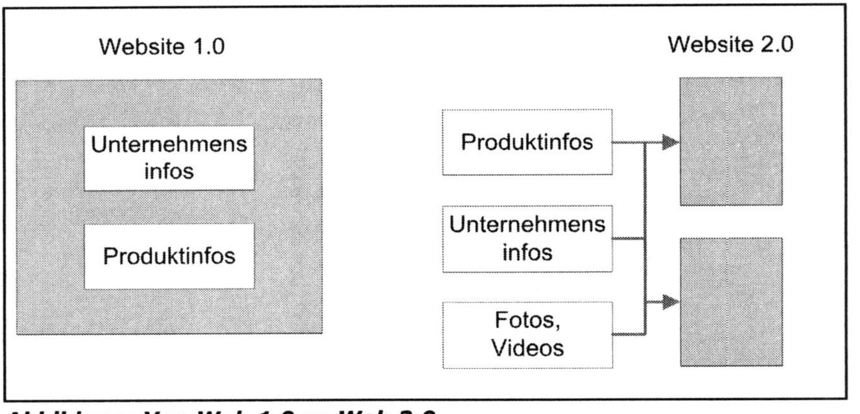

Abbildung: Von Web 1.0 zu Web 2.0

Im Web 2.0 werden die Inhalte dagegen klar von der Webseite getrennt. Schon bei Content Management Systemen wurde der technische Teil einer Webseite von der Produktion der Inhalte abgekoppelt. Auf diese Weise war es endlich möglich, ohne Programmierkenntnisse umfangreiche Webseiten zu produzieren und vor allem zu pflegen. Im Web 2.0 ermöglicht die so genannte *XML Programmiersprache*, dass Inhalte beliebig oft über diese Schnittstelle in unterschiedliche Plattformen eingebunden werden. So illustriert der rechte Teil der o.a. Abbildung, dass Inhalte produziert und in neue Plattformen integriert werden können.

Wir sind das Netz!

Das Web stand und steht für ein Netzwerk. Der langfristige Gedanke dieses Netzwerkes ist es, dass globale Wissen der Menschheit nutzbar zu machen. Wir sind das Netz, und nur durch eine intelligente Form der Vernetzung von Wissen ist es möglich, den Wert des Wissens zu potenzieren.

Entweder produzieren Sie als Teil dieses Netzes Inhalte, oder Sie setzen eine Plattform auf und verweben die Inhalte von anderen (so genannte *Mashup*). Die dritte Alternative besteht darin, eine Plattform zu bauen, auf der andere für Sie Inhalte produzieren, die Sie wieder für weitere Plattformen anbieten können. Im letzten, dem Web 2.0 typischen Fall müssen Sie die zentrale Frage beantworten, wie man Menschen dazu motivieren kann, Content zu generieren.

Die Motive sind dabei durchaus vielfältig und werden uns im Laufe dieses Buches noch öfter beschäftigen.[12] Zuweilen sind diese nicht auf den ersten Blick zu erkennen. So gibt es neben vielen Web 2.0 Modellen, die sich mit Produkten befassen, auch einige auf den ersten Blick sinnfreie Angebote. Beispielsweise ermöglicht die Micro-Blogging Plattform *Twitter.com* den Mitgliedern der Community, Texte mit bis zu 140 Zeichen auf der Internetplattform oder per SMS an die Community zu senden. Das deutsche Pendant *wamadu.de* bringt den *Sinn* bereits im Titel auf den Punkt. *Wamadu* steht dabei für *Was machst Du*. Mitglieder schreiben, was sie zurzeit tun. Dabei werden Beiträge wie *Ich gehe die Zeitung holen* und *Ich esse ein Brot und schaue dabei Fernsehen* gepostet.

[12] Beispielsweise später in Kapitel 6.1.

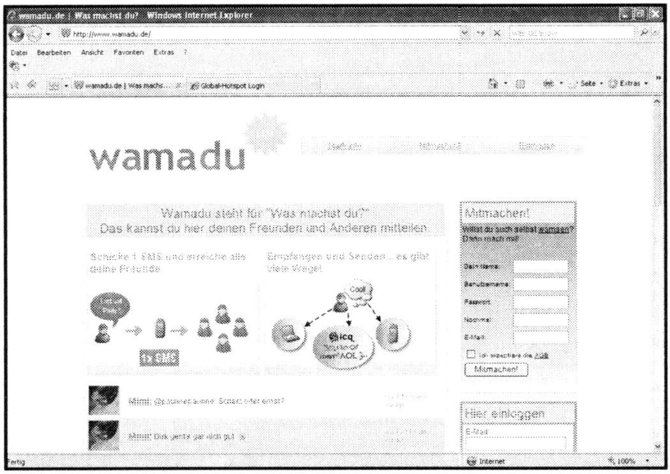

Abbildung: Startseite von Wamadu.de

Der User Generated Content kann sowohl auf Plattformen betrieben werden, die Unternehmen anbieten, als auch auf einem eigenen Blog. Die Funktionsweise von Blogs wird im folgenden Kapitel beschrieben.

2.2.2 Blogs – die Online Tagebücher

Das Wort *Blog* leitet sich von den beiden Wörtern *Web* und *Log* – kurz *Blog* – ab. Bei Blogs handelt es sich - einfach erklärt - um ein Online-Tagebuch, bei dem die einzelnen Beiträge – die Log-Einträge – chronologisch sortiert sind und der neueste Eintrag des Herausgebers, dem so genannten Blogger, immer ganz oben auf der Blogseite zu finden ist.

Wie erstellen Sie einen Blog?

Wenn man einen eigenen Blog erstellen möchte, ist dies auf zweierlei Weise möglich: Eine Möglichkeit ist die Nutzung eines von vielen Blog-Portalen, bei dem man sich per Klick ein eigenes Blog-Tagebuch einrichtet. Die Alternative ist der Betrieb eines Blogs auf einem eigenen Server, den man bei einem Provider anmietet. Der Vorteil eines eigen betriebenen Blogs liegt vor allem darin, die eigene Domain bekannt zu machen. Solange man sich einem Blog-Portal anschließt, verbleibt die Internet Adresse immer auf der Seite des Blog Anbieters. Soweit man den Blog auf einem eigenen Server installieren möchte, bedient man sich im Internet an der großen Quelle des *Open Source*.[13] Programme wie *Wordpress* bieten die Möglichkeit, kostenlos einen professionellen Blog einzurichten.

Blog-Service Anbieter, die Sie nutzen können, um ohne eigenen Server einen Blog zu betreiben sind beispielsweise:

- *Blog.de*
- *Blogg.de*
- *Blogger.com*
- *Myblog.de*
- *MySpace.com*
- *Xanga.com*

Blog-Software zur eigenen Einrichtung eines Blogs auf einem Server finden Sie hingegen hier:

- *B2evolution.net*
- *Movabletype.org*
- *Wordpress.org*
- *Textpattern.com*

[13] Unter *Open Source* Produkten versteht man üblicherweise Software, deren Quellcodes für jeden frei zugänglich sind, der den Nutzungsbedingungen zustimmt. In der Regel kann eine solche Software kostenlos genutzt und weiterentwickelt werden – unter der Bedingung, dass diese Nutzungen ebenfalls allen anderen frei zugänglich lind, die den Bedingungen zustimmen.

Für Unternehmen werden *Corporate Blogs* immer interessanter. So verwundert es nicht, dass sich die Artikel in Wirtschaftsprintmedien über Blogs häufen.[14] Viele Unternehmen haben eigene Blogs, in denen das Management über die aktuellen Strategien des Unternehmens berichtet und eine persönliche Atmosphäre zwischen sich und dem Leser schaffen möchte. Dabei sind die Blogs im Regelfall für alle zugänglich. Eine Ausnahme zeigt das *SAP* Management mit einem Blog, der nur durch Anmeldung mit E-Mail Adresse, Telefonnummer und vollständiger Postanschrift Eintritt gewährt. Diese Form des Corporate Blogs wurde von einigen Bloggern heftig angegriffen und von dem Journalisten *Dirk Nolde* in der Tageszeitung *Die Welt* vom 3. September 2006 mit den Worten diskreditiert:

„Was hat das SAP-Management zu verbergen? Das ist nicht <nackt>, sondern so, als würde man im Dreiteiler am FKK-Strand liegen" [15]

Wenn Sie mit einem Blog bekannt werden möchten, sollten Sie folgende Punkte beachten:

Wie viele Links zeigen auf Ihren Blog?

Die so genannten *Backlinks* steigern die Bekanntheit und die Suchmaschinenrankings Ihres Blogs. Dazu sollten Sie Kontakt mit anderen Bloggern aufnehmen, die über dieselben Themen schreiben wie Sie. In einer so genannten *Blog Roll* können Sie auf Ihrem Blog auf andere Blogger verlinken. Im Regelfall werden diese mit Ihrem Blog gleich verfahren. Der Vorteil bei Blogs ist die Einfachheit in der Darstellung der Webadresse. Das Thema des jeweiligen Blog-Eintrages findet sich in der URL Leiste des Browsers wieder und verändert sich

[14] Vgl. www.factiva.de über die steigende Bedeutung der Weblogs in den deutschen Medien.
[15] Siehe *Eck, K.*: Corporate Blogs (2006), S. 41.

nicht. Diese so genannten *permanent links* haben zusätzlich den Vorteil, dass sie für Suchmaschinen besser zu interpretieren sind als numerische Internet-Adressen, wie man sie häufig in Content Management Systemen findet.

Wie häufig schreiben Sie?

Regelmäßige Beiträge sind für einen guten Blog unverzichtbar. Setzen Sie sich feste Termine pro Woche, um Ihren Blog aktuell zu halten.

Wie glaubwürdig ist Ihr Blog?

Das Wichtigste bei der Beziehung zu Ihren Lesern ist Vertrauen. Schaffen Sie Vertrauen durch einen persönlichen Schreibstil, der sich von dem Schreibstil von Printmedien abhebt. Dank Feedback- und Kommentarfunktionen bieten Blogs die Möglichkeit, mit Lesern zu interagieren. Antworten Sie auf Fragen Ihrer Leser schnell und bleiben Sie immer freundlich.

Ein zunehmendes Problem bei der Glaubwürdigkeit sind Dienste wie *payperpost.com*, die anbieten, über Produkte in Blogs zu schreiben und dafür Geld zu verdienen. Hiermit ist die Unabhängigkeit eines Blogs schnell verspielt.

Eines bleibt natürlich bei Business Blogs unverzichtbar für die Glaubwürdigkeit: Ihre Fachkompetenz!

Bieten Sie in Ihrem Blog die Möglichkeit, die Inhalte mit *RSS Feed* zu abonnieren. So erhalten Sie eine feste Leserschaft und Sie machen es Ihren Lesern einfach, schnell über Neuigkeiten informiert zu werden. Details zu RSS Feeds finden Sie im gleichnamigen Kapitel 2.2.7.

Die Blog Plattform *blogjungle.de* hat im Mai 2007 die 10 Themen eruiert, die in deutschen Blogs am meisten vertreten sind:

Platz 1: Tourismus
Platz 2: Meinung + Politik
Platz 3: Auto + Verkehr
Platz 4: Sport + Wetten
Platz 5: Gesundheit + Ernährung
Platz 6: Job + Business
Platz 7: TV, Film + Kino
Platz 8: Liebe + Partnerschaft
Platz 9: Lifestyle + Genuss
Platz 10: Telekommunikation, PC + IT

Neben reinen Textblogs gibt es inzwischen auch *Audioblogs* und *Video Blogs* (kurz *VBlogs*). Diese werden im folgenden Kapitel näher spezifiziert.

Die Blogosphäre.

Die Zahl der Blogs verändert sich rasant und kann nur grob geschätzt werden. Eine der führenden Blog-Suchmaschinen *technorati.com* meldete Mitte 2007 die Zahl von weltweit 70 Millionen Blogs, täglich kommen rund 120.000 hinzu. Die Zahl der deutschen Blogger dürfte irgendwo zwischen 500.000 und 1 Millionen liegen. Leider kann die Zahl der inaktiven Blogs nicht beziffert werden. Die Verteilung der Blogsprachen sieht laut *technorati* wie folgt aus[16]:

1. Japanisch 37 %
2. Englisch 36 %
3. Chinesisch 8 %
4. Italienisch 3 %
5. Spanisch 3 %
6. Russisch 2 %
7. Französisch 2 %
8. Portugiesisch 2 %
9. Deutsch 1 %
10. Farsi 1 %

alle übrigen zusammen 5 %

[16] Vgl. http://technorati.com/weblog/2007/04/328.html

Die Eigenheit der oft informellen Sprache, die Themenvielfalt und die Vernetzung der Blogger untereinander haben der Welt der Blogs eine Eigentümlichkeit gegeben, die sich in dem Begriff *Blogosphäre* manifestiert.

2.2.3 Podcasting und IPTV – die Audio / Video Blogger

Ursprünglich unter dem Namen *Audioblogging* bekannt, leitet sich der heutige Begriff *Podcasting* von dem Wort *Broadcasting* ab. Protagonisten wie der ehemalige *MTV*-Moderator *Adam Curry* verwendeten und verbreiteten als einer der ersten Podcasting-Anbieter das im Jahr 2000 entwickelte Konzept. Zusätzlich spielt der von *Apple* entwickelte *iPod* eine Rolle, da 2005 Apple das Audioblogging Konzept in die Software *iTunes* integrierte – der Massenmarkt wurde somit für den Empfang von Podcasts geöffnet. Wie bei Blogs können Menschen eigene Inhalte in Form von Audiodateien und Videodateien produzieren und ins Netz stellen. Somit verstehen wir Podcasts als Radio- oder neuerdings auch Fernsehsendungen, die man jederzeit abspielen kann.

„Podcast" war 2005 das Wort des Jahres in Großbritannien.

Sinnvolle Einsatzmöglichkeiten sind beispielsweise digitale Lehrmaterialien, Lesungen, etc. Mit Hilfe des *iPods* werden die Inhalte aus dem Internet mobil konsumiert, nachdem sie über den Rechner herunter geladen wurden.

Der Podcaster erstellt eine oder mehrere so genannte Episoden und stellt diese auf einem Server im Internet mittels eines so genannten *Newsfeed* zum Abruf bereit (detaillierte Informationen über RSS Feeds im Kapitel 2.2.7). Der Podcasting Konsument kann die Episoden (einzelne Beiträge eines Podcasts) mit einem Feedreader abonnieren und z.B. den Weg zur Arbeit nutzen, um neue Podcasts anzuhören oder anzusehen.

Eine wichtige Info am Rande: Neben dem iPod sind auch andere *Smartphones* und *MP3 Player* in der Lage, die digitalen Formate abzuspielen. Der iPod hat aufgrund seines hervorragenden Marketings eine so starke Marktdurchdringung erreicht, dass er den Begriff des *Podcasting* mit geprägt hat.

Wie erstellt man eigene Podcasts?

Um eigenes Audiomaterial zu erstellen, benötigen Sie einen Rechner mit Soundkarte und Mikrofon. Soweit Sie zusätzlich Musik einblenden möchten, ist eine Musikschnittsoftware sinnvoll. Achten Sie bei Einblendung von Musik aber immer darauf, dass die Musik frei von Rechten Dritter ist. Andernfalls müssen Sie die Copyright Rechte prüfen und einholen.
Um bei der Erstellung von Podcasts keine Urheberrechte zu verletzen, können Sie lizenzfreie Musik, so genannte *Podsafe* Musik, oder *Creative Commons* lizenzierte Musik einsetzen.
Relevante Links:

- *podsafeaudio.com*
- *audiofeeds.org*
- *garageband.com*
- *creativecommons.org*

Nach Fertigstellung einer Episode müssen Sie die Sounddatei in einen Podcast umwandeln. Dazu können Sie spezielle Programme wie *Podcast Maker* oder *GarageBand* einsetzen. Für Videos bietet beispielsweise die Software *Pinnacle Studio 11* die Möglichkeit, das fertige Video als Podcast bereit zu stellen. Laut *podcastclub.de* werden längere Formate wie einstündige Nachrichtenmagazine, längere Interviews und Comedy für Kinder bevorzugt.[17]

Damit Sie die Podcasts ins Internet stellen können, benötigen Sie einen *Podcast-Hoster,* auch *Podspace-Hostern* genannt.

Eine besondere Form der Erstellung von Podcasts ist die Nutzung einer Sprachsynthese, d.h. Sie lassen durch einen Sprachcomputer Texte vorlesen. Das Internet Lexikon *Wikipedia* bietet an, die Artikel internetbasiert in Sprache umzuwandeln und anschließend in einen Podcast zu konvertieren. Am Markt gibt es bereits diverse Software-Lösungen für Sprachsynthese, u.a. die Open-Source Lösung *espeak*, die 20 Sprachen unterstützt.

Soweit Sie Ihren Podcast professionell erstellen lassen möchten, gibt es inzwischen Anbieter wie *earpaper.de*. Hörfunk- und Fernsehprofis produzieren bei diesem Unternehmen, das mit dem *Deutschen Podcast Award 2007* in der Kategorie *Kommerz Produktion* ausgezeichnet wurde, Ihren Podcast.

Wie stark sind Podcasts verbreitet? Spielen Sie für das eigene Marketing eine Rolle?

[17] Siehe podcastclub.de am 11.05.2007.

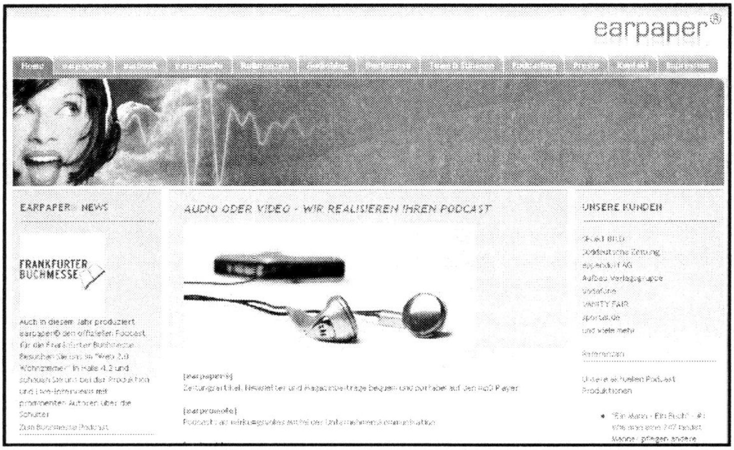

Abbildung: Professioneller Podcast Produzent earpaper.de

Forrester Research prognostiziert für die US-Haushalte bis 2010 eine Anzahl von 12,3 Millionen heruntergeladenen Podcasts pro Woche, dies entspricht etwa einem Anteil von 18 % an allen Internet-Nutzern in den USA.[18] *Emarketer* stützt sich auf eine Umfrage von *Bridge Ratings* und nennt eine Zahl von 7 Millionen Amerikanern zwischen 15 und 65 Jahren, die bereits im August 2007 jede Woche Podcasts herunter laden.[19]

Laut einer Studie von *ComCore* auf Grundlage der iTunes-Nutzung, die im Podcaster veröffentlicht wurde, sind mittlerweile ca. 50 % der deutschsprachigen Podcast-Nutzer über 35 Jahre alt. Je höher der Bildungsstand, desto stärker sei die Podcast-Nutzung.[20]

Die zunehmende Verbreitung der Podcast-Gemeinde ist mit diesen Zahlen nicht zu verleugnen. Aus diesem Grund sollte man die Podcasts in die Marketing Strategie einbeziehen und durchleuchten,

---

[18] Vgl. *Forrester Research* Studie von April 2006, gefunden unter www.golem.de.
[19] Vgl. www.emarketer.com.
[20] Siehe *Der Podcaster*, Sonderausgabe 02 zum 19. medienforum.nrw - Juni 2007, S.3.

inwiefern der Einsatz im eigenen Unternehmen auch in Bezug auf Social Commerce sinnvoll ist. Auch Bundeskanzlerin *Angela Merkel* hat schnell erkannt, dass sie mit einem eigenen Videopodcast Zielgruppen erreichen kann. Aus diesem Grund hat sie für ihre Plattform *bundeskanzlerin.de* weit über 40 Videopodcast Episoden produziert.

Was hat IPTV mit Podcasting zu tun?

IPTV steht für *Internet Protocol Television* und bezeichnet in erster Linie die breitbandige digitale Übertragung von Videos und Audiodateien auf der Basis des Internets. Als Voraussetzung für den Empfang von IPTV benötigt man demnach einen breitbandigen Internet Anschluss wie DSL. Zunehmend werden auch mobile Geräte wie UMTS Handys dafür genutzt, Videos zu empfangen - Japan ist hier Vorreiter, da viele Japaner auf dem Weg zur Arbeit und nach Hause mit ihrem Handy Fernsehprogramme empfangen, die über IPTV bereit gestellt werden.

Beim IPTV unterscheidet man bei der Übertragung vom so genannten *Streaming Server* den *Unicast* und den *Multicast*. Beim Unicast hat jeder Zuschauer einen eigenen Datenstrom zur Verfügung - wir haben es mit einem *Video On Demand* Dienst zu tun. Dieser führt zu einer höheren Netzbelastung beim Anbieter als der Multicast, der zu festen Sendezeiten Programme an alle Zuschauer gleichzeitig überträgt.

Der Podcast als Videobeitrag kann somit über IPTV als Unicast zur Verfügung gestellt werden. Normalerweise würde der Podcast zunächst komplett herunter geladen werden und lokal auf dem iPod abgespielt werden. Mit IPTV ist es möglich, die Daten sofort vom Server abzuspielen (*Streaming*). Allerdings ist es in diesem Zusammenhang verwunderlich, dass gerade Apple das *iPhone* als Mischung aus Handy und iPod zumindest in der ersten Version nicht UMTS fähig gemacht hat und damit IPTV Empfang über Handy nicht anbieten kann.

Laut der Studie *IPTV 2010* von *Goldmedia* werden in Deutschland bis 2010 rund 1,3 Millionen Haushalte Fernsehen über Internet empfangen.[21] Damit einhergehend ist die nötige DSL Bandbreite für den Empfang wichtig. Unternehmen wie die *vendi media Sales & Service GmbH* aus Köln bietet die Möglichkeit, TV Spots in 5 Streams mit verschiedenen Bandbreiten auf ihren Servern abzulegen. Damit können Agenturen zielgruppenorientiert je nach verfügbarer Bandbreite den entsprechenden Spot ausstrahlen. In diesem Zusammenhang spricht man auch von *Bandbreiten-Targeting*.[22]

2.2.4 Wikis – die kollaborative Intelligenz

Der Name *Wiki* kommt aus dem Hawaiianischen Sprachraum und bedeutet *schnell*. Die Wiki-Technik ist vergleichbar mit Content Management Systemen, bei denen eine Vielzahl Autoren Informationen in Form von Texten, Bildern und anderen multimedialen Dateien zusammentragen und in Echtzeit bearbeiten können. Der bekannteste Wiki ist die 2001 gegründete Online-Enzyklopädie *Wikipedia*.[23]

Grundsätzlich kann jeder ohne Programmieraufwand die Inhalte der Webseiten eines Wikis ändern. Wikis gehören zur Gattung der *sozialen Software*, da das dezentrale Wissen der Masse genutzt wird, um die generierten Inhalte wiederum der Masse zur Verfügung zu stellen. Das Wachstum des Wissens wird durch die Einfachheit der Be-

---

[21] Siehe www.goldmedia.com.
[22] Siehe *Adzine- Magazin für Online Marketing*, Ausgabe 01/2007, S. 14.
[23] Für weitere Informationen siehe auch Cunningham, Ward und Leuf, Bo: The Wiki Way. Collaboration and Sharing on the Internet. Addison-Wesley (2001).

dienung eines Wikis wesentlich beschleunigt. Damit sind Wikis ein sehr wertvolles Wissensmanagement-Werkzeug, das von vielen Unternehmen auch im Intranet für die Fortentwicklung der internen Wissensdatenbank eingesetzt wird.

Zu anfällig für Manipulationen? Reicht die kollektive Kontrolle?

Hin und wieder erscheinen Berichte in der Presse über falsche oder unseriöse Wiki-Einträge, bei denen meistens Prominente oder Politiker mit falschen Angaben in die Schlagzeilen geraten. Die meisten Wiki-Lösungen erlauben eine Konfiguration der Berechtigungen von Autoren. Je höher aber die Berechtigungen und damit einhergehend die Überprüfung von Inhalten sind, desto länger dauert es vom Lesen über das Prüfen zum Freischalten der Inhalte. Diese Problematik hat der erste Versuch einer Online-Enzyklopädie vor *Wikipedia* zu spüren bekommen. Unter dem Namen *Nupedia* startete der Internet Guru *Jimmy Wales* alias *Jimbo* im Jahr 2000 einen Versuch, eine Enzyklopädie mit qualitativ hochwertigen Inhalten herzustellen. Seine Idee war dadurch gekennzeichnet, dass jeder Internet-User Inhalte in die *Nupedia* Website eingeben konnte. Die Inhalte wurden anschließend über ein mehrstufiges Verfahren durch Experten der einzelnen Fachbereiche überprüft. Das Resultat nach 3 Jahren waren lediglich 30 geschriebene Artikel.[24]

Freie Inhalte sind nur dann erfolgreich, wenn diese sowohl frei zugänglich als auch frei generierbar sind. Durch die Masse der User werden sehr schnell fehlerhafte Eingaben korrigiert.

Einen neuen Versuch unternimmt seit dem Herbst 2007 der traditionsreiche *Meyers Lexikonverlag*. Auch hier können Internet-User unter *lexikon.meyers.de* die bestehende Online-Ausgabe des Lexi-

[24] Siehe Artikel *Tanz der Gehirne* von Erik Möller auf http://humanist.de/erik/tdg/.

kons wie bei *Wikipedia* bearbeiten. Zuvor war lediglich das Vorschlagen von Artikeln möglich.

Der kleine Unterschied.

Der erste entscheidende Unterschied besteht darin, dass nur Teilbereiche von Einträgen von registrierten Usern bearbeitet werden können. Die zweite Abweichung ist, dass die Beiträge von den Experten des Verlages auf Richtigkeit und Neutralität hin überprüft werden. Es bleibt abzuwarten, ob die etablierten Verlage durch solche Strategien die Vormachtstellung von Wikipedia brechen können.

2.2.5 Tagging – die Verschlagwortung des Web

Die Verschlagwortung – das so genannte *Tagging* - von Inhalten ist eine im Internet lange bekannte Technik, um Internetseiten zu beschreiben. Dafür gab und gibt es im Quellcode der Seite so genannte *description* und *keyword tags*, die früher insbesondere von Suchmaschinen genutzt wurden, um eine Seite im Suchindex der Suchmaschine einzutragen. Der Besucher der Internetseite hat diese tags jedoch nie gesehen, da auf der Front der Webseite solche Informationen nicht angezeigt wurden.

Im Gegensatz zur früheren Technik, bei dem nur der Website-Betreiber die Schlagwörter festgelegt hat, kann heute jeder Besucher der Webseite eigene Tags hinzufügen. Mit Tags lassen sich auch hervorragend Bilder und Videos beschreiben.

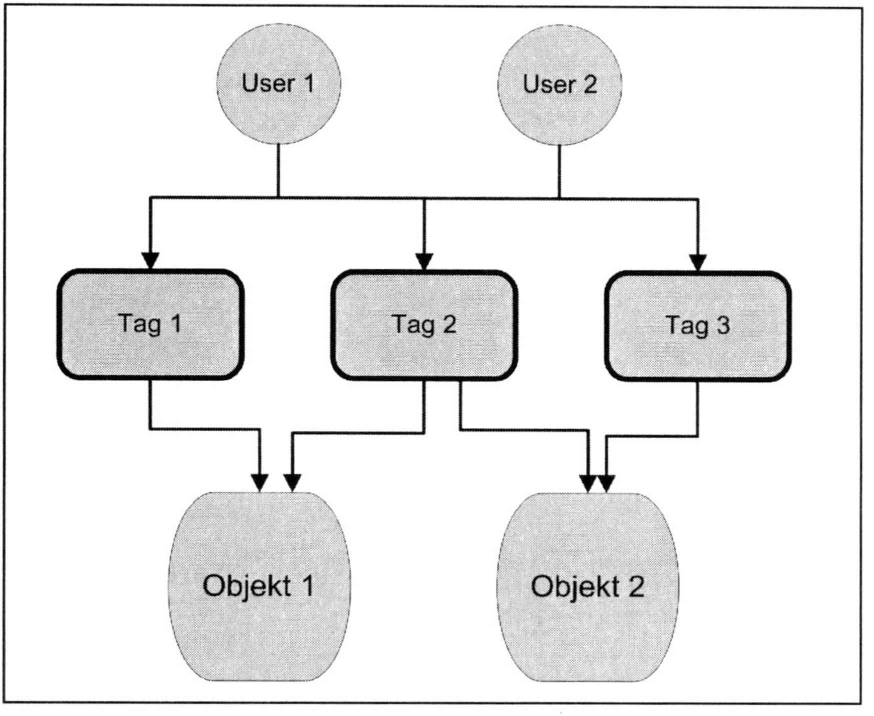

Abbildung: Tagging Systeme Quelle: Eigene

Das o.a. Schaubild zeigt die Funktionsweise des Taggings recht abstrakt: Die User können einzelnen Objekten im Internet so genannte Tags zuordnen. Hierbei vergibt User 1 beispielsweise für das Objekt *Video von Robbie Williams* die Tags *Robbie* und *Musik*. User 2 vergibt für das gleiche Objekt die Tags *Musik* und *Rock DJ*, da dies der Titel des Videos ist. Somit wurde der Tag *Musik* bereits zweimal für dasselbe Objekt vergeben.

Das Web 2.0 hat die so genannte *Tag-Wolke* (*tag cloud*) erfunden. Es handelt sich um ein Gebilde von Stichwörtern, die unterschiedlich groß sind. Je größer das Wort, desto mehr Relevanz wird dem Wort innerhalb der Website zugeschrieben, da mehrere Personen dasselbe Wort als Tag nutzen, um ein Objekt zu beschreiben. Damit stellt eine Tag-Wolke sozusagen den gemeinsamen Nenner der Mitgliedertags dar. Im Zusammenhang von Tag-Wolken spricht man auch von *Folksonomy*. Jedes Wort einer Tag-Wolke ist ein Link. Auf diese Weise wird dem Besucher der Seite das Auffinden von relevanten Informationen stark vereinfacht.

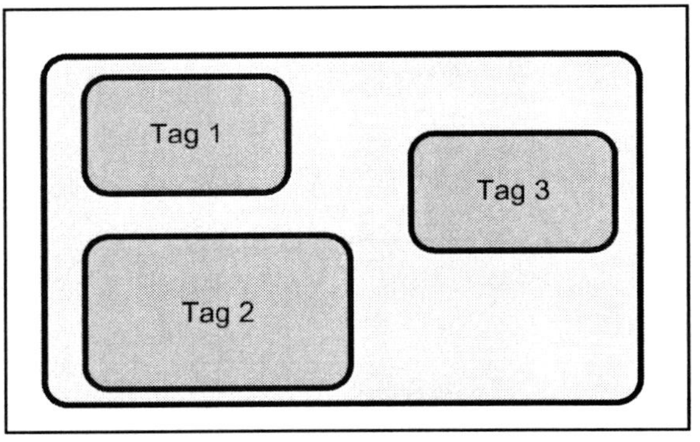

Abbildung: Eine schematische Tag-Wolke

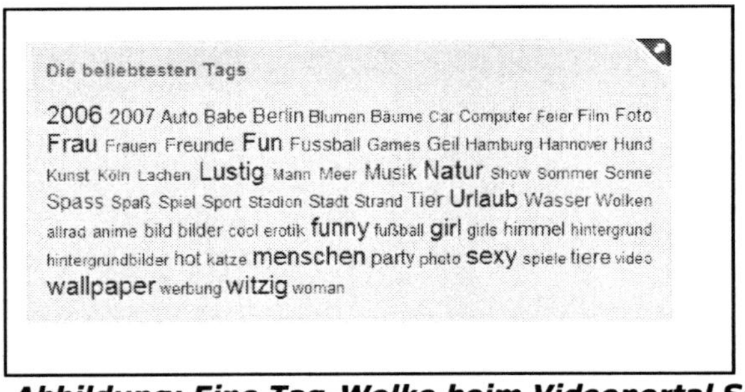

Abbildung: Eine Tag-Wolke beim Videoportal Sevenload.de

Was für Tags kann man vergeben?

Nach *Golder und Huberman*[25] existieren mehrere Dimensionen bei der Vergabe von tags:

- *Inhaltlich*
- *Objektspezifisch*
- *Inhaber des Objekts*
- *Qualitativ*
- *Beziehung des Taggers zum Objekt*

Die inhaltliche Dimension beschreibt allgemein und für alle den Inhalt des Objekts. Bei einem Foto oder Video würde man mit einzelnen Schlagwörtern beschreiben, was auf dem Foto zu sehen ist, ob Personen beteiligt sind, etc.

Eine besondere inhaltliche Tagging-Form ist das so genannte *GEO-tagging*. Dabei gibt man die Koordinaten des Bildes oder des Videos an, an denen die Datei produziert wurde. Eine Kombination aus dem Foto-Portal *Flickr* und *GoogleEarth* macht es so möglich, dass man sich auf *GoogleEarth* einen Ort anschaut und innerhalb der Karte Fotos anschauen kann, die Mitglieder der Community an dieser Stelle gemacht haben.

Die zweite Dimension stellt dar, was für ein Objekt es ist. Handelt es sich um ein *Word* Dokument, ein *Flash* Video oder ein Bild in Form eines *JPG*.

Weiterhin ist es wichtig, den Eigentümer des Objekts zu taggen. Natürlich gibt es hier zahlreiche Copyright Probleme, mit denen u.a. die großen Videoportale wie *YouTube* und *Myvideo* kämpfen. Mitglieder stellen Videos auf die Plattform, die sie beispielsweise aus dem Fernsehen aufgenommen haben. Der Eigentümer dieses Videos

[25] Vgl. Golder, Scott & Huberman, Bernado: *The Structure of Collaborative Tagging Systems*, Information Dynamics Lab, HP Labs. 18.08.2005.

wäre in diesem Fall der Fernsehsender oder die Fernsehproduktionsgesellschaft.

Mit dem qualitativen Tagging kann man in Form von Adjektiven das Objekt beschreiben. Besitzt das Video eine gute Qualität oder nicht? Natürlich findet eine Vermischung von *Voting Systemen* statt. Diese können relativ einfach dazu eingesetzt werden, Objekte auf einer Web 2.0 Plattform zu bewerten.

Als letzte Dimension beim Tagging spielt die Beziehung des Taggers zum Objekt eine Rolle. Diese Information ist allerdings für die Gesamtheit der Community unwichtig. Vielmehr geht es darum, dass Objekte mit Informationen in Form von Tags angereichert werden, die nur dem Tagger selbst weiter helfen. Beispielsweise kann der Tagger bei der Buch-Community *booksmilers.com* seine Bücher taggen und diese Information nur für sich oder für die Allgemeinheit zugänglich machen. Für die schnelle interne Suche helfen die eigenen Tags, das gesuchte Objekt - in diesem Fall das Buch - wieder zu finden.

In Anlehnung an *Marlow* et al[26] kann man die verschiedenen Tagging Systeme anhand der folgenden Eigenschaften charakterisieren:

Rechte bei der Erstellung und Verwaltung von Tags

Die Rechte bei der Erstellung können eingeschränkt werden. Zunächst stellt sich die Frage, ob die Tags sofort frei geschaltet werden, oder ob nur das Recht zum Vorschlagen eines Tags gegeben wird. Ein Administrator oder Community-Manager muss dann die einzelnen Tags überprüfen und frei schalten oder blocken, in diesem

[26] Siehe *Marlow, Cameron et al*: Position Paper, Tagging, Taxonomy, Flickr, Article, ToRead. In the Proceedings of WWW 2006 Collaborative Web. Tagging Workshop, Edinburgh, Scotland. 2006.

Zusammenhang spricht man auch von einem *moderierten Tagging System*. Unterscheidbar ist weiterhin, ob jeder oder nur bestimmte Gruppen taggen dürfen. Man kann diese Rechte sogar auf Objektart zuschneiden.

Tagging Support

Beim *Tagging Support* geht es darum, ob der Tagger eine Unterstützung in der Form findet, dass er bereits bestehende Tags zu einem Objekt sieht oder nicht. Soweit er ein Video mit Tags belegen möchte, und er sieht nicht die Tags, die andere User bereits angehängt haben, spricht man auch von *blind tagging*.

Aggregation von Tags

Die Aggregation oder Zusammenfassung von Tags ist ein besonders wichtiges Element. Hier geht es darum, dass zu verschiedensten Kategorien Tag-Gruppen erstellt werden können. Im einfachsten Fall kann eine Tag-Gruppe zu Videos, eine zu Fotos und eine weitere Tag-Gruppe zu Profilen erstellt werden. Geht man einen Schritt weiter, kann man die Gruppen auch nach Produkten kategorisieren. Bei einem Blick auf die Koch-Community *chefkoch.de* erkennt man sehr schnell, dass verschiedene Tag-Gruppen und damit einhergehend Tag-Wolken angezeigt werden. So sucht man auf der Startseite zunächst aus einer allgemeinen Tag-Gruppe den Tag *Backen* aus. Anschließend erhält man verschiedene Objekte in Form von Rezepten, die mit dem Tag *Backen* gekennzeichnet sind. Zusätzlich wird eine weitere Tag Wolke angeboten, die den globalen Tag *Backen* weiter in Tags wie *Brötchen*, *Kuchen*, *Creme*, *Dessert*, etc. zerlegt.

Konnektivität der Tags

An diesem Punkt knüpft auch die *Konnektivität* an. Hier geht es darum, die einzelnen Tags miteinander zu verlinken. Somit werden Tags zu Tag-Gruppen verknüpft. Ein Tag kann damit mehreren Tag-Gruppen zugeordnet werden. Tags können Beziehungen zu anderen Tags aufweisen, dabei spricht man auch von *nahen* Tags. Sofern immer wieder die gleichen Tags zusammen bei einem Objekt auftauchen, besteht eine stärkere Beziehung zwischen den Tags. Einer der führenden Anbieter *Touch Graph* bietet zur visuellen Darstellung von Beziehungen ein auf der Programmiersprache *Java* basierendes Tool an (siehe Abbildung).

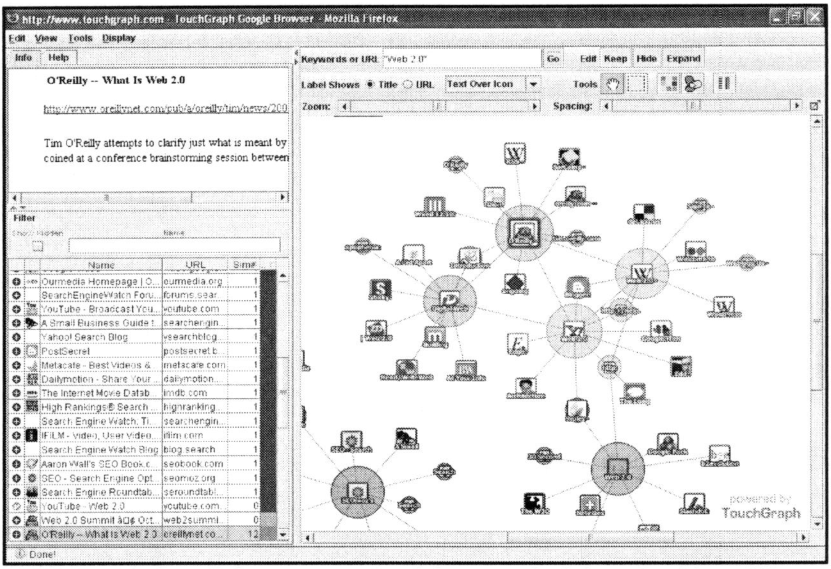

Abbildung: Visualisierung von Beziehungen bei dem Suchbegriff „Web 2.0" mit Touch Graph (Quelle: touchgraph.com)

Die Software von Touch Graph visualisiert Beziehungen in mehreren Schritten. Mit einem Klick auf ein grafisches Icon auf der *Touch*

Graph Map kann man sich weitere Beziehungen anzeigen lassen. Mit der Zoomleiste am oberen Rand des Bildschirms kann man einzelne Beziehungen bis ins Detail weiter verfolgen.

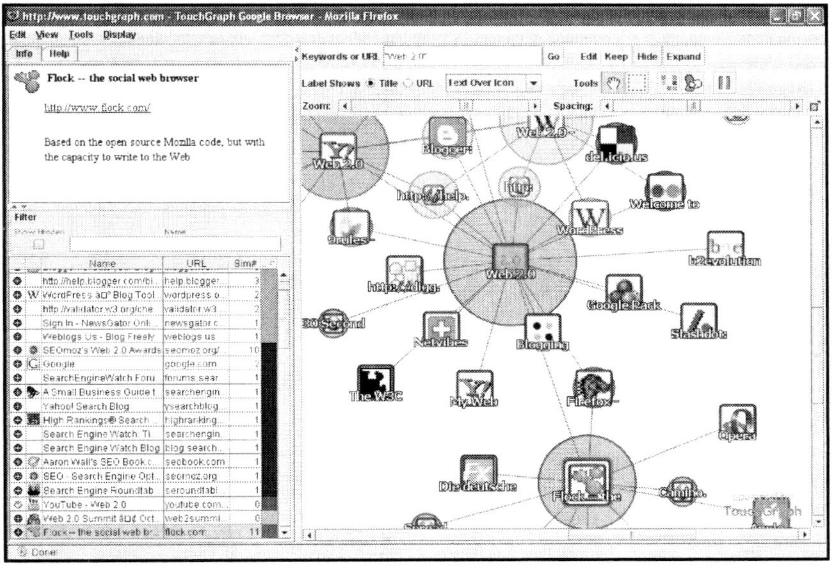

Abbildung: Zoom auf eine Beziehung bei dem Suchbegriff „Web 2.0" mit Touch Graph (Quelle: touchgraph.com)

Auf der Basis von Musteranalysetechniken kann man Objekt-Tags in Beziehungen zueinander setzen. Wenn zwei verschiedene Musiktitel getaggt werden und diese Titel eine gemeinsame Schnittmenge an Tags haben, kann daraus eine wichtige Information generiert werden. Die von *Amazon* initiierte Idee, Produkte anzubieten, die andere Kunden auch gekauft haben, kann man hier über Tagging Systeme darstellen. In diesem Fall müssen wir nicht warten, bis Kunden ein Produkt kaufen, sondern nur über gemeinsam getaggte Schnittmengen andere Produkte aufzeigen, die eine Musterschnittmenge aufweisen.

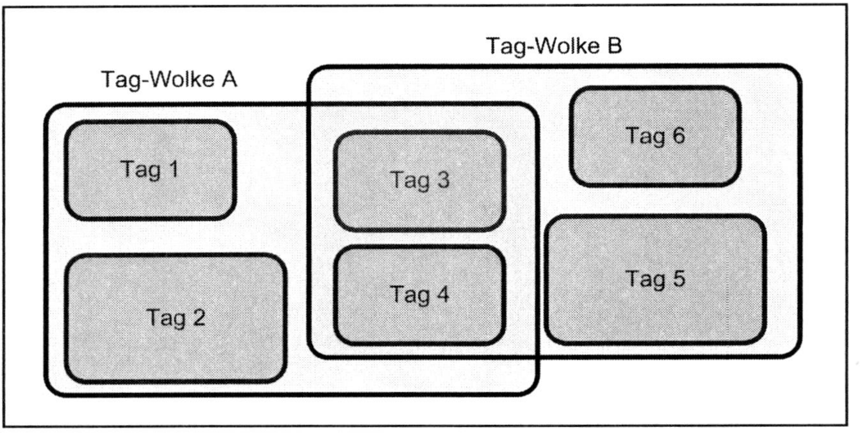

Abbildung: Schnittmengen von Tag-Wolken

Was ist der tiefere Hintergrund des Tagging?

Im Zusammenhang mit dem Tagging taucht der bereits erwähnte Begriff *Folksonomy* auf, der uns Aufschluss über die Sinnhaftigkeit von Tags gibt. Folksonomy ist ein zusammengesetztes Wort aus *Folk* (englisch: Volk) und *nomia* (griechisch: Ordnung). Eine Ordnung wird hier auf der Basis des Volks festgelegt, die sich laufend erweitert und auch verändert. Die Folksonomy entsteht damit aus Tagging und bezeichnet die Gesamtheit aller von Benutzern eingegebener Tags, die zumeist durch die bereits beschriebenen Tag Wolken visualisiert werden.

Schwarmintelligenz

Das Ordnungsprinzip des Internets findet sich folglich im Tagging wieder. Schwarmintelligenz – die Nutzung der Masse der Mitglieder haucht einem Tagging-System erst den nötigen Sinn ein. Klassische

Ordnungssysteme, die mit hierarchischen Systemen arbeiten, spielen bei Tagging-Systemen zunächst keine Rolle. Die Tag-Cloud verändert sich fortlaufend und zeigt immer nur eine Momentaufnahme der Folksonomy, je nach Anzahl der Tags meistens nur einen Teilausschnitt.

Besonders interessant wird das Tagging-System, wenn man soziale Konnektivität herstellt. Im Bereich der Forschung werden zunehmend semantische Netzwerke analysiert, die auch die Konnektivität von Tags erforscht. Sobald das Web 2.0 um die Perspektive der Semantik erweitert wird, spricht man zunehmend auch vom *Web 3.0*.[27]

Ein Tag ist mehr als ein Link – er ist ein Kommentar, eine Meinungsäußerung!

Das Internet und die damit einhergehende Informationsflut verpflichtet den Menschen schon heute, die Information zu filtern. Kein einzelner Mensch ist in der Lage, die gesamte Information zu durchforsten und nur die für ihn wichtige Information zu filtern. Erst durch das so genannte *Collaborative Filtering* sind wir gemeinsam in der Lage, die Information zu fischen, die von Menschenhand indexiert wird. Über RSS Feeds, die im folgenden Kapitel besprochen werden, können wir diese Information sehr zeitnah erfassen und erhalten damit einen Informationsvorsprung gegenüber herkömmlichen Medien. Im Kapitel 4 werden wir detailliert darauf eingehen, wie Sie mit Tagging-Systemen Erlöskomponenten integrieren können.

Welche typischen Probleme entstehen beim Tagging?

---

[27] Siehe http://www.tagesspiegel.de/zeitung/Sonderthemen;art893,2369841 vom 01.09.07 von Prof. Dr. Robert *Tolksdorf*.

Schwierigkeiten bei Tagging-Systemen gibt es in folgenden Bereichen:

- *Rechtschreibfehler*
- *Sonderzeichen*
- *Singular und Plural*
- *Zusammengesetzte Wörter*
- *Homonyme und Synonyme*
- *Sprachbarrieren*

Bei einer Überprüfung von dreitausend Tags bei der *Flickr* Community und bei dem Social Bookmarking Anbieter *del.icio.us* haben *Guy und Tonkin*[28] die unglaubliche Zahl von 40 % falsch geschriebenen Tags heraus gefiltert. Probleme bereiten insbesondere Sonderzeichen in unterschiedlichen Sprachen etwa bei der deutschen Sprache die Umlaute. Eine Lösung könnte durch die global genutzte Zeichensetzung *Unicode* erreicht werden. Sobald Objekte mit falsch geschriebenen Tags versehen werden, sind diese Wörter nicht über eine Suche findbar - es sei denn, der Suchende verschreibt sich ebenfalls.

Wenn Sie ein Bild mit dem Tag *Strand* versehen, auf der anderen Seite aber ein suchendes Mitglied der Community Fotos mit *Stränden* sucht, wird er Ihr Bild nicht finden, es sei denn, Sie taggen sowohl im Singular als auch im Plural. Dies ist übrigens die einzige Lösung, um das Problem derzeit aus dem Weg zu räumen.

Zusammengesetzte Wörter klingen auf den ersten Blick nicht wie ein Problem. Normalerweise würde man Wörter mit einem Bindestrich verbinden und auf diese Weise das zusammengesetzte Wort auffindbar machen. Die Realität zeigt aber, dass bei der Untersu-

[28] Vgl. *Guy*, M. und *Tomkin*, E.: Folksonomies: Tidying up Tags? D Lib Magazine, Vol.12, Issue 1, 1.1.2006.

chung von *Guy* und *Tomkin* signifikant häufig unterschiedliche Trennzeichen auftauchen. So ist auch der *Slash*, der Doppelpunkt, das Pluszeichen und das kaufmännische & als Trennzeichen zu finden.

2.2.6 Social Bookmarking – die gemeinsamen Lesezeichen

Lesezeichen oder Favoriten kennen Sie bereits aus Ihrem Internet *Explorer* Browser oder Ihrem *Firefox* Browser. Sobald Sie eine Webseite als Favorit hinterlegen, können Sie über die Favoritenliste immer wieder darauf zugreifen. Zusätzlich können Sie dem Favorit einen eigenen Namen geben und ihn einer Kategorie zuordnen, die Sie selbst erstellen müssen.

Gemeinsam sind wir stark.

Beim *Social Bookmarking* können Sie gemeinsam mit anderen Internet-Usern Webseiten sammeln und indexieren (taggen). Der Hintergrund ist wie bei vielen Social Software Lösungen die Idee, gemeinsam stärker zu sein. Wenn Sie sich beispielsweise für das Thema *Web 2.0* interessieren, können Sie zunächst bei einem Social Bookmark Anbieter wie dem deutschen *OneView* nach Linklisten zum Thema *Web 2.0* suchen. Hier finden Sie Listen von Lesezeichen, die die Community bisher zusammen getragen haben. Sie können, sobald Sie sich bei dem Social Bookmark Anbieter angemeldet haben, selbst Linklisten erstellen, die Listen bereits vorhandener User einsehen und diese gemeinsam erweitern.

Die Bookmark Plattformen bieten viele der im Folgenden aufgelisteten Funktionen an:

- *Abspeichern von Lesezeichen URLs*

- *Abspeichern eines aktuellen Screenshots*
- *Erstellung von Kategorien*
- *Verschlagwortung (Tagging) des Lesezeichens*
- *Kommentarfunktionen*
- *Rating von Bookmarks*
- *Verlinkung zu anderen Personen, die ähnliche Bookmarks gespeichert haben*
- *Möglichkeit, Bookmarks nur für sich selbst, einer Gruppe von Freunden oder der Öffentlichkeit frei zu schalten*
- *Versendung von Bookmarks an Externe*
- *Erstellung von Gruppen mit gemeinsamen Interessen*
- *Abonnierbarkeit von Bookmark Listen als RSS Feed*
- *Importierfunktion der Bookmarks aus einem Browser in die Bookmark Plattform*
- *Exportierfunktion der Bookmarks aus der Plattform in den Browser oder per XML, um die Inhalte an anderer Stelle, z.B. auf einer anderen Webseite einzubinden*
- *Plugins für Browser, um direkt über die Symbolleiste Bookmarks hinzuzufügen*

Auf der nachfolgenden Abbildung sieht man, wie der Social Bookmark Anbieter *OneView* vorgeht. Per *Thumb Screenshot* (kleine Abbildung der Webseite) wird der Bookmark visualisiert. Zum Bookmark kann man Tags und eine Beschreibung eingeben. Anschließend erscheint die u.a. Übersicht über die selbst angelegten Lesezeichen. Eine Bewertungsfunktion ist ebenfalls enthalten, mit der andere Mitglieder der Social Bookmark Plattform den von Ihnen angelegten Bookmark bewerten können. Eine spätere qualitative Sortierung von guten und weniger guten Bookmarks ist erst auf diese Weise möglich.

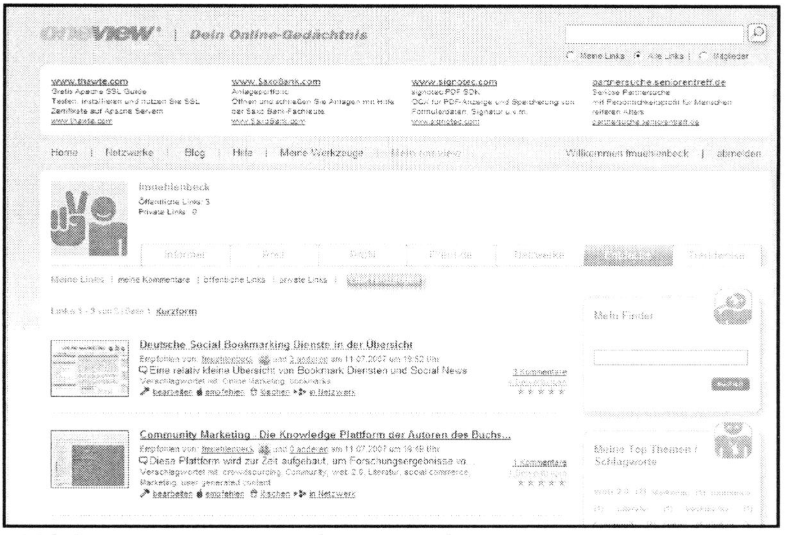

Abbildung: Bookmark Anbieter OneView

OneView ermöglicht darüber hinaus, ein eigenes Netzwerk zu erstellen oder einem anderen Netzwerk beizutreten. Ein Netzwerk ist immer dadurch gekennzeichnet, das zu einem bestimmten Thema gemeinsam in der Gruppe Webseiten in Form von Bookmarks gesucht und abgespeichert werden. Eine Community-Funktionalität ermöglicht, sich zum einen über die gesammelten Bookmarks darzustellen, zum anderen über klassische Profilkarten nach außen zu präsentieren. Interessanterweise hinterfragt *OneView* über die einfachen Adressdaten weit hinaus zum Beispiel, ob man Single oder gebunden ist und durch welche Art Liebesleben man gekennzeichnet ist. An dieser Stelle fragt man sich nach der Ernsthaftigkeit dieses Dienstes. Ist ein Bookmarking Dienst eine versteckte Single-Börse? Oder ist es erst durch die Absicherung von Lesezeichen möglich, seine eigenen Wünsche zu verstehen, um mit Menschen vernetzt zu werden, die ähnliche Lesezeichen abgesichert haben?

Mitglieder, die einen eigenen Blog besitzen und Lesezeichen zum Blog innerhalb der Bookmarking Plattform hinterlegen, können personalisiert nachvollziehen, welche Mitglieder der Bookmarking Plattform auf ihren Blog und damit auf ihr Lesezeichen geklickt haben. So hatte ich nach kurzer Anmeldung bei *OneView* und Besuch von zwei interessanten Bookmarks sofort die Anfrage des Bookmark-Erstellers, ob ich seinem Freundesnetzwerk beitreten möchte.

Im Zusammenhang mit Social Bookmarking begegnet man häufig dem Begriff *Social Search*. Menschen werden zusammen gebracht, die sich für die gleichen Themen interessieren und sich auf diese Weise gegenseitig bei der Suche unterstützen, indem sie immer neue Suchergebnisse in Form von Webseitenlinks hinzufügen. Ein neuer Trend ist die zusätzliche Bereitstellung von Suchmaschinentechnologie, so dass sich jeder seine eigene *Google*-Maschine zu Spezialthemen programmieren kann. Die Suchmaschine lernt dabei durch die eingegebenen Suchbegriffe immer mehr dazu.

Natürlich stellt sich die Frage, wie die Anbieter von solchen Diensten Geld verdienen. Die meisten Bookmark-Anbieter arbeiten mit *Google AdSense* Werbung, um die Plattform zu refinanzieren und gegebenenfalls Gewinn zu erwirtschaften. Bei *Google Adsense* wird automatisch Werbung von *Google* geschaltet, die thematisch zur Webseite passt. Der Webseitenbetreiber erhält dann für jeden Klick auf einen *Google*-Werbepartner-Link ein paar Cent.

Inzwischen gibt es diverse Social Bookmarking Dienste, z.B.:

- *del.ico.us*
- *oneview.de*
- *mister-wong.de*
- *diigo.com*
- *furl.net*
- *shadows.com*

Bei Social Bookmarking Diensten ist es möglich, neue Lesezeichen eines Netzwerks oder einer Linkliste als RSS Feed zu abonnieren. Wie genau RSS Feeds funktionieren, beschreibt das nun folgende Kapitel.

2.2.7 RSS Feed – die persönliche Zeitung

Auf immer mehr Webseiten werden immer mehr Inhalte publiziert. Insbesondere Blogger suchten nach Möglichkeiten, ihre Leser stärker zu binden und einen groben Überblick über den Kreis ihrer Leser zu gewinnen. Mit einem RSS Feed konnte geholfen werden. RSS steht für *Really Simple Syndication*. Mit einem so genannten *RSS Reader* ist es möglich, die Inhalte auf einem auf dem eigenen Rechner installierten *Feed Reader* anzusehen, ohne die Webseite zu besuchen. Auf diese Weise erhält der Leser immer die aktuellsten Informationen auf den heimischen Rechner, sobald die Information vom Autor auf seiner Seite online publiziert wird.

Die News kommen zum User,
er muss nicht alle Seiten nach Neuem durchforsten.

RSS wurde in einer ersten Form 1997 von der Firma *Userland* eingesetzt. Bereits 1999 integrierte *Netscape* die auf *XML* basierende RSS Lösung in der Version 0.91. Der Nutzer von RSS hat den Vorteil der Zeitersparnis, da er sich nicht durch komplette Webseiten wühlen muss, um die neuen Informationen zu finden.

Abos binden Leser und zeigen, wie interessant ein Blog ist.

Anhand der Anzahl von Abonnenten kann sich der Autor einer Webseite oder eines Blogs einen Überblick verschaffen, wie relevant und damit verbunden interessant seine Texte sind.

Wie bietet man RSS Feeds an?

Um die eigenen Informationen als RSS Feed anzubieten, muss man eine entsprechende Erweiterung in seinem Content Management System haben. Klassische Content Management Systeme bieten unterschiedliche RSS Feeds an.

Abbildung: RSS Feeds auf der Webseite community-marketing.info

Auf einer unserer Webseiten *www.community-marketing.info* bieten wir unterschiedliche RSS Feed Optionen an. Da inzwischen verschiedene RSS Versionen existieren, bieten wir sowohl RSS 0.91, RSS 1.0 und RSS 2.0 an.

Soweit man einen RSS Reader wie in diesem Beispielfall *FeedReader* installiert hat, kann man auf die RSS Version (RSS 2.0) klicken. Auf dem folgenden Bildschirm stellt man ein, mit welchem RSS Reader der Feed abonniert werden soll. Anschließend klickt man auf die Schaltfläche *Jetzt abonnieren*. Automatisch blendet der FeedReader ein, bei dem man den Feed als komplette URL dargestellt bekommt. Die Nachrichtenkategorie kann man selbst wählen und eintragen. Anschließend werden die neuen Nachrichten angezeigt.

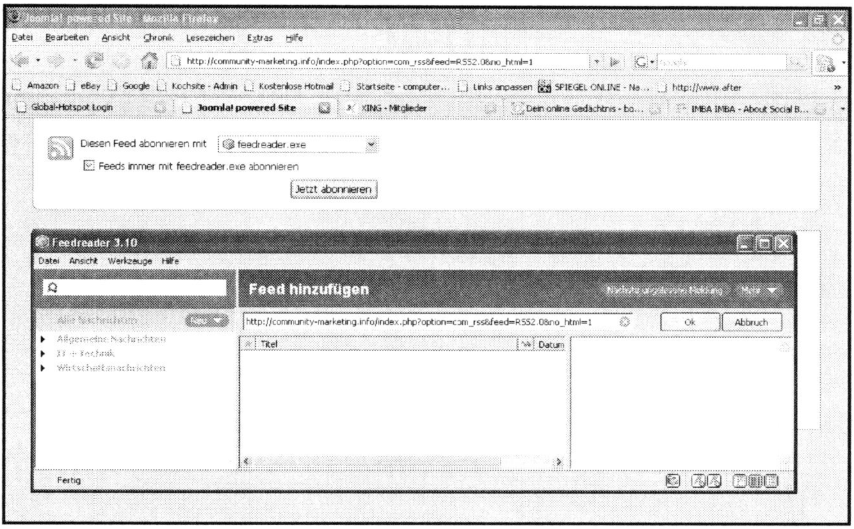

Abbildung: Abonnierung eines RSS Feeds mit dem FeedReader

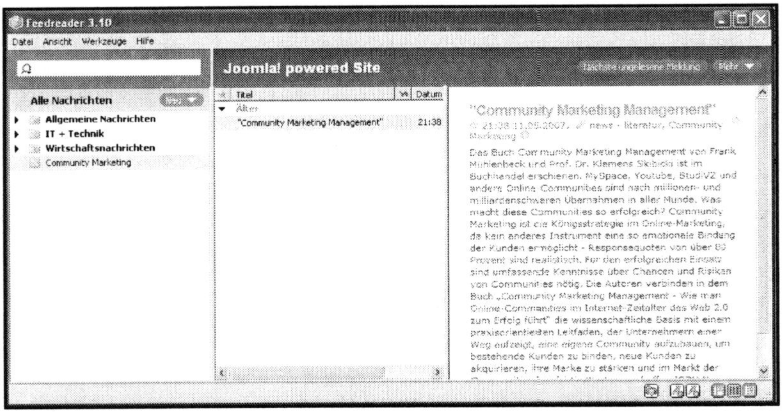

Abbildung: Die Einblendung eines RSS Feeds im FeedReader

Beim oben abgebildeten FeedReader wird der Titel des Artikels jeweils im Mittelblock angezeigt. Klickt man auf den Titel, erhält man im rechten Bildabschnitt den kompletten Inhalt des Artikels. Wenn man bei einem prominenten Blog einen RSS Feed abonnieren möchte, aber nicht alle Themen interessant sind, kann man mit dem *Smartfeed* des FeedReaders eine Auswahl treffen, welche Inhalte gefiltert werden sollen. Dazu klickt man zunächst mit der rechten Maustaste auf der linken Seite des Nachrichtenbaums auf den zu filternden Nachrichtenkanal (z.B. den Blog *Community Marketing*) und wählt im Kontextmenü die Funktion *Smartfeed*. Im daraufhin erscheinenden Dialogfenster können Sie unterschiedliche Regeln festlegen. Arbeiten Sie sich bei einer Regel dabei von links nach rechts vor. Zunächst legen Sie fest, ob beispielsweise im Titel oder im Inhalt des Artikels gesucht werden soll. Im nächsten Schritt legen Sie fest, ob das zu filternde Wort im Text enthalten sein soll oder nicht. Im dritten Schritt schreiben Sie das Wort, in unserem Fall *Web 2.0* in die Regel. Wenn Sie weitere Regeln festlegen, klicken Sie auf das Pluszeichen am rechten Rand der Regel. Die einzelnen Regeln summieren sich allerdings nicht, dass heißt, wenn Sie eine weitere Regel aufstellen, bei der nur die Artikel angezeigt werden sollen, in denen das Wort *Community* steht, werden nicht automatisch nur Artikel angezeigt, in denen *Web 2.0* UND *Community* zu finden sind, eine der beiden Regeln reicht aus, um den Artikel darzustellen.

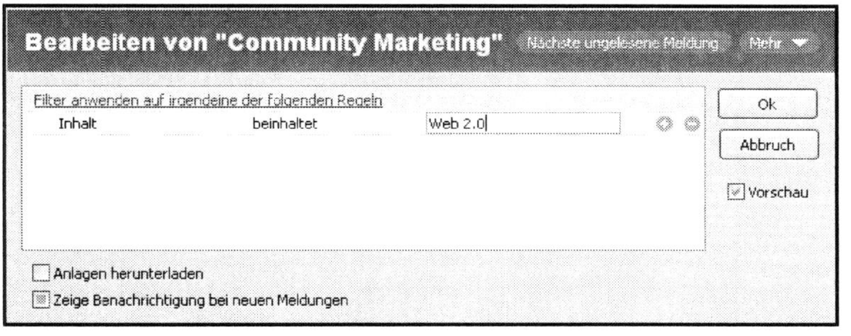

Abbildung: Der Smartfeed zur Filterung von Inhalten mit dem Feed-Reader

Inzwischen gibt es eine größere Zahl an *RSS Reader Software*. Im Folgenden finden Sie eine Aufstellung von deutschen RSS Readern, die auf *Windows* basieren:

- *Alnera FeedBuster (viele Features)*
- *Feed Owl (einfacher Reader)*
- *FeedReader (beliebtester Reader)*
- *NewsBee (richtet sich auch an Firmen)*
- *NewzCrawler (viele Features)*
- *The TreeTicker (einfacher Reader)*

Einige Webseiten führen bereits Verzeichnisse zu RSS Feeds, darunter u.a. die Website *www.rss-verzeichnis.de*. Sobald Sie selbst Ihre Inhalte als RSS Feed anbieten, sollten Sie solche Verzeichnisse nutzen, um sich dort einzutragen.

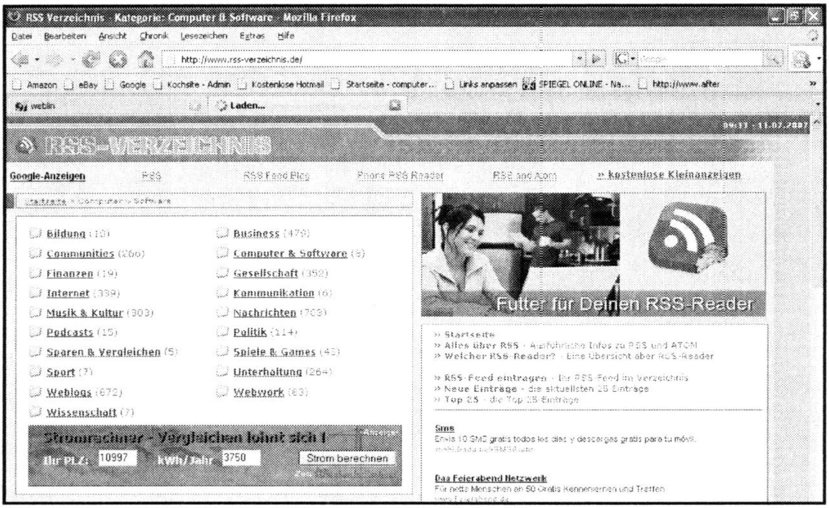

Abbildung: Ein RSS Verzeichnis auf www.rss-verzeichnis.de

Eine neue Form von RSS Feed bietet *xfruits.com*. Mit herkömmlichen RSS Feed Readern kann man entweder RSS Feeds abonnieren oder nicht. *xfFruits* bietet die Möglichkeit, die Feeds nach bestimmten Wörtern zu filtern und diese zu kombinieren. Weiterhin können Sie die Feeds auf ihren eigenen Blog einbinden, für ein Mobilgerät nutzen, als Audio ausgeben lassen, etc.

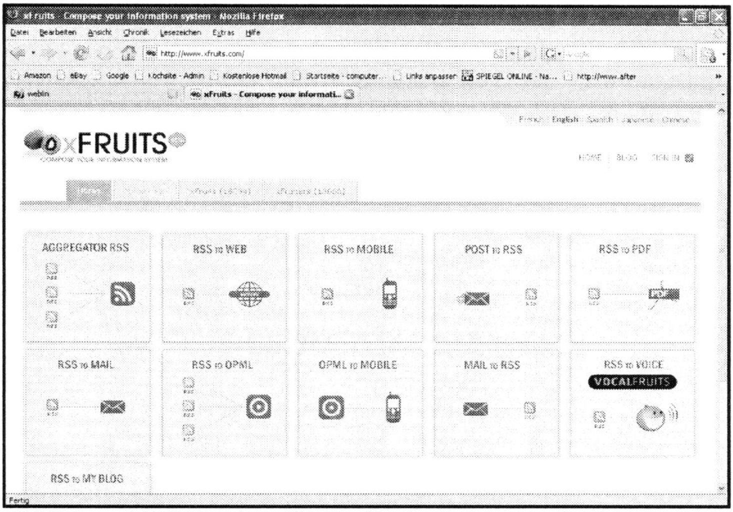

***Abbildung RSS Feeds mit xFruits** (www.xfruits.com)*

Eine Alternative zu *xFruits* bietet *Yahoo* mit *Yahoo Pipes*! unter *www.pipes.yahoo.com*.

Wenn Sie eine eigene Internetseite, zum Beispiel einen Blog betreiben und einen RSS Feed anbieten möchten, achten Sie auf folgende Punkte:

Helfen Sie den Neulingen.

RSS ist noch nicht sehr stark verbreitet. Je nachdem, welche Zielgruppe Sie mit Ihrer Webseite ansprechen, sollten Sie zunächst die Funktionsweise von RSS und die Vorteile für Ihre Zielgruppe kurz erläutern, dazu bieten Sie Download-Links zu RSS Feedreadern an.

Bleiben Sie ständig interessant.

Aktualisieren Sie Ihre Webseite regelmäßig und sorgen Sie für aktuelle Neuigkeiten. Nur auf diese Weise ist sichergestellt, dass Sie Ihre einmal gewonnenen Leser auch behalten.

Networking und Transparenz.

Bauen Sie RSS Partnerportale auf, auf denen Sie die Feeds anderer unterbringen, die sich mit demselben Thema beschäftigen. Darüber hinaus können Sie Ihren Feed in den wichtigsten RSS Verzeichnissen unterbringen.

Namen sind nicht Schall und Rauch.

Wie bei Webseiten und Domains spielt auch bei RSS Feeds der Name eine wichtige Rolle. Seien Sie bei der Wahl des Namens deshalb genauso kreativ wie bei den Überschriften der Artikel. An dieser Stelle zieht natürlich das Know-how eines Journalisten, da der Leser einer Zeitung sehr schnell anhand der Überschrift entscheidet, ob er den Artikel lesen will oder nicht.

Bilder sagen mehr als Worte.

Integrieren Sie Bilder in Ihre Feeds, um diese interessanter zu gestalten. Bilder sind meist aussagekräftiger und kompakter als reine Texte. Gerade in Zeiten des Informationsüberflusses ist es wichtig, einen Leser auf den ersten Blick zu fesseln - Bilder leisten dabei in aller Regel die besten Dienste.

2.2.8 AJAX – die Internet Technologiesammlung

Im Zusammenhang mit dem Begriff Web 2.0 fällt immer wieder das Wort *AJAX*. Ausgeschrieben steht AJAX für *Asynchronous JavaScript and XML*. Es handelt sich dabei um eine Ansammlung von Programmiersprachen (*XHTML, CSS, XML* und *JavaScript*), die erst einmal gar nicht neu sind, sie existieren bereits seit einigen Jahren. Wenn Sie eine Webseite besuchen und auf einen Link klicken, hat sich früher die komplette Seite neu geladen. Dank der AJAX Technologie ist es möglich, dass sich nur Teile einer Seite neu laden.

AJAX speeds up your website!

Somit wird der Ladevorgang der Webseite beschleunigt. Beispielsweise bietet die Startseite von *Web.de* im Newsartikelbereich die Möglichkeit, mit der Maus über die Titelleiste des Artikels zu fahren. Sofort wird der Abstract des Artikels nachgeladen, ohne dass der Rest der Seite neu geladen wird.

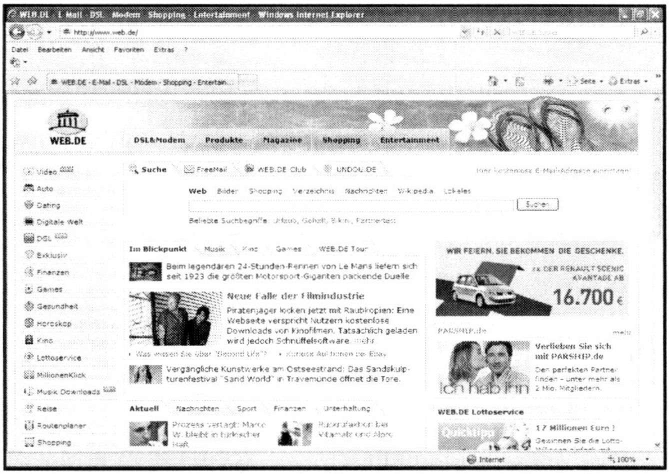

Abbildung: AJAX Technologie auf der Web.de Seite

2.2.9 Widgets – die kleinen Helfer

Viele Web 2.0 Unternehmen entwickeln so genannte *Widgets*. Dabei handelt es sich um kleine Programme, die in andere Webseiten eingebunden werden können. Laut *Wikipedia* sind Widgets *Bedienelemente einer grafischen Benutzeroberfläche*. Tatsächlich sind diese Bedienelemente in den meisten Fällen mit einer besonderen Technologie ausgestattet, die über einen externen Server – in diesem Fall vom Anbieter des Widgets – bereitgestellt wird.

Warum „verschenkt" Sevenload Technik und Kapazität?

Die Firma *Sevenload* verbreitet ihre Videotechnologie in Form von Widgets. Jeder kann Videos auf der Sevenload Plattform hochladen. Das besondere ist, dass man sehr einfach das bei *Sevenload* hoch geladene Video auf der eigenen Webseite einbinden kann. Die benötigte Serverkapazität und das mit Videos verbundene Traffic-Aufkommen (Traffic = hier Datenverkehr) wird komplett über die Sevenload-Plattform abgewickelt, trotzdem laufen die Videos aus Sicht des Webseitenbesuchers auf der eigenen Webseite. Lediglich der Videoplayer ist mit dem *Sevenload* Logo geprägt.
Nun fragen Sie sich vielleicht, warum *Sevenload* gratis diese Lösung anbietet. *Sevenload* verdient unter anderem Geld durch *WhiteLabel*-Lösungen. Darunter versteht man den Verkauf der eigenen Technologie unter dem Namen des Kunden. Die Widget-Technologie hilft insbesondere dabei, die eigene Lösung schnell zu verbreiten.

Die Eigentumsphilosophie des Open Source:
„Alle können es kostenlos nutzen und weiterentwickeln".

Ein wesentlicher, fast schon philosophischer Ansatz des Web 2.0, dem man bei Widgets folgt, ist es, *Tools* (= Instrumente) zu entwickeln, die immer wieder in unterschiedlichen Anwendungen integriert werden können. Die Integration muss dabei sehr einfach sein. Der Ansatz ist dem *Open Source Prinzip* sehr ähnlich, bei dem eine Entwicklergemeinde eine Software gratis weiterentwickelt und die neuen Entwicklungen immer wieder der Allgemeinheit zur Verfügung stellt. Der Begriff der *Schwarmintelligenz* lässt sich an dieser Stelle am besten erkennen. Nur durch das gemeinsame Arbeiten und Weiterentwickeln kann ein Produkt, in diesem Fall die Software, konkurrenzlos schnell weiterentwickelt werden. Natürlich gibt es bei Open Source auch Probleme, beispielsweise in der Form, dass bei einer Vielzahl von Programmierern nicht ausgeschlossen werden kann, dass Sicherheitslücken im Programmiercode existieren. Nicht zuletzt aus diesem Grund setzen Unternehmen in den meisten Fällen immer noch auf Software, die zwar nicht kostenlos aber dafür von Softwareunternehmen programmiert wurde, die dafür garantieren können, dass keine Sicherheitslücken existieren.

Widgets schaffen eine „Win-Win-Situation".

Web 2.0 hilft anderen Unternehmen dabei, ihr eigentliches Business zu unterstützen. Wenn Sie beispielsweise Videoinhalte produzieren und diese auf ihrer Webseite einbinden möchten, können Sie sehr einfach die *Sevenload*-Technologie nutzen, um das Video als Widget einzubinden. Dadurch können Sie kostenlos eine Technik verwenden und Ihren Webauftritt attraktiver machen. *Sevenload* macht dabei die eigene Technologie und Website mit Ihrer Hilfe bekannter - alle Seiten profitieren.

Neben der Einbindung als Video entwickelt *Sevenload* weitere Widgets. Beispielsweise existiert eine digitale Fotowand in Form eines Banners. Sie können in das Widget eigene Fotos hochladen, die anschließend als digitale Fotowand im Banner eingebunden werden. Sobald das Widget fertig ist, können Sie es auf Ihrer eigenen Webseite einbinden. Die Foto-Widgets haben eher einen privaten als einen geschäftsmäßigen Zweck, trotzdem verbreitet sich die Technologie.

Das Internet Radio *Last.fm* bietet dem User die Möglichkeit, Lieblingsalben in Form eines Widgets auf die eigene Webseite oder in Ihr Community-Profil bei *MySpace* einzubinden. Auch hier spielt der Geschäftszweck eine untergeordnete Rolle. Der Radiohörer kann sich einfach persönlich darüber ausdrücken, was seine Lieblingsmusik ist. Das Businessmodell von *Last.fm* wird an späterer Stelle ausführlich behandelt.

Eine andere Widget-Technologie stellt die Plattform *empressr.com* bereit. Auf dieser Webseite können Sie eigene Präsentationen à la *Powerpoint* bauen und anschließend diese in die eigene Webseite einbauen.

2.2.10 Social Browsing – der Browser hat Gefühle

Bisher wurden soziale Netzwerke über Internetportale realisiert. Die potentiellen und realen Mitglieder treffen sich auf einer Website, loggen sich mit einem Benutzernamen und einem Passwort in die Community ein und können kommunizieren, publizieren, recherchieren, etc.

Vorteile des Social Browsing

Social Browsing geht einen entscheidenden Schritt weiter. Das Problem wird in der Zukunft darin bestehen, dass die Internet-User bereits in mehreren Communities eine Mitgliedschaft besitzen und irgendwann der Punkt erreicht ist, an dem sie es satt sind, einer weiteren neuen Community beizutreten, insbesondere dann, wenn man keine wesentlich neuen Features bietet. Beim Social Browsing wird die Software, in diesem Fall der Browser, bereits auf dem eigenen Rechner des Benutzers installiert. Hier kann der User sein eigenes Profil einstellen und mit diesem Profil auf anderen Online-Communities im Netz auftreten.

Einer für alle.

Der Social Browser *Flock* bietet die Möglichkeit, per Schnittstelle mit wichtigen und großen Communities direkt zu kommunizieren. So kann man beispielsweise eine große Anzahl an Fotos sehr einfach auf die großen Foto-Communities hoch laden.

Abbildung: Startseite der Social Browser Software „Flock" auf flock.com

Als Erweiterung für die eigene Browsersoftware *Firefox* gibt es Plugins wie *clustr.com* oder *swarmthe.com*, die das Nutzerverhalten der Internetgemeinde aufzeichnen und der Allgemeinheit in der Form zur Verfügung stellen, so dass man nachvollziehen kann, wer welche Seite besucht hat. Wenn Sie einen Account bei der Business-Community *XING* besitzen, kennen Sie sicher die beliebte Funktion *Wer war auf meinem Profil*. Die *Swarmthe*-Funktion geht einen beachtlichen Schritt weiter und zeichnet auf, wer auf Ihrer Webseite war. So können Sie diese Information auf Ihrer Webseite integrieren und alle User, die das *Swarmthe*-Plugin aktiviert haben und Ihre Seite besucht haben, auf Ihrer Webseite anzeigen. Auf der Hauptseite von *Swarmthe* können Sie die Besucherströme - bezogen auf alle Websites - einsehen und herausfinden, auf welchen Seiten *Swarmthe*-User zur Zeit surfen.

Avatare – die persönlichen Stellvertreter im Netz.

Ein sehr unterhaltsames Beispiel ist die Software *Weblin* von Zweitgeist.[29] Mit Hilfe dieser Software kann der User einen Avatar[30] erstellen, mit dem er auf anderen Webseiten navigiert. Sobald ein zweiter so genannter Weblin auf der gleichen Internetseite ist, kann man diesen Avatar zusätzlich sehen und kontaktieren.

---

[29] Vgl. www.weblin.com.

[30] Ein *Avatar* ist ein persönlicher Stellvertreter eines Users im Netz bzw. auf einzelnen Plattformen. In der Regel handelt es sich um eine visualisierte Figur, die der Nutzer individuell benennen oder gestalten kann.

Abbildung: Weblins auf der Spiegel Online Seite

Auf der Abbildung sieht man, dass sich auf der Webseite von *Spiegel Online* zur Zeit zwei Weblins befinden. In die *Weblin*-Software ist ein *Chat Client* eingebaut, so dass Sie andere Weblins anklicken und ansprechen können. Dazu können Sie Ihren Avatar mehrere Aktionen ausführen lassen. So kann er unter anderem lachen, tanzen, klatschen und gähnen. Alternativ zu einem bewegten Avatar können Sie auch ein Foto hinterlegen. Ähnlich wie bei *Swarmthe* haben Sie auf der Website von Weblin.com die Möglichkeit, über eine *Topcloud* darzustellen, wo sich zur Zeit die Weblins herumtreiben. Wie bei allen Tag-Clouds handelt es sich um eine Momentaufnahme.

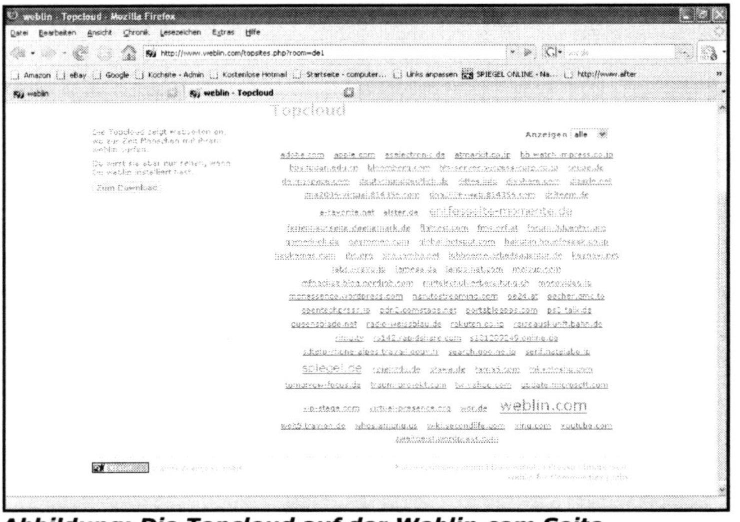

Abbildung: Die Topcloud auf der Weblin.com Seite

In Zukunft wird es möglich sein, im Netz gemeinsam spazieren zu gehen. So kann man eine andere Person an die Hand nehmen und ihr die Lieblingsseiten im Netz zeigen, auf der Seite gemeinsam verharren und darüber diskutieren, und vieles mehr.

Weitere Anbieter mit Browser-Avataren sind beispielsweise:

- *zwinky.com*
- *combots.com*
- *voki.com*

Nachteile des Social Browsing

Eine eigene Software, die zuerst auf dem Rechner installiert werden muss, ist in erster Linie ein erhöhter Aufwand für den User. Er muss die Software herunterladen, meistens seine Firewall entsprechend konfigurieren, damit der Download und die Installation sicherheitstechnisch zugelassen werden, und er muss in vielen Fällen die Software konfigurieren. Mal ganz davon abgesehen, dass bei der Installation von Software vielfach Probleme auftreten, die bei dem Besuch einer Webseite nicht in dieser Art entstehen, gibt es hier in erster Linie ein Problem mit dem zusätzlich entstehenden Aufwand. Wenn der User diesen Aufwand bewältigt hat, gibt es als nächstes das Problem der Sicherheit.

Aufpassen, wen ich mir da ins Haus hole.

Sie müssen dem Anbieter der Browser-Software vertrauen, da durch die Installation einer Software (einer *EXE Datei*= ausführbare Datei) ein direkter Zugriff auf die Sicherheit Ihres Rechners besteht. Im schlimmsten Fall kann die Software den Rechner fern administrieren, wichtige Daten einsehen und Viren auf den Rechner spielen.

Arbeitnehmer müssen draußen bleiben.

Wenn Sie als Zielgruppe vorwiegend Berufstätige haben, werden diese mit einer zu installierenden Software nur selten erreicht. Der Systemadministrator eines Firmennetzwerks schränkt die Benutzerrechte der Computer im Regelfall so stark ein, dass eine Installation einer fremden Software oder überhaupt einer Software nicht möglich ist. Damit fällt der Großteil der Berufstätigen als Zielgruppe weg.

Ohne dem Anbieter von Social Software Systemen zu nahe zu treten, gibt es zusätzlich das Problem, dass theoretisch alle von Ihnen besuchten Seiten, die so genannte *History*, aufgezeichnet und ausgewertet werden können. Für den Anbieter ist dies eine hervorragende Informationsquelle, da er darüber lernen kann, was den User interessiert. Im zweiten Schritt kann er dem User zielgruppenorientierte Informationen anbieten.

Wenn aber geschäftsinterne oder private Informationen auftauchen, ist es dem User in der Regel nicht recht, dass ein Zweiter diese Informationen erhält. Aus diesen Gründen muss man immer die AGB der Anbieter von Social Software bis ins Detail studieren, bevor man eine solche Software auf dem eigenen Rechner installiert.

2.2.11 Mashups – die Informations-Collagen

Mashups kombinieren alle bisher vorgestellten Web 2.0 Tools und Technologien. Die Verwebung bzw. Vermischung von Content wird auch als Mashup verstanden. Dabei kombinieren Sie alle Formate vom Text, über Audio bis zu Videos und produzieren neue Collagen aus Informationsschnipseln verschiedenster Art. Wenn Sie eine neue Internet-Seite aufbauen, müssen Sie nicht unbedingt selbst für Content sorgen. Das interessante von Web 2.0 ist unter anderem, dass sie den gesamten Content, der durch die User des Internets produziert wird, unterschiedlich aufbereiten können.

Kreieren Sie den eigenen Internet Cocktail-Mix.

Beispiele für einen Mashup sind die Webseiten von *netvibes.com* oder *pageflakes.com*. Sie ermöglichen es dem User, eine personalisierte Internetseite zu gestalten. Über auf der Webseite integrierte RSS Feeds können Sie als Nutzer automatisch die Nachrichten abonnieren, die für Sie interessant sind. Wenn Sie die aktuellen Wetternachrichten Ihrer Region sehen möchten, wird dazu ein Fenster bereitgestellt, das die Inhalte von einem Wetteranbieter importiert. Ihre eigenen Bookmarks können Sie auf die Webseite integrieren, um sofort auf die wichtigsten Webseiten zugreifen zu können. Alternativ können Sie Ihre Bookmarks aus einer Social Bookmark Plattform importieren. Der Vorteil solcher persönlicher Mashup

Startseiten liegt insbesondere darin, dass Sie von überall die wichtigsten Informationen auf einer Seite sehen. Sie müssen sich bei fremden Rechnern lediglich anmelden, damit genau Ihre Daten zur Verfügung stehen. Um die *Netvibes.com* Mashups ist inzwischen ein eigenes *Produktionsnetzwerk* für Widget Anwendungen entstanden. Sie können aus einer Vielzahl Widgets die auswählen, die für Ihre Startseite besonders sinnvoll sind. Alternativ können Sie auch externe Widgets ganz einfach in Ihre *Netvibes* Startseite integrieren. Auf der folgenden Abbildung sehen Sie ein Beispiel für eine persönliche Startseite mit Netvibes, auf der sowohl Standard-Widgets wie das Wetter und ein Notizzettel als auch ein externes Widget in Form eines virtuellen Buchregals von der Bücher Community *booksmilers.com* dargestellt wird.

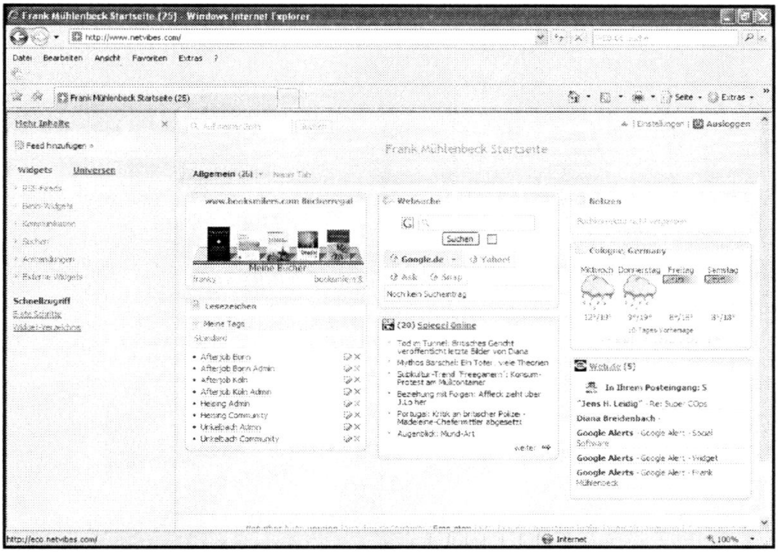

Abbildung: Mashup Netvibes.com

Ein anderes Beispiel für die Nutzung von Mashups ist die Implementierung von *Google Maps*. Wenn Sie eine Anwendung oder eine Plattform im Internet betreiben möchten, bei denen geografische Informationen eine Rolle spielen, können Sie den Content von *Google Maps* einbinden. Beispielsweise bauen Sie eine Plattform für Restaurants auf. Um die Restaurants auch geographisch zu illustrieren, nutzen Sie *Google Maps*, um auf einer Gesamtkarte oder auf einer eingegrenzten Ortskarte die auf Ihrer Plattform erfassten Restaurants zu zeigen. Sie erleichtern dem Nutzer das Auffinden wertvoller Information und erhöhen durch eine verbesserte Navigation gleichzeitig Ihr eigenes Angebot. *Google Maps* stellt Ihnen diesen Content in der Regel kostenlos zur Verfügung.

Wie funktionieren Mashup technisch?

Da wir hier kein technisches Handbuch abliefern wollen und können, sei auf die Spezialliteratur verwiesen. Hier nur soviel: aus technischer Sicht bedient man sich bei einem Mashup so genannter *APIs* (= *application program interface*). Dabei handelt es sich um offene Schnittstellen, an denen man bei einer Webseite andocken kann und Daten bzw. Content abzapft.

Vor- und Nachteile des Mashup

Die Vorteile von Mashups liegen damit klar auf der Hand – die Aufwertung der eigenen Seite durch fremden Content. Nun stellt sich die Frage, ob Mashups auch Nachteile haben. Dazu sei folgendes gesagt: Zum einen gibt es bei der Einbindung von fremdem Content immer die Frage des Copyrights.

Fremde Inhalte – fremde Rechte?

Versichern Sie sich bei fremden Content-Anbietern immer darüber, dass sie diesen Content auch auf Ihrer Plattform einbinden dürfen. Ansonsten hagelt es unter Umständen Abmahnungen und Schadensersatzansprüche. Machen Sie dem Content Anbieter seine Vorteile klar.
Der erste Vorteil für den Anbieter ist immer die wachsende Bekanntheit. Das ist auch der Grund dafür, dass die Blogger gratis eine Menge Informationen ins Netz stellen. Sie möchten sich als Experte in einem bestimmten Gebiet profilieren. Das Abonnieren von Blog-Content in Form von RSS Feeds haben wir bereits besprochen. Es gibt theoretisch die Möglichkeit, diesen Content aufzubereiten und auf Ihrer Seite einzubinden. Hier hätten wir es bereits mit einem Mashup zu tun. Aber in dem Moment, in dem Sie sich mit fremden Federn schmücken, nämlich die Inhalte anderer Blogs auf Ihrer eigenen Seite nutzen, ist das für einen Blogger nur interessant, wenn der Inhalt klar seinem Namen zuzuordnen ist.

Solange dieses Geschäftsmodell für Sie trotzdem interessant ist, können und sollten Sie relevante Inhalte aus guten Blogs integrieren. Für den Blogger kann das ganze relativ schnell zum Nachteil werden, wenn man nach einem aktuellen Thema sucht und anstatt die Blogseite Ihre neue Mashup Plattform als erstes Suchergebnis bei Google zu finden ist, da Ihre Seite wesentlich mehr Inhalte zu bieten hat und die Inhalte häufiger gewechselt bzw. erweitert werden.

2.3 Die virale Empfehlung als Macht des Web 2.0

Das zugrunde liegende Problem, bei dem wir bei der Ergründung der *Macht* des Web 2.0 ansetzen, besteht in Informationsdefiziten vor dem Kauf auf Seiten eines potentiellen Käufers bezüglich der Qualität eines Produktes oder eines Händlers.

Konsumenten laufen Gefahr, zu viel zu bezahlen.

Bei den meisten Produkten handelt es sich um so genannte *Erfahrungsgüter*, deren wirkliche Produkteigenschaften der Kunde erst nach dem Kauf bzw. Konsum kennt. In der Volkswirtschaftslehre wird diese Situation als *Asymmetrisches Informationsproblem* bezeichnet. Infolgedessen besteht für den Käufer die Gefahr, einen Preis zu bezahlen, der höher als der generierte Nutzen nach dem Produktkauf, den er eben nicht kennt, ist.

Ohne glaubwürdige Information „versagt" der Markt.

Ohne eine entsprechende Beratung, die dieses Risiko beseitigt, indem entsprechende Information bereitgestellt wird, ist es nahe liegend, dass der Kauf ausbleibt. In der Ökonomie spricht man in diesem Fall von einem *Marktversagen*, da Anbieter und Nachfrager prinzipiell den Austausch wollten, er aber am Informationsdefizit scheitert. Prinzipiell sind Nachfrager auch willens Informationen zu suchen und Anbieter, diese zu geben, damit ein Handel zustande kommt.

Sollten meine Haare geschnitten werden?

Wenn man nun aber den Frisör fragt, ob er der Meinung sei, dass die Haare geschnitten werden sollten, ist jedem klar, dass die Antwort hochprozentig *Ja* heißen wird – unabhängig davon, ob es tatsächlich so ist oder nicht. Wenn Sie ein Hotel buchen wollen ist genauso klar, dass der Reiseveranstalter das Hotel anpreisen wird und Ihnen die Buchung empfehlen wird. Der nicht absolut naive Konsument wird die Beratung des Anbieters nur bedingt als glaubwürdig erachten. Er kennt die individuellen finanziellen Unternehmensinteressen und unterstellt folglich, dass eine Beratung interessengeleitet und eben nicht objektiv bzw. zur Maximierung des Kundennutzens erfolgt. Es erfordert schon ein hohes Vertrauen in die Aussage des Verkäufers, den Kunden ausschließlich zu dessen Nutzen beraten zu wollen, so dass die unternehmerischen Interessen überlagert werden.

Die Kommentare von Gleichgesinnten im Social Web sind glaubwürdiger als jede Beratung durch einen Hersteller oder Händler.

Der Verkäufer ist in den Augen der Konsumenten also nicht glaubwürdig. Genau hier setzt die Macht des *sozialen Netzes* des Web 2.0 an. Der Mangel an Glaubwürdigkeit obliegt den Kommentaren und Empfehlungen von Personen oder Institutionen in der gleichen Situation wie man selbst hingegen erstmal nicht oder nur in geringerem Maße. Wem kein eigenes abweichendes Interesse unterstellt werden kann, dem glaubt man eher. Deswegen fragt man auf der Suche nach einem Produkt, einem guten Arzt oder einem Handwerker eben Freunde und Bekannte, denen man vertraut. Sind bei diesen keine Erfahrungen vorhanden und damit Beratung nicht möglich, so vertraut man immer noch anderen anonymen Kunden eher als dem Verkäufer.

Auch Kunden können das Ziel haben, andere Kunden bewusst falsch zu beraten.

Was für ein Interesse sollte ein anderer Kunde haben, mir eine falsche Beratung zu geben? Genau genommen sind auch solche Interessen denkbar, z.B. weil ein Kunde möchte, dass die Zahl der Nachfrager nach dem von ihm bereits gekauften Produkt steigt. Dies könnte darin begründet sein, dass es ihm ein gutes Gefühl gibt, wenn andere sich seiner Entscheidung anschließen. Ebenso könnten so genannte *Netzwerkeffekte* vorliegen, bei denen der Kundennutzen mit der Zahl der Kunden steigt, z.B. weil es billiger ist, netzinterne Handytelefonate zu führen. Im Extremfall bekommt der beratende Konsument sogar eine direkte Vergütung im Rahmen eines *Kunden werben Kunden* Programms. Letztendlich spielen solche Fälle aber eine untergeordnete Rolle. Jedenfalls im Vergleich zum Verkäufer, der immer ein Eigeninteresse hat, kann ein Kunde hochprozentiger darauf vertrauen, dass er eine Beratung in seinem eigenen Sinne erfährt, wenn er jemanden der gleichen Marktseite fragt.

Die Macht einer Kundenempfehlung ist nahezu unschlagbar – im Positiven wie im Negativen.

Da eine solche Empfehlung glaubwürdiger ist, sinkt das Risiko einer Fehlberatung und infolgedessen steigt die Kaufbereitschaft nach Eintreffen einer positiven Beratung bei den meisten Konsumenten stark an. Hier wird die Macht des Empfehlungsmarketing oder *Word-of-Mouth Marketing* sehr deutlich. Unternehmen, die es schaffen, dass Kunden ihr Produkt anderen weiterempfehlen, sparen Kosten des Unternehmensmarketing und genießen die glaubwürdigste und damit wirkungsvollste Werbebotschaft, die nur denkbar ist.

„Viral Marketing" –
die Botschaft infiziert Individuum für Individuum.

Da diese positive Botschaft sich – einmal initiiert – ohne weiteres Zutun des Unternehmens wie ein Virus weiterverbreitet, spricht man auch von *Viral Marketing*. Da die Ausbreitung nur über die Verbindungen zwischen Menschen entstehen können, gilt:

In der Dotcom-Ära galt „Content is king", das Web 2.0 entfaltet seine Macht weil „Connection is king" wahr wird.

Ein Beispiel dafür, wie man auf eine sehr intelligente Art eine erfolgreiche Viral Marketing Kampagne konzipieren kann, die eine relativ kleine Firma weltweit bekannt machen, kann ist *Blendtec*.

„Will it blend" – kann man ein iPhone mixen ?

Der amerikanische Hersteller von Küchenmixern produziert als Anschauungsbeweis der Leistungsfähigkeit seiner Geräte eine Reihe von Videoclips, die sie dann unter anderem bei *YouTube* als der bedeutendsten Videoplattform einstellen. Dort präsentiert der Firmeninhaber mit eigentümlich trockenem Humor aber wider Erwarten kein Obst oder Gemüse zerkleinert, sondern *iPods*, Coladosen und neulich das mit großer Medienaufmerksamkeit eingeführte *iPhone* von *Apple*. *Blendtec* erreichte hier in den ersten drei Monaten zwischen Juli und September 2007, dass der Clip mehr als 2 Millionen Mal abgerufen wurde. *Blendtec* nutzt geschickt die hohe Bekanntheit und emotionale Hochwertigkeit für das *iPhone*, um sein eigenes Produkt damit in Verbindung und darüber hinaus sogar in den Mittelpunkt des Clips und der Aufmerksamkeit der Zuschauer zu setzen. Gerne werden die Links im Freundesnetzwerk weiterverbreitet, das schon spannend darauf wartet, was als nächstes *geblendet* wird. Die Zuschauer werden vom Inhaber aufgefordert, Vorschläge zu machen – *Customer Involvement* und *Crowdsourcing* höchster Güte. Die Serie von Clips ist in Amerika mittlerweile so groß, dass der Slogan *will it blend* zu einem gängigen Modebegriff für Haltbarkeitstests geworden ist und auf T-Shirts vermarktet wird.

Negatives Word of Mouth darf man nie unterschätzen!

Allerdings funktioniert dieser Virus-Mechanismus auch in die umgekehrte Richtung. Negative Erfahrungen, die von Kunden an andere weitergegeben werden, schaden weitaus mehr als die Verunglimpfung durch einen Mitbewerber. In extremen Fällen kann der jahrelange erfolgreiche Aufbau einer Marke innerhalb von Tagen zunichte gemacht werden. Eines der ersten bekanntesten Beispiele über diese neue Macht des Netzes hinsichtlich negativer Produktinformation stellt der mittlerweile schon legendäre – und für Blogger schon antiquierte - Fall des amerikanischen Schlossherstellers *Kryptonite* dar.

Das Beispiel einer ersten Kapitulation vor der neuen Macht.

Als im September 2004 in einem Blog darüber berichtet wurde, dass ein *Kryptonite*-Fahradschloss mit einem einfachen Kugelschreiber geöffnet werden konnte, begann für das bis dato hoch angesehene Produkt ein Desaster. Kurze Zeit später verbreitete sich auch noch der Videobeweis für das einfache Knacken in der Blogger-Welt. Nachdem der Hersteller zu spät reagierte und versuchte das Gegenteil zu beweisen, griffen klassische Massenmedien die Thematik auf und verbreiteten den Vorfall in einer noch größeren Konsumentengemeinde. Als das Debakel nicht mehr abzuwenden war, sah sich *Kryptonite* schließlich dazu gezwungen, die Schlösser kostenlos umzutauschen. Die geschätzten Kosten dieser Aktion beliefen sich auf 10 Millionen USD, während der Image-Schaden wohl kaum zu beziffern sein wird.[31]

Ein Blogger kostete Kryptonite 10 Millionen USD.

---

[31] Eine gelungene detailliertere Darstellung des Falles inklusive Grafik zum Ablauf des Geschehens findet man – natürlich – in diesem Blog: http://brainwash.robertundhorst.de/uncategorized/krisen-pr-kryptonite-kfc-taco-bell-ratten/.

Zusammenfassend kann man festhalten, dass die persönlichen Verbindungen für die Kaufentscheidungen schon immer von immensem Einfluss sind. Konsumenten vertrauen den Ratschlägen und Meinungen von Freunden und Bekannten. Durch die niedrigen Kommunikationskosten des Internets werden diese Effekte im *Social Web* geradezu potenziert, denn sie ist dort nicht mehr auf das engste Umfeld beschränkt. Eine gute Reputation wird durch die massenhafte Weitergabe enorm verstärkt, eine negative Information kann hingegen kaum mehr bekämpft werden und in der Folge gravierenden Schaden für ein Unternehmen bedeuten.
So bestätigten in einer Gemeinschaftsumfrage des Marktforschungsinstituts *Ipsos* und der Agentur *Hotwire* im Jahre 2006 56 % der deutschen befragten Internetnutzer, dass sie ein Produkt oder eine Dienstleistung eher kaufen würden, wenn sie positive Kommentare anderer User zu diesem Kaufobjekt im Internet bemerken. Ebenso teilten 30 % mit, dass sie in der Vergangenheit bereits ein Produkt nicht gekauft haben, weil sie zuvor einen diesbezüglich negativen Kommentar gelesen hatten, im europäischen Durchschnitt lag dieser Wert sogar noch um 4 Prozentpunkte höher.[32]

Fast ein Viertel der Deutschen hält private Blogs für glaubwürdige Ratgeber.

Erstaunlich ist die hohe Glaubwürdigkeit, die den heutigen Internetplattformen (noch) zugeschrieben wird. In der bereits zitierten *Ipsos/Hotwire* Studie hielten 23 % der deutschen Teilnehmer private Blogs für vertrauenswürdige Informationsquellen. Die als privat gekennzeichneten Kommentare auf Verbrauchertest- und Preisvergleichsportalen wurden sogar von 28 % der Befragten als vertrauenswürdig eingestuft. Von Unternehmen geleitete *Corporate*

[32] *Ipsos* und *Hotwire* befragten im September 2006 2214 Internetnutzer in Deutschland, Frankreich, Italien, Spanien und Großbritannien in Face-to-Face Interviews bei den Befragten zu Hause.

Blogs kamen verständlicherweise hingegen nur auf 11 %. Private Blogs sind mit diesen Werten noch weit entfernt von den langjährigen Spitzenreitern in Sachen Autorität wie der *Deutschen Bundesbank* oder der *Stiftung Warentest*, reichen aber an andere eingesessene Institutionen heran oder übertrumpfen diese. So vertrauten die deutschen Befragten zu 34 % Zeitungsartikeln, aber nur zu 15 % klassischer Fernsehwerbung.

„Nicht alle Deutschen glauben an Gott,
aber alle glauben an die Bundesbank"
Jacques Delors

Das starke Vertrauen vieler Konsumenten in die Meinungen und Kommentare von anderen Nutzern erscheint angesichts der Tatsache, dass sie im Regelfall die Autoren nicht persönlich kennen außergewöhnlich. Die Macht der Empfehlungen entfaltet sich hier erstaunlicherweise bisher in einem anonymen Webspace, in dem praktisch jeder X-beliebige hinter einem Namen oder Profil stehen könnte. Im Handumdrehen ist ein Blog eröffnet, ein Profil in einer Community oder einem Forum eingerichtet und ein Produkt bewertet.

Die Wahrscheinlichkeit für Manipulation und
Betrug liegt bei 100 %!

Auch wenn die Mehrheit der Beiträge in allen Arten von Plattformen heute wohl noch echt sein mögen, so ist der Manipulation doch Tür und Tor geöffnet. Und wo die Möglichkeit besteht, wird diese erfahrungsgemäß auch genutzt.
Anbieter, die die Macht der Empfehlungen erkannt haben, werden vor eine harte Probe gestellt, nicht zu versuchen, die Wahrnehmung der Plattformen zu ihren Gunsten zu gestalten. Schon entwickeln sich aus diesen Möglichkeiten eigene Geschäftskonzepte. So berichten zumindest Fachzeitschriften über Unternehmen, die damit wer-

ben, dass ihre Mitarbeiter auf Internetplattformen aller Art durch entsprechende Beiträge positiv auf die Wahrnehmung ihrer Kunden einwirken. Andere bezahlen Blogger für Einträge dieser Art.[33]
Wahrscheinlich ist es einfach nur noch nicht an die breite Masse der Nutzer durchgedrungen, dass sie nicht völlig blindlings darauf vertrauen können, dass es sich tatsächlich um interessenunabhängige Beiträge handelt. Werden aber zunehmend Manipulationsfälle enthüllt, so könnte die Glaubwürdigkeit und die neue Macht des nicht-authentifizierten Social Webs schnell wieder schwinden. Wenn Konsumenten einer Information nicht mehr vertrauen, werden sie sie bestenfalls ignorieren. Dies zu verhindern und Authentizität und Glaubwürdigkeit zu erhalten wird wohl eine der Schlüsselfaktoren der zukünftigen Entwicklung im Bereich des Social Webs insgesamt und des Social Commerce im Speziellen sein. Unternehmen und Plattformen, die diesbezüglich glaubwürdige Konzepte entwickeln, werden im Vorteil sein – wir gehen vertiefend auf diese Thematik in Kapitel 6.1 ein.

[33] Der entsprechende Artikel in der TOMORROW 8/2007, S. 48/49 nennt hier die österreichische Werbeagentur www.eclipping.at und das Portal http://payperpost.com.

3 Die neuen Rahmenbedingungen – Wie verändern Web 2.0 und Social Commerce die Märkte

Dotcom war früher, Web 2.0 ist heute und was wird in Zukunft sein? Für die strategische Ausrichtung von Unternehmen ist die Klärung dieser Frage von essentieller Bedeutung und kann deswegen anders und konkreter formuliert werden:

Müssen Unternehmen auf den Web 2.0 Zug aufspringen und den Web-Auftritt oder sogar das gesamte Marketing danach ausrichten?

Die eindeutige und kurze prägnante Antwort lautet generell: JA! Die Begründung kann durch Antworten auf häufig gestellten Fragen erfolgen, denen wir uns in den folgenden Abschnitten differenziert annähern. Beginnen wir mit:

Wird die „Web 2.0 Blase" platzen?

Kritiker warnen davor, die aktuellen Entwicklungen nicht überzubewerten und sprechen von einer *Web 2.0 Blase*, die genauso platzen wird, wie die *Dotcom-Blase* im Jahr 2000. Hier heißt die Antwort: *Jein* – eine differenzierte Antwort ist notwendig.

Zunächst muss man bemerken, dass das Platzen der 2000-er Spekulationsblase nicht bedeutet hat, dass Internet-Unternehmen nichts wert sind. Richtig ist, dass es sich wahrscheinlich um den größten Kapitalvernichtungseffekt der Börsengeschichte gehandelt hat. Dies lag vor allem an einer spezifischen Konstellation: viele neue – und damit naturgemäß unsichere – Ideen auf der Angebotsseite konnten aufgrund vereinfachter Zugangsauflagen in neuen Aktienmarktsegmenten, wie in Deutschland dem *Neuen Markt* schnell und unkompliziert emittieren. Dort trafen sie auf reichlich vorhandenes Kapital noch zahlreicher vorhandener spekulationsfreudiger, gieriger Anleger.

Vorsicht:
gleich hinter den Astrologietipps die Aktienempfehlungen.

Wenn Aktientipps schon die Schlagzeilen der Boulevardpresse beherrschen, dann ist klar, dass auch schon die letzten der potentiellen Anleger sich blind auf alles stürzen, was an die Börse drängelt. Egal ob dahinter ein sinniges Geschäftskonzept steckt oder nicht – Hauptsache man hat die Aussicht darauf, reich zu werden. Nach wenigen Jahren eines solchen Booms fangen Anleger jedoch an, darauf zu schauen, wer auch wirklich Geld verdient und nicht mehr, wer die höchste *Cash-Burn Rate* hat, einem der unsinnigen charakteristischen Ausdrücke dieser Zeit. Wenn dies genug Anleger tun und keine neuen Ignoranten mehr in den Markt kommen, platzt die Blase und es setzt ein darwinistischer Bereinigungsprozess ein – die Stärksten überleben und diejenigen Neuunternehmen, die kein Geld verdienen, verschwinden so schnell wie sie gekommen sind. Das ist völlig normal, war immer so und wird immer so sein.

Die Boom- und Crashphasen in den 70er Jahren des 19. Jahrhunderts und zur Jahrtausendwende folgten ähnlichen Mustern.

Beim Blick in die Wirtschaftsgeschichte ist dies nichts Besonderes. Das war in Deutschland beispielsweise während des *Gründerbooms* 1871-73, dem anschließenden *Gründerkrach* und der *Gründerkrise*, in der Anleger jahrelang nichts von Aktien wissen wollten, genauso wie im *Dotcom-Boom* 1997-2000 und dem anschließenden *Bloß weg aus Internet-Aktien* bis 2006. Es dürfte kein Zufall sein, dass die Boomphase und die Erholungsperioden in beiden Fällen ungefähr gleich lang dauerten. In beiden Fällen handelte es sich um Menschen, die Zeit brauchten bis die Wunden an den verbrannten Fingern ausheilten und sie wieder klar sahen und sich wieder trauten in die Überlebenden des Crashs zu investieren.[34]

Deutsche Bank als Start-up.

Im 19.Jahrhundert überlebten unter anderem Unternehmen wie die *Deutsche Bank AG* oder die *Continental AG* die Krise bis heute. Aus dem 2000er Krach stellen Unternehmen wie *Amazon*, *Ebay* und allen voran *Google* heute die Vorzeigeexemplare nicht mehr nur der *New Economy* sondern der gesamten Wirtschaft dar, während die meisten anderen bereits vergessen sind. Und genauso wird es wieder sein: In wenigen Jahren werden wir wissen, ob *YouTube* oder *MySpace* ihre Milliarden wert waren oder ob der *Holtzbrinck*-Verlag gut daran getan hat, für schätzungsweise 80 Millionen Euro die Studenten-Community *StudiVZ* zu kaufen – um nur die spektakulärsten Deals zu nennen.

Viele Unternehmen und Anleger werden vielleicht bald wissen, dass sie Fehlinvestitionen in falsche Konzepte getätigt haben, genauso wie dies in der ersten Internet-Ära der Fall war. Aber deswegen wird es dennoch nicht falsch sein, seine Geschäftskonzepte fit für Web

[34] Grob zusammengefasst kann man die Entwicklung direkt nach Gründung des zweiten Deutschen Kaiserreiches im Anschluss an den Deutsch-Französischen Krieg 1871 folgendermaßen beschreiben. Einheitliche und vereinfachte Aktienmarktbedingungen in dem durch die Reichsgründung größer und damit attraktiver gewordenen Binnenmarkt, der anstelle der zerstückelten deutschen Einzelstaaten getreten war, ermöglichten es Firmen deutlich leichter als zuvor zahlreich vorhandenes Anlagekapital zu finden. Unternehmen bedienten sich zum Beispiel Entwicklungen und Erfindungen der Chemie oder der Elektromechanik, aber auch innovative Finanzkonzepte suchten ihre Investoren. Sie fanden eine große Menge optimistisches anlagefreudiges Kapital, das zu großem Teil aus den französischen Reparationszahlungen in Höhe von 5 Mrd. Goldfranc stammte, das vom Verlierer des Krieges nach Deutschland floss.

2.0 zu machen, denn genau wie bei der Dotcom-Blase war es auch nicht falsch, sein Unternehmen internetfähig zu machen! Ein Webauftritt gehört heute zur Selbstverständlichkeit für praktisch jedes Unternehmen, in wenigen Jahren wird dies mit Web 2.0 Elementen genauso sein.

In wenigen Jahren werden Web 2.0 Elemente beim Webauftritt so selbstverständlich sein wie eine Homepage heute.

Spricht man also von einer *Blase*, so kann damit lediglich die von übertriebenen Erwartungen getragene Spekulation an Aktienmärkten oder Übernahmen gemeint sein, keineswegs jedoch der nachhaltige Strukturwandel auf Märkten, der in den folgenden Abschnitten erläutert wird.[35] Generell ist ein ähnlicher Emissionsboom wie Ende der 1990er Jahre durch Web 2.0 Konzepte auf Aktienmärkten bisher nicht auszumachen. Das einzige wirkliche Web 2.0 Unternehmen, das in Deutschland bisher den Börsengang gewagt hat, ist die Business-Community *Xing* (vormals *OpenBC*). Diese hat über Premium-Mitgliedschaften aber bereits vor dem Börsengang Geld verdient.

[35] Nach diesem kleinen Ausflug in die Parallelen der Geschichte sei uns ein kleiner Seitenhieb erlaubt. Ein bekannter deutscher Politiker der Gegenwart sagte einmal sinngemäß „Geschichte ist unnütz, da die Menschen Fehler immer wieder machen". Einem solchen vielleicht symptomatisch dummen Zitat möchten wir die Gegenfrage stellen: „Woraus soll man denn sonst lernen, wenn nicht aus der Geschichte - es ist nichts anderes da?!?" Ganz im Gegenteil: Erst in historischer Perspektive erkennt man Entwicklungspfade in ihrer Gesamtheit und kann durch Vergleich von Ähnlichkeiten und Unterschieden Schlüsse auf die Zukunft ziehen und es besser machen – sprich „lernen".

3.1 Das Internet (r)evolutioniert die Welt

Um die Welt von heute, in der das Internet zunehmend die Funktion einer Klammer übernimmt, die Menschen und Medien zusammenhält, in ihrer Faszination wirklich zu begreifen, wollen wir kurz den Entwicklungspfad bis zur heutigen Bedeutung umreißen. Dies ist vor allem deswegen notwendig, weil noch nie in der Geschichte der Menschheit ein Medium so schnell eine so massenhafte Verbreitung und Akzeptanz gefunden hat.

Print, TV, Radio – kein anderes Medium wurde so schnell massenhaft angenommen wie das Internet.

3.1.1 Gesamtwirtschaftliche Bedeutung eines neuen Zeitalters

Während wir dieses Buch schrieben – der erste Teil entstand im *Sotavento Beach Club* auf Fuerteventura – wurde uns das *Extrem* des Informationszeitalters wieder einmal klar vor Augen geführt. Beispielsweise, wenn man realisiert, dass man trotz Sprechweite von Balkon zu Balkon gewohnheitsgemäß lieber über VOIP-Internettelefonie, Chat oder E-Mail kommuniziert. Oder, dass man sich die schöne Clubanlage - anstatt sie in der angenehmen Abendsonne zu Fuß zu erkunden - schon mal per *Google Earth* im Bilddetail inspiziert hat – wohlgemerkt während des Aufenthaltes, nicht etwa im Vorfeld. Dies sind Beispiele für den teilweise schon pervers anmutenden alltäglichen Einfluss der heutigen Kommunikationsmittel, aber es verdeutlicht auf der anderen Seite auch das, was das Internet im Kern ausmacht – niedrige Kommunikationskosten. Denn

es ist *kostengünstiger* (mit weniger Resourcenaufwand), den Club auf diese Weise schnell kennen zu lernen – ein Umstand der vor wenigen Jahren noch unmöglich schien. Damals war jedem klar, dass man so etwas nur vor Ort tun kann. Heute - ohne Flugkosten, etc. – ist dies im Internet kostengünstiger als mit dem geringen Zeitaufwand vor Ort möglich – Wahnsinn!
Um von diesen in unseren Augen Negativbeispielen weg zu kommen, konzentrieren wir uns auf die positiven, denn allen grundsätzlichen Gegnern solcher gesellschaftlichen Entwicklungen ist entgegenzuhalten, dass die Chancen überwiegen.

Die Verbreitung des WWW stellt den Beginn eines neuen Kondratieff-Zyklus dar.

Kommunikation wurde durch das Internet zeit- und raumübergreifend zu einem Maße und einer unvergleichbar hohen Anzahl an Menschen möglich, wie es noch vor wenigen Jahren undenkbar schien. Grund sind die gigantisch gesenkten Kosten der Kommunikation als ein Teil dessen, was in der Volkswirtschaftslehre *Transaktionskosten* als Kosten der Nutzung des Marktmechanismus, also des Zusammenführens von Anbietern und Nachfragern bekannt ist.[36]

[36] Der *Transaktionskostentheorie* folgend, sind Märkte ökonomische Orte des Tausches, auf denen sich durch das Aufeinandertreffen von Angebot und Nachfrage die Preisbildung vollzieht. Damit Anbieter und Nachfrager sich treffen und handeln können, müssen sie sich zunächst erst einmal finden, anschließend verhandeln, den Vertrag abwickeln und eventuell später kontrollieren. Dementsprechend fallen für die Nutzung dieses Mechanismus Kosten der Suche, der Verhandlung, Durchführung und Kontrolle an, die unter dem Begriff *Transaktionskosten* zusammengefasst werden. Mit Hilfe der Transaktionskostentheorie können viele ökonomische Sachverhalte erklärt werden. Beispielsweise die Frage, warum es überhaupt Unternehmen als organisatorische Einheiten gibt und nicht alle Tätigkeiten über Märkte abgewickelt werden. Hier sind Transaktionskosten im Vergleich zur Höhe der organisationsinternen Kosten der Abwicklung innerhalb eines Unternehmens abzuschätzen. Kommt man zu dem Ergebnis, dass die Organisationskosten niedriger als die Transaktionskosten sind, lohnt sich die Abwicklung innerhalb einer festen Unternehmensstruktur. Andernfalls wird die Leistung über den Markt eingekauft.

Diese Transaktionskosten waren es im Wesentlichen, die die wirtschaftlichen Aktivitäten und damit als deren Grundlage gesamte Gesellschaftssysteme veränderten. Menschen versammelten sich und kommunizierten seit ihren Anfängen um Gewässer herum, Flüsse und Meer stellten die Orte des Lebens dar, da die Transaktionskosten über den Wasserweg am geringsten waren. Später senkten Straßen- und Wagenbau auch die Kosten des Landtransports, so dass auch entfernte Landstriche erschlossen werden konnten. Beginnend vor rund 170 Jahren brachte dann der Ausbau des Eisenbahnnetzes einen Quantensprung der Transaktionskostensenkung über Land, bevor seit Ende des 19. Jahrhunderts Straßenbau und Automobilisierung die nächste Runde einer Kostensenkung brachte. Ähnliches geschah durch Ausbreitung von Telefonnetzen und Radio und Fernsehen als die ersten wirklichen Massenmedien im 20. Jahrhundert. Aber erst das Internet und seine Ausbreitung erreichte ein so niedriges Niveau an Kommunikationskosten, dass der Zugang zu Information und Produkten sowie Kommunikation für große Teile der gesamten Menschheit zu nahezu marginalen Kosten möglich wird.

Solche Basisinnovationen stellen den Anfang der so genannten *langen Wellen* oder auch bekannt unter dem Ausdruck der *Kondratieff-Zyklen* dar, d.h. sie eröffnen so viele neue Möglichkeiten, dass unzählige weitere neue Geschäftsmodelle darauf aufsetzen können, die sonst nicht funktioniert hätten.[37]

[37] Es existiert keine allgemein verbindliche Abgrenzung der *Kondratieff-Zyklen*. Eine mögliche Einteilung ist es, den ersten Zyklus mit der ersten Welle der industriellen Revolution, basierend auf Dampfmaschine und Textilindustrie, beginnen zu lassen. Der zweiten langen Welle ab Mitte des 19.Jarhunderts war die Verbreitung der Eisenbahn und der Schwerindustrie grundlegend. Der dritte Zyklus wurde gegen Ende des 19. Jahrhunderts von Elektrotechnik, Chemie und Stahl getragen. Den Beginn der vierten Welle kann man auf die späten 1940er Jahre datieren, die durch Automatisierung, Transistoren, Kernenergie, Automobile und Computer angestoßen wurde. Seit den späten 1980er Jahren befinden wir uns im fünften Zyklus, der durch die Fortschritte der Kommunikations- und Informationstechnologie bestimmt wird.

Die New Economy hätte wohl besser „New Society" genannt werden müssen.

Die vielleicht weniger mit der Wirtschaftsgeschichte Vertrauten bezeichneten den Beginn dieses neuen Zyklus vor einigen Jahren als *New Economy*. Richtigerweise hätte es wohl eher *New Society* heißen müssen, denn er erfasste die gesamte Gesellschaft.
Solche langfristigen Entwicklungen sieht und versteht man meist erst mit dem gewissem Abstand der historischen Perspektive und nicht, wenn man sich mitten in einem evolutionären Prozess befindet. Deswegen ist vielen überhaupt nicht bewusst, was in den letzten zehn Jahren in der Welt um uns herum passiert - nämlich die schon erläuterte revolutionäre Senkung der Transaktionskosten auf Märkten jeglicher Art, also dort wo sich Anbieter und Nachfrager privater und kommerzieller Leistungen finden.

War Ihnen bewusst, dass die Datenmenge, die vor zehn Jahren in 30 Tagen übertragen werden konnte, heute in 1 Sekunde transportiert wird?[38] Das Internet ist somit nicht *irgendetwas der Wirtschaft*, sondern der gesamten Gesellschaft – diese vielleicht künstliche und typisch deutsche Trennung Wirtschaft- und Gesellschaft war nie vorhanden, wird beim Übergang zum *sozialen Netz* aber eben endlich auch begrifflich überdeutlich. Hätten Sie es vor wenigen Jahren für möglich gehalten, dass Sie ihre Sandkastenfreunde wieder finden können oder 5 Millionen Singles in einer Online-Community kennen lernen können – nur weil die Suchkosten unfassbar niedrig sind?

Das Internet ermöglicht aber nicht nur unzähligen Menschen Kommunikationsspaß, sondern auch einen nie gekannten Zugriff auf produktives Wissen. Vor wenigen hundert Jahren nahm ein Mensch

[38] So zumindest die Aussage des http://www.ciwm-wissenstransform.de/.

in seinem Leben weniger Information auf als heute in einer Tageszeitung steht – der Hauptgrund: die hohen Kommunikationskosten dieser Zeit. Es dauerte Tage, Wochen, Jahre bis Informationen die nächste Ansiedlung, Stadt oder gar den nächsten Kontinent erreichten, einfach weil es keine Kanäle gab. Deswegen wird zu Recht die heutige Zeit als *Informationszeitalter* charakterisiert, denn Information ist der entscheidende Faktor für Erfolg, alt bekannt in der Binsenweisheit *Wissen ist Macht*.

Die rasante Entwicklung in der Produktion von Wissen und dem Zugriff darauf bietet enorme Möglichkeiten und wer sie nicht nutzt hat im Wettbewerb einen Nachteil. Da diese Informationsabstinenz zuweilen nicht freiwillig, sondern aufgrund finanzieller Engpässe verursacht wird, unterstützen nicht nur Philantrophen Kampagnen wie ein *Notebook für jeden* oder *Schulen ans Netz*, etc. Solche Programme sind essentiell notwendig, um Menschen nicht vom Zugriff auf die werttreibenden Faktoren von heute fernzuhalten und somit nicht nur aus Gründen der sozialen Fairness, sondern auch aus gesamtwirtschaftlichen Effizienzgesichtspunkten sinnvoll.

Jeder 5. Mensch weltweit ist online,
Afrika und Südamerika sind außen vor.

Umso tragischer ist es, dass dies weltweit noch nicht annähernd umgesetzt ist. Mittlerweile gehören 18 % der Weltbevölkerung zu den Internetnutzern, in hoch entwickelten Ländern wie Deutschland sind mittlerweile auch über 60 % der Bevölkerung *Onliner*. Leider sind solche Verbreitungsquoten lediglich in Nordamerika, Europa, Australien und Asien existent. Weitgehend ausgeschlossen vom Wachstum der Internetnutzerzahlen und damit mit erheblichen Nachteilen behaftet sind Lateinamerika und Afrika. Doch nicht nur für die Betroffenen in diesen Ländern entstehen Nachteile, denn es geht hinsichtlich des Nutzerzahlaspektes auch um die Gesamtproduktivität sozialer Netze. In der Regel gilt: umso größer, desto produktiver.

Als Beispiel sei *das veröffentlichte Wissen der Menschheit* zu nennen. Dieser zugegebenermaßen schwer zu quantifizierende Indikator verdoppelte sich in den Hundert Jahren zwischen 1800 und 1900, verzehnfachte sich aber bereits zwischen 1900 und 2000. Die Verdopplung wird heute in ca. 5 Jahren geschafft, ab 2050 könnte eine tägliche Verdopplung erreicht werden.[39] Noch optimistischere Meinungen gehen für 2050 sogar von einer Verdopplung alle 5 Minuten aus.[40]

Das Wissen der Menschheit verdoppelt sich heute alle 5 Jahre.

Warum? Der eine Hauptgrund ist darin zu sehen, dass eine immer größer werdende Masse an Menschen Wissen zur Verfügung hat und diesen Zugriff nutzen kann, um darauf aufbauend Neues zu entwickeln: Milliarden Augen sehen mehr als zwei oder ein Kreativer wird schon dabei sein, der Wissen nutzt und dies wiederum veröffentlicht, worauf andere wieder zurückgreifen können.

Nach einer Schätzung von *Jakob Nielson* wächst das Internet derzeit mit einer jährlichen Rate von 18 %. Heute können es rund eine Milliarde Menschen nutzen, während sich die Zahl in ca. 10 Jahren verdoppelt haben wird.[41] Das Web macht Wissen allen verfügbar – es sei denn man sitzt in Afrika oder in Ländern, in denen das Netz politisch gefiltert wird. Neben der Produktivität und der Größe des sozialen Internetzes ist eine weitere Hauptursache in den ökonomischen Eigenschaften von Wissen zu sehen.

---

[39] Die Schätzungen verschiedener Institutionen werden in zahlreichen Quellen genannt, z.B. http://www.ciwm-wissenstransform.de/.
[40] Vgl. http://www.pnp.de/nachrichten/spezial/erde-1106/onlinemap/artikel.php?cid=29-15909823&Ressort=pol&Map=erde-11-06&BNR=0&Titel=.
[41] Vgl. http://www.ciwm-wissenstransform.de/.

Die Nutzung von Wissen ist ein Öffentliches Gut.

Wissen ist einerseits Produktionsfaktor und andererseits Endprodukt, was wiederum zur weiteren Wissensproduktion genutzt werden kann. Der entscheidende Unterschied dieser Ressource des Informationszeitalters im Vergleich zu denen der vorangegangenen Perioden besteht darin, dass Wissen zwar prinzipiell von allen geteilt aber nicht getauscht wird. Folglich kann es ohne Verlust für ein Individuum durch ein anderes genutzt und vermehrt werden. Dies war naturgemäß bei Öl, Kartoffeln oder einem Eisenpflug als Produktionsfaktoren des Agrarzeitalters anders. In der Volkswirtschaftslehre charakterisiert man dies als *Grenzkosten der Nutzung von Wissen gleich Null.* Es entspricht damit der Eigenschaft der *Nicht-Rivalität im Konsum*, die so genannten *Öffentlichen Gütern* zugeschrieben werden. Bei den anderen genannten Gütern handelt es sich hingegen um *private Güter*, denen genau diese Rivalität zu eigen ist – folglich kann das Bier, das einer trinkt, kein anderer trinken. Wenn Sie aber gerade eine Radio-Reportage hören, haben Sie keinen geringeren Nutzen, wenn gleichzeitig ein anderer auch die gleiche Information im Radio hört.[42]

Anders als bei Öl, Karotten oder Bier wird Wissen zwar geteilt, aber nicht getauscht.
Die Grenzkosten seiner Nutzung durch andere betragen Null.

Mit der überproportional steigenden Produktion von Wissen kommen wir aber zum wohl größten Problem – der Flut von Information, die nicht mehr verarbeitet werden kann.

---

[42] Wer sich detaillierter für die Eigenschaften öffentlicher und privater Güter interessiert, dem sei das Buch von Fritsch/Wein/Ewers zu empfehlen. Fritsch, M.; Wein, T.; Ewers, H.J.: Marktversagen und Wirtschaftspolitik. Mikroökonomische Grundlagen staatlichen Handelns, 6. Aufl., München 2005.

Es ist einfach zu viel, man verbringt nur noch Zeit in den Medien, anstatt selbst Informationen produzieren zu können. Elementar ist somit die spezifische Filterung des Wissens, also des Umwandelns von Wissen in Information – d.h. relevantes, nützliches und produktives Wissen.

Zu viel Information ist keine Information!

Dies ist ein Grund dafür, warum *Google* als führende Suchmaschine auf dem ...eg nach oben unter den wertvollsten Unternehmen der Welt is... ...e Filtermechanismen drohen wir im Datenmüll zu ersti...

...e Vorteil des Webs ist der Zugang zu Wissen als dem Schlüsselfaktor des 21. Jahrhunderts.
aber...
...ßte Nachteil ist die Schwierigkeit der Filterung, Authentizität ...d der Manipulationsanfälligkeit dieses Wissens.

...schinen können die Information nur nach bestimmten Kriteгen ...uchen – ohne dabei auf Authentizität zu prüfen oder deren Qualität bewerten zu können. Dazu sind bisher nur Menschen fähig – einer der Gründe, warum Web 2.0 als soziales Netz so erfolgreich ist. Die Meinung eines Gleichgesinnten oder eines Freundes kann auf höhere Vertrauenswürdigkeit zählen als ein anonymer Webtext. Die Möglichkeiten der Manipulation sind jedoch auch im Web 2.0

---

[43] Ganz nach oben hat es *Google* allerdings noch nicht geschafft: Nach dem Ranking der *Financial Times* (FT 500) ist das Unternehmen gemessen an der Marktkapitalisierung der börsennotierten Unternehmen mit seinen rund 150 Mrd. USD in 2007 noch nicht unter den Top Ten (demnach sind die wertvollsten Unternehmen *Exxon Mobil, General Electric, Microsoft, Citigroup, At&T, Gasprom, Toyota, Bank of America, ICBC, Royal Dutch Shell*). Betrachtet man jedoch isoliert den Markenwert so führt z.B. die Untersuchung der Marktforschungsgruppe *Millward Brown* gemäß *Spiegel*-online in 2007 erstmalig auf Platz 2, gefolgt von *General Electric, Microsoft* und dem langjährigen Primus *Coca-Cola*. http://www.spiegel.de/wirtschaft/0,1518,478914,00.html.

immens. Auf dieses Kernproblem gehen wir in diesem Buch mehrfach ein.

Informationsüberfluss führt zu Produktivitätsverlust.

Die zu jeder Zeit und an jedem Ort auf uns einprasselnde Informationsflut führt zuweilen sogar zu enormen Produktivitätsverlusten. Wenn man nur noch damit beschäftigt ist, Information aufzunehmen und zu erfassen, findet man kaum mehr Zeit, diese setzen zu lassen und zu verarbeiten. Wenn es dann auch noch dauernd um einen herum rattert und blinkt, leidet die Konzentration für eine Tätigkeit.

Das Sägeblatt der Konzentration.

Experten gehen davon aus, dass Menschen bis zu 30 Minuten benötigen, bis sie gedanklich voll und ganz zu der Tätigkeit zurückkehren, die sie vor der Unterbrechung beschäftigte. Die Konzentrations- und Produktivitätskurve ähnelt der eines Sägeblattes: Die Konzentration wird durch jede Störung rapide nach unten gerissen und erreicht erst allmählich wieder das Ausgangsniveau, bis die nächste Ablenkung das Niveau wieder nach unten reißt. Ein Graus, wenn man nach dieser Erkenntnis an das klingelnde Telefon, den automatisierten Newsticker oder die nette Nachricht *You have got mail* denkt.

Every Generation got its own disease.

Hinzu kommt der sich immer weiter ausbreitende selbst erlegte Zwang vieler Menschen unseres Zeitalters, ständig auf dem Laufenden bleiben zu wollen. Das Überprüfen auf neue E-Mails, Handy-SMS oder der Frage, wer zuletzt mein Community-Profil besucht hat oder meinen Blog kommentiert hat, nehmen zuweilen zwangsneurotische Ausprägungen an.

E-Mail - was ist das?

Man vergisst, dass wir noch vor wenigen Jahren ohne Handy, Web und E-Mail auskamen. Nur um sich zu vergegenwärtigen, wo wir stehen: Als ich 1994 in den USA studierte, schaute ich verwundert auf eine postalische Mitteilung, dass mein *E-Mail Account* jetzt fertig sei - ich erkundigte mich daraufhin, was dies sei? Kenntnisstand eines heute 6-jährigen Kindes - grotesk!

Du bist offline - ist was passiert?

Im Jahre 1997 hatten 7 % der Deutschen ein Handy, 10 Jahre später kommen auf 100 Personen 107 Handys. Der Anteil der Internetnutzer in Deutschland stieg im gleichen Zeitraum von 6,5 % der Bevölkerung auf über 60 %. Und die Welt funktionierte früher dennoch - nur eben langsamer. Schrieb man damals einen Brief und erwartete Tage später die Antwort oder einen telefonischen Rückruf nachdem der Anrufbeantworter abgehört war, so drängelt man heute, dass man doch vor 5 Minuten eine E-Mail geschrieben habe und die Antwort immer noch nicht da ist. Im Höhepunkt gipfelt diese Entwicklung in der Nachfrage, warum das *Instant Messaging System* oder die *Voip-Software* nicht zeige, dass man online sei.

Der wahre Luxus ist heute die Nicht-Erreichbarkeit!

Die permanente Erreichbarkeit setzt enorme Produktivitätspotentiale frei, andererseits erzeugt sie individuellen Stress, der sich nicht unbedingt positiv auf das Ergebnis auswirkt. Nicht-Erreichbarkeit und Zeit für sich ist zum wahren Luxus des beginnenden 21. Jahrhunderts geworden. Hatte jemand zu Beginn der 1990er Jahre ein Handy, so konnte man anerkennend davon ausgehen, dass die Firma ihn damit ausgestattet hatte, da er so unverzichtbar war, dass er immer erreichbar sein sollte. Heute hat es sich genau umgedreht: Man ist wirklich wichtig, wenn man sich leisten kann, NICHT erreichbar zu sein.

Internetnutzung in Deutschland

	2002	**2007**
Onliner Gesamt in %	41,7	60,2
nach Altergruppen		
14-29 Jahre	69,6	88,1
30-49 Jahre	54,7	77,1
50 + Jahre	18,3	35,4
nach Geschlecht		
Männer	48,8	67,1
Frauen	35,2	53,8
nach Bildung		
Schüler	73,8	91,6
Volks-/Hauptschule	23,4	42,0
Abitur/weiterbild. Schule	49,2	66,3
Abitur/Studium	69,8	82,0
nach Haushaltsnettoeinkommen		
unter 1.000 €	20,5	37,6
1.000 - 2.000 €	30,8	50,8
2.000 - 3.000 €	49,2	70,4
über 3.000 €	64,1	83,7
Breitbandnutzung in %	**2005**	**2007**
Breitband (DSL, Kabelmodem, anderer breitbandiger Zugang)	40,1	59,6
ISDN	27,6	16,6
Modem	20,5	14,5
Sonstiges	11,7	9,3

Quelle: eigene Darstellung nach den Zahlen von TNS Infratest im *(N)onliner Atlas 2007 - eine Topografie des digitalen Grabens durch Deutschland.*

Der Anzahl der deutschen Onliner, also der Menschen, die bereits das Internet nutzen, stieg gemäß des „(N)onliner Atlas 2007" in 2007 auf 39,17 Millionen Menschen oder 60,2%. Gegenüber dem Vorjahr bedeutete dies ein Anstieg um 1,4 Mio. oder 2 Prozentpunkte, im 5-Jahresvergleich um 18,5 Prozentpunkte. Das kontinuierliche, aber verlangsamte Wachstum deutet auf allmähliche Sättigungstendenzen hin. Die Zahlen der aktuellen ARD/ZDF-Onlinestudie 2007 liegen durchweg sogar noch leicht darüber.
Immer noch gilt, dass der Anteil der Onliner mit dem Alter deutlich fällt, dementsprechend die Wachstumsraten im mittleren und höheren Alter am höchsten sind. Ebenso ist eine sich zwar schließende, aber immer noch existente Lücke zwischen den Geschlechtern deutlich. Besonders groß sind die Unterschiede in der Online-Nutzung aufgrund von Bildungsunterschieden. Studenten haben eine fast doppelt so hohe Nutzungsquote im Vergleich zu Abgängern von Hauptschulen. Nicht in der Tabelle zu sehen ist die starke Differenzierung zwischen den Bundesländern, wo zu erkennen ist, dass die ostdeutschen Länder sowie das Saarland deutlich hinter den anderen Ländern liegen, von denen die Stadtstaaten Berlin und Hamburg die höchste Onlinerquote haben. Von großer Bedeutung - vor allem für die Nutzung vieler Web 2.0 Angebote - ist die Verbreitung so genannter Breitbandanschlüsse, die in kurzer Zeit große Datenmengen durchleiten können und so die Übertragung z.B. von Videodateien in erträglich kurzer Zeit ermöglichen. Innerhalb des letzten Jahres stieg der Anteil solcher Zugänge um 12 Prozentpunkte auf nun fast 60 %. Ausschlaggebend dürfte der gestiegene Preiswettbewerb insbesondere im DSL-Bereich sein.[44]
Für den internationalen Vergleich der Internetnutzung zeigen die Zahlen des europäischen Statistikamtes Eurostat für 2006 eine Onlinerquote von 72 %, der damit höher liegt als in der bisher verwendeten Zahlenbasis von TNS In-

[44] Zahlen von TNS Infratest im „(N)onliner Atlas 2007 - eine Topografie des digitalen Grabens durch Deutschland".

fratest, da Eurostat nur Personen zwischen 16 und 74 Jahren befragte. Deutschland erreichte mit diesem Wert den 7. Platz unter den EU-Ländern, wobei die skandinavischen Länder mit Islands 90% an der Spitze höhere Werte aufwiesen, der direkte Nachbar Frankreich aber mit 47 % oder Schlusslicht Rumänien mit 25 % deutlich schlechter abschnitten. Das Niveau der USA (allerdings für 2006) wurde nur um einen Prozentpunkt unterboten. Weltweit nutzten in 2006 knapp ein Fünftel der Weltbevölkerung (18 %) das Internet. Die Wachstumsraten und Internetpenetration sind jedoch nur in hoch entwickelten Regionen wie Nordamerika, Asien und Europa signifikant, während Lateinamerika und Afrika kaum an der Entwicklung des Internets teilnehmen.[45]

3.1.2 E-Commerce – Das Netz wird kommerziell

Die grundlegenden Veränderungen, die das Internet mit sich brachte, wandelten auch die Beziehung zwischen Produzenten, Händlern und Konsumenten nachhaltig. War das Internet ursprünglich als eine Art Vernetzung unter amerikanischen Militärs und Wissenschaftlern zur Absicherung und Austausch von Daten entstanden, so verlagerte sich der Schwerpunkt seit Mitte der 1990er Jahre massiv zum Kommerziellen. Hierfür war zum einen die Entwicklung des *World Wide Web*, kurz *WWW*, entscheidend, da dieses seit 1993 mit grafikfähigen Browsern einfache Bildübertragung ermöglichte. Zum anderen waren erst seit 1990 die politischen Weichen für die Öffnung für private kommerzielle Zugänge gestellt, so dass erst dann zahlreiche neue Geschäftsmodelle getestet werden konnten: Der elektronische Handel, der *E-Commerce* war geboren.

Alles, was ich will – rund um die Uhr.

[45] Vgl. Eurostat, Studie: Gemeinschaftserhebung über den IKT-Einsatz durch Haushalte und Einzelpersonen (2006).

Wenn man sich die erfolgreichen Unternehmen der *New Economy*, also die Begründer des klassischen E-Commerce anschaut, so kann man als deren Werttreiber einige Faktoren identifizieren, die Nutzen für Kunden generierten. Zum einen war dies die zeitliche und räumliche Flexibilität. Erstmalig konnte man zu jeder Tag und Nacht Zeit einkaufen, entscheidend war nur, dass man über einen Internetzugang verfügte. Man konnte auf eine größere Vielfalt von Produkten zurückgreifen als in jedem Kaufhaus. Nachdem man sich durch den Bestellprozess geklickt hatte, musste man nichts anderes tun als warten, bis es an der Tür klingelte und die Waren in Empfang nehmen – oft weniger als 24 Stunden nach Bestellung. Hinzu kam der nicht unwichtige Faktor, dass die Produkte oft günstiger angeboten werden konnten als im klassischen Einzelhandel, da die Vertriebskosten der Verkaufsstellen wegfielen. Bekanntester Vertreter der großen Online-Händler aus dieser Zeit ist *Amazon*, die seit 1994 zunächst als Buchhändler starteten und in den folgenden Jahren ihr Produktportfolio massiv erweiterten.

Amazon und Ebay beinhalteten schon grundlegende Elemente des Social Commerce.

Amazon integrierte mit den Kundenrezensionen auch schon Elemente, die man heute dem *Social Web* zuordnen würde. Dennoch blieb dem Konsumenten bei *Amazon* letztendlich im Normalfall die Rolle des passiven Konsumenten, der sich zwar durch eine umfangreiche Online-Welt klicken konnte, aber außer Angebote lesen und bestellen nicht viel tun konnte.

Einen ähnlichen kometenhaften Aufstieg legte die 1995 gegründete Online-Auktionsplattform *Ebay* hin. Hier war aber im Prinzip schon der Gedanke des sozialen Netzes elementarer Bestandteil, denn *Ebay* offerierte als eigentlichen Kundennutzen durch seine Plattform niedrige Transaktionskosten für Anbieter und Nachfrager. Somit konnten auch Austauschprozesse zustande kommen, bei denen der Wert des gehandelten Gutes so gering war, dass allein die Suchkosten der Marktteilnehmer ohne *Ebay* und das Internet so hoch gewesen wären, dass sie über dem Wert der Güter gelegen hätten. Ein Handel wäre folglich niemals zustande gekommen, allein weil sich Anbieter und Nachfrager in den meisten Fällen gar nicht gefunden hätten.

3.1.3 Vom E-Commerce über Social Software zum Social Commerce

Welche waren nun die entscheidenden Faktoren, die vom E-Commerce zum Social Commerce führten?

Zunächst mussten sich die technischen Rahmenbedingungen dahingehend verändern, dass der Kommunikationskanal Internet über die Maßstäbe des 1990er WWW hinaus mehrdimensional, multisensorisch und massenkompatibel wurde. Dies gewährleistete die Entwicklung immer weiterer Technologien, vor allem aber deren massenhafte Verbreitung. Letzteres geschah zum einen durch die enorme Senkung der Kosten und die gestiegene Verfügbarkeit von Breitbandzugängen und Flatrates, die die Übertragung von Audio- und Videodateien mit einem vertretbaren Zeit- und Kostenaufwand erst möglich machen. Zum anderen vereinfachte sich die Handhabung der Software so sehr, dass heute praktisch jeder Nutzer innerhalb weniger Klicks Inhalte, z.B. in einem Blog produzieren kann.

Das Netz wird sozial – Social Software.

Somit war das *Soziale Netz = Social Web* entstanden, in der User in alle Richtungen, vor allem auch untereinander, kommunizieren können. Sie tun jetzt also nichts anderes als sie in der realen Welt auch tun - nur eben in der Online-Welt. Und weil die Transaktionskosten hier so niedrig sind und zudem asynchron, also zeitunabhängig kommuniziert werden kann, ist die Zahl der Kommunikationspartner weitaus höher als dies in der realen Welt möglich wäre.

Das Web hat die reale soziale Welt von Menschen im eigentlichen Sinne nicht verändert, es hat sie nur online gebracht.

Die Art des sozialen Lebens und der Kommunikation im Social Web liefert dabei Hinweise auf gravierende Veränderungen im Vergleich zu den zwischenmenschlichen Beziehungen früherer Zeiten, die man auch schmunzelnd oder kritisch betrachten kann. Für viele scheint das Web zu einer Plattform für die grenzenlose Selbstdarstellung geworden zu sein. Die neuen Möglichkeiten verleiten dazu, einen Informationsüberfluss ungeahnter Art zu produzieren. Neben dem *guten*, dem nützlichen, dem produktiven Wissen finden sich viele Internetnutzer darin wieder, alles Mögliche und somit nicht selten auch totale Belanglosigkeiten permanent in die Welt hinaus zu senden.

Manchmal fragt man sich vergeblich, ob einige Dienste die Menschheit wirklich weiterbringen.

Wir erwähnten bereits die Mitteilungsbörse *twitter.com* oder die deutschsprachigen Gegenstücke *frazr.de* oder *wamadu.de*, die den Kern ihrer Leistung darauf beschränken, der Internetwelt zu sagen, was der User gerade tut - *ich geh einkaufen, auf die Toilette oder in den Zoo.*
Die Motive der Nutzer können in diesen Fällen wohl nur in reinem Mitteilungsbedürfnis und der verzweifelten Hoffnung, dass dies irgendjemand interessiert, gesucht werden.

Weitergehende Konzepte zeigen jedoch, wie solche Mitteilungsplattformen auch direkten Kundennutzen stiften können. So können User bei *plazes.com* z.B. die Informationen über ihre Tätigkeiten direkt anhand einer geografischen Karte lokalisieren. Auf diese Weise können sich Gleichgesinnte direkt treffen oder anderen wertvolle Informationen über die jeweiligen Orte z.B. ein Cafe und seinen besten Kuchen, eine Kneipe und den besten Platz etc. hinterlassen.

Im Netz tun Menschen jetzt alles,
was sie in der Offline-Welt auch tun –
auch zusammen einkaufen.

Seit die Software sozial geworden ist, muss man auch nicht mehr alleine im Web shoppen, wie während der Periode des E-Commerce. Jetzt können Menschen auch so einkaufen, wie sie es in den realen Geschäften tun. Sie machen dies gemeinsam, sie fragen andere nach Tipps, wo man was gut kaufen kann oder welche Produkte man nicht empfehlen kann. Einige kommen dann auch direkt darauf, dass sie ihre gebrauchten Produkte oder Neuware selbst verkaufen. Im Handumdrehen ist mit einigen Klicks ein eigener Shop eröffnet oder für die Einbindung von *Affiliate*[46] *Systemen* eine Verkaufsprovision kassiert - wiederum viel leichter als dies in der realen Welt jemals hätte geschehen können.

E-Commerce + Web 2.0 = Social Commerce

Die früheren reinen Konsumenten können in heutigen Online-Marktplätzen alle Rollen einnehmen: Wahlweise die des Konsumen-

[46] *Affiliates* sind Provisionssysteme, bei denen ein Betreiber auf seiner Homepage einen Link zu einem Produkt einbindet. Nutzt ein User diesen Link, so erhält der Betreiber, über dessen Link ein Käufer gekommen ist, eine Provision. In der Regel bedienen sich Anbieter von Produkten spezialisierten Affiliateanbietern. Details erfahren Sie auch in Kapitel 5.2.

ten, des Herstellers, des Beraters, des Kritikers oder Händlers und Verkäufers. Damit sind wir im Social Commerce angekommen – zunächst in dynamischeren Gesellschaften wie den USA, bevor Mitte 2006 die Welle auch im deutschsprachigen Raum ankam und sich seitdem stark ausbreitet. Verschiedene Plattformen mit unterschiedlichen Schwerpunkten ermöglichten es jedem, in die Rolle zu schlüpfen, die er gerade wahrnehmen möchte – Beispiele werden in Kapitel 5 präsentiert.

Das Manifest der Revolution.

Abschließend zur Charakterisierung der neuen Rahmenbedingungen möchten wir die im Jahre 1999 visionären Autoren des *Cluetrain Manifest* zitieren, die ihren insgesamt 95 Thesen über die Zukunft der Märkte folgende treffende Einleitung voranstellten:

"A powerful global conversation has begun. Through the Internet, people are discovering and inventing new ways to share relevant knowledge with blinding speed. As a direct result, markets are getting smarter—and getting smarter faster than most companies."[47]

Folglich hieß die erste These:

„Markets are Conversations" – Märkte sind Gespräche.

Wie Unternehmen diesen Gesprächen lauschen und darauf reagieren sollten, ist die Thematik der folgenden Kapitel.

---

[47] Der gesamte Text ist unter www.cluetrain.com zu finden, in deutscher Übersetzung unter anderem auch unter www.cluetrain.de. Dem geschichtlich umtriebigen Leser wird aufgefallen sein, dass die Autoren geschickt den revolutionären Geist ihres Ausblicks über das Verhältnis zwischen Unternehmen und Konsumenten im Internetzeitalter durch die Verwendung des Wortes *Manifest* – wohl in Anspielung auf das kommunistische Manifest von *Karl Marx* und *Friedrich Engels* aus dem Jahre 1848 – und der Zahl *95* – in Anspielung auf die 95 Thesen *Martin Luthers* – betonen.

3.2 Enterprise 2.0 – Implikationen des Web 2.0 und Social Commerce für Unternehmen

Während wir uns der Thematik Web 2.0 und Social Commerce im vorangegangenen Kapitel eher aus der *Vogelperspektive* her genähert haben, brechen wir jetzt die Konsequenzen der Internet-Entwicklung auf die Mikroebene der Unternehmen herunter. Allerdings zeigen wir hier zunächst die generell möglichen Entwicklungspfade. Die noch spezifischere Umsetzung erfolgt im Anschluss in den Kapiteln 4 und 5.

3.2.1 Das *neue* Verhältnis zum Kunden und notwendige Strukturanpassungen

Dass sich die Anbieter von Social Commerce Plattformen über die Entwicklung freuen, ist einleuchtend. Was bedeutet das neue Zeitalter der Märkte aber für alle anderen Unternehmen? Fest steht, dass die klassische Rollenverteilung schwindet. Der frühere Konsument, der naturgemäß die gesamte Wertschöpfungskette der Leistungserstellung von der Beschaffung über die Herstellung der Produkte bis zum Verkauf mit eventueller Beratung erbringen lassen und vor allem bezahlen musste, hat im Social Commerce neue Möglichkeiten.

Der Konsument hat die neue Freiheit!

Der Kunde hat die Freiheit, selbst zu wählen, welche dieser Tätigkeiten und Rollen er lieber selbst übernimmt, anstatt dafür ein Unternehmen oder externen Dienstleister zu bezahlen.

Die Machtverhältnisse auf Märkten haben sich massiv zugunsten der Nachfrager verschoben.

Viel wichtiger als die reine Option ist jedoch, dass die Kunden diese auch selbstbewusst zahlreich nutzen. Vor allem sind die (nun nicht mehr rein *betriebs*wirtschaftlichen) Funktionen des Marketing und des Vertriebs betroffen – dies ist meist auch für Konsumenten einfacher als z.B. die Produktion. Die aufgeklärten Kunden des Web 2.0 begreifen langsam, dass sie jetzt oft die stärkere Marktposition innehaben. Wenn sie etwas nicht wollen oder nur Teile einer Leistung wünschen, dann nehmen sie sich im markttransparenten Wettbewerbsumfeld des Web 2.0 das, was sie haben und bezahlen wollen. Wenn sie zudem ihre Wünsche äußern, was sie gerne hätten, ist die Chance sehr hoch, dass sich jemand finden wird, der dies anbieten wird. Somit wird im Social Web das Realität, was Marketers immer predigten: Man muss sich als Unternehmen an den Kundenwünschen orientieren, der Kunde entscheidet und der Kunde ist König – für viele Unternehmen bisher noch eher Lippenbekenntnis als wirklich gelebte Praxis. Dies muss sich ändern, wenn man am Markt bestehen möchte.

Nicht länger Lippenbekenntnis oder Wunschdenken:
Der Kunde wird nun endlich wirklich König!
...oft zum Schrecken vieler Unternehmen.

Für Unternehmen bedeutet diese neue Wahlfreiheit und Machtverschiebung, dass sie sich strategisch neu ausrichten müssen, wenn sie die Weichen nicht schon gestellt haben.

Die Chance: Interaktive Wertschöpfung.

Kunden, die sich für die Tätigkeit eines Unternehmens interessieren und sich beteiligen und einbringen wollen, sollte man nicht nur lassen, sondern dies sogar fördern. Schließlich sind sie es, die die Produkte bezahlen sollen. Wenn sie sich dann noch daran beteiligen wollen, das Angebot zu entwickeln, zu verkaufen oder Marketing- und Beratungsfunktionen zu übernehmen so ist dies auch unternehmerisch höchst erfreulich, solange dadurch die Effizienz im Vergleich zu vorher gesteigert wird. Sind die Informationen und die Leistungen, die er für die Firma erbringt wertvoller als die Kosten, muss man diese wertvolle Ressource nutzen!

Die Wertschöpfung der Unternehmung wird als sinnvolle Konsequenz hinein in die Absatzmärkte verlagert bzw. die Kunden werden in den Wertschöpfungsprozess integriert. Das Gesamtprodukt wird interaktiv mit dem Kunden zielgenau erstellt.

Social Commerce ist „Outsourcing" in Perfektion!

Vor Jahren zog in vielen Branchen die große Welle des *Outsourcing* durch das Land, bei der es im Wesentlichen darum ging, Leistungen der Wertschöpfungskette, die zuvor innerhalb der Unternehmung abgewickelt wurden, günstiger über den Markt einzukaufen. Neben der Kostensenkung konnten auch Vorteile dadurch realisiert werden, dass externe Dienstleister, von denen man die Leistung einkaufte, aufgrund von Spezialwissen und größerer Nähe zum Markt auch qualitativ bessere Leistungserstellung liefern konnten. Die Risiken und Probleme einer solchen Strategie beruhen vor allem darauf, dass eine hohe Flexibilität und Transparenz zwischen den Beteiligten hergestellt werden muss. Insbesondere bezüglich vertraulicher Daten und Unternehmenswissen erfordert dies zuweilen ein hohes Maß an Vertrauen. Wenn Kunden in die Wertschöpfungskette integriert werden, handelt es sich ebenso um Outsourcing, nur dass die erstellende Leistungseinheit nun kein Unternehmen sondern direkt der Kunde ist. Eine zwischengeschaltete Firma, die näher am Kunden ist als das eigene Unternehmen wird beim Social Commerce einfach übersprungen. Die Vor- und Nachteile der Kostensenkung und des Vertrauens bleiben im Kern die gleichen - nur die Partner sind andere.

Die Anforderungen an Flexibilität, Transparenz und Kosten-Effizienz werden sich dramatisch erhöhen!

Für Unternehmen bedeutet die neue Welt des Web 2.0 sowohl hinsichtlich des hohen Wettbewerbsdrucks als auch der Chancen, dass sich die Anforderungen an Flexibilität und Kosteneffizienz rasant erhöhen. Dies wird umso wichtiger, je mehr Kunden das Social Web begreifen. Wenn diese Kunden nicht mehr bereit sind, für Leistungsstufen eines Unternehmens zu zahlen, müssen diese aus dem betrieblichen Spektrum flexibel aus- und wiedereingliederbar sein, je nachdem, was der König gerade will.

Tätigkeiten, denen kein Kundennutzen gegenübersteht, werden wegfallen.

Einhergehend mit den höheren Anforderungen an Flexibilität werden viele Organisationsstrukturen insgesamt schlanker werden müssen. Wasserköpfe wird der Web 2.0 Kunde nicht mehr quersubventionieren – einfach, weil er die Macht dazu hat. Betriebliche Tätigkeiten, die den Kundennutzen nicht steigern, lösen bei diesem keine Zahlungsbereitschaft aus. Es wird die Aufgabe der Unternehmen werden, solche Kosten, denen keine Zahlungsbereitschaften gegenüberstehen, konsequent zu streichen und nur bei Bedarf abzurufen.

Bekannte Unternehmensstrukturen werden jedoch nicht nur schlanker und flexibler, sondern auch durchlässiger sein müssen, um die Kunden zunehmend betriebliche Funktionen übernehmen oder beeinflussen zu lassen. Die Einbindung des Kunden in Unternehmensprozesse wird eine Voraussetzung für den unternehmerischen Erfolg werden.

Die Einbindung des Kunden in Unternehmensprozesse wird alle Funktionen betreffen.

Dieser Paradigmenwechsel hin zur *sozialen Unternehmung* – ein leicht sozialistisch anmutender Begriff – den die veränderten Rahmenbedingungen bedingen, sollte jedoch nicht lediglich als notwendige, aber unliebsame Reaktion aufgefasst werden. Es gilt zum einen zwar, dass man die Strukturänderungen durch Web 2.0 genauso wenig wie z.B. die Globalisierung oder die Gesetze der Schwerkraft bekämpfen kann.

Web 2.0 kann genauso wenig verhindert werden wie die Globalisierung – und es macht auch keinen Sinn, dies zu versuchen!

Genauso gilt auch hier, dass Unternehmen Entwicklungen, die sie nicht ändern oder aufhalten können, besser akzeptieren und sich darauf vorbereiten - ansonsten kann pathologisches Lernen durch Verluste oder Pleiten kaum vermieden werden. Zum anderen sollten Sie sich aber vor allem die Nutzung der Chancen auf die Fahnen schreiben – in den folgenden Kapiteln zeigen wir dies für einzelne Bereiche.

Ein besonders erfolgreiches Beispiel für die mutige Einbindung von Nutzern stellt die Kampagne der amerikanischen *Doritos*-Chips dar.

You make it. We air it.

Die zu *PepsiCo* gehörende Firma rief Konsumenten dazu auf, Werbespots für ihr Produkt zu erstellen und bei *Yahoo Video* hochzuladen, die dann dort von anderen Nutzern bewertet werden sollen. Die Belohnung für den bestbewerteten Spot war neben 10.000 Dollar, dass er während des Endspieles der *American Football Liga NFL* 2007, dem *Superbowl LXI*, als dem wichtigsten Medienereignis der USA, gesendet wurde. Der Erfolg war immens. Über 4.000 Spots wurden hochgeladen und über 100.000 Mal bewertet. Der Gewinner wurde nicht nur nach seiner Ausstrahlung zu einem der besten Werbeclips des Superbowls gewählt, er ersetzte später den zuvor traditionell von Agenturen für 350.000 USD erstellten Spot - obwohl er den Urheber in der Produktion ganze 12 USD gekostet hat!
Über den Nutzen eines sehr wirksamen Spots und ein hohes Involvement der Nutzer bei der Erstellung hinaus, wurde der positive Effekt dadurch potenziert, dass viele andere Medien über die ungewöhnliche und erfolgreiche Kampagne weltweit berichteten. Bei *YouTube* wurde er zudem bis September 2007 mehr als 1,4 Millionen Mal abgerufen.

3.2.2 Marketing als Unternehmensführungsprinzip

Als Vorbemerkung und zum besseren Verständnis sei erwähnt, dass Marketing in seiner weitesten Definition sich als *marktorientierte Unternehmensführung* versteht. Als solche umfasst es wie eine Klammer alle betrieblichen Funktionen mit einem Grundprinzip: Jegliche Aktivität im Unternehmen muss kundenorientiert sein, d.h. dem, der bezahlen soll, einen Nutzen stiften. Denn letztendlich geht es in einer Firma nur darum, dass irgendwann etwas verkauft wird.

Als ganzheitliches Unternehmensführungsprinzip kann Marketing definitionsgemäß somit nicht in nur einer Abteilung gebündelt sein. In seiner engen Form dagegen wird Marketing mit Verkauf, Absatz oder Werbung gleichgesetzt. Wir gehen im Folgenden vom Marketing in seiner zuerst erläuterten Sichtweise aus.

Marketing 2.0 nutzt die „Energie der Konsumenten".

Unternehmen der Generation *Marketing 2.0* verstehen die notwendigen Anpassungen als Möglichkeit, die bisher ungenutzten allmächtigen Potentiale der *Customer Energy* in möglichst allen bisher unternehmensbasierten Funktionen für sich einzusetzen. Es handelt sich insofern um einen echten Paradigmenwechsel. Die Energie und die Bereitschaft von Kunden, sich zu äußern und sich einzubringen, soll als das verstanden werden, was es ist: eine Leistung, für die die Firma nicht extra bezahlen muss.

Jede unternehmens- oder produktbezogene Kundenaktivität ist ein Geschenk!

Dabei geht es in erster Linie darum, die unschlagbare Stärke von Empfehlungen durch Kunden untereinander zu nutzen. Die Macht dieser Mundpropaganda kann dabei einerseits zielgerecht in eigens konzipierten *Viral Marketing* Kampagnen eingesetzt werden. Die Konsumenten übernehmen hier die Verbreitung einer Botschaft oder eines Images selbst, indem sie sie an ihre sozialen privaten Netzwerke abgeben. Diese Marketingvariante kann im Vergleich zu den Initiierungskosten einen unfassbar hohen Wirkungsgrad entwickeln – sofern der Virus tatsächlich ansteckend ist. Letzteres ist aber genau der Schwachpunkt dieser Strategie, die es auch schon in der Dotcom-Ära gab. In der Regel verpacken Firmen ihre Botschaft in einen lustigen, faszinierenden oder sonst wie für die Konsumenten interessanten Kontext in einem Videoclip, Bild oder Text. Die eigentliche Werbebotschaft wird *im Huckepack* mitverbreitet.

Word of Mouth (=WOM) entwickelt einen anderen Charakter als Viral Marketing.

Der spürbare Unterschied des im Kern gleichen Prinzips der Ausbreitung über Konsumenten liegt im Ursprung und den Motiven, meist auch den Formen bzw. Inhalten der Weitergabe im Web 2.0. Da hier die Werbebotschaft durch die Konsumenten mit wenigen Klicks selbst z.B. in Blogs, Votings, Hitlisten oder Videoportalen erstellt werden kann, entsteht ein anderer Charakter. Die Menschen unterhalten sich untereinander auch ohne dass eine Unternehmung dies lustigen Tools unterstützen muss. Bezeichnenderweise setzt sich auch zunehmend der Begriff *Word of Mouth* gegenüber Viral Marketing durch.

Social Media Marketing - Nutzung des Mundpropaganda-Potenzials!

Marketing 2.0 hat erkannt, dass die Kunden die Marketingfunktion übernehmen, wenn sie dies wünschen. Es muss sich folglich deutlich um die sozialen Netzwerkstrukturen des Web 2.0 kümmern. Für dieses neue Verständnis setzt sich zunehmend auch der Begriff *Social Media Marketing* durch. Konsumenten können zahlreichere, kreativere und wirkungsvollere Effekte erzielen, als Marketingspezialisten von Unternehmen jemals konzipieren können. Um wenigstens zu einem gewissen Maße diese Informationsströme steuern zu können, versuchen Unternehmen, Meinungsführer und aktive Internetnutzer zu identifizieren, um sie zu wohl gesonnener Aktivität zu stimulieren. Allerdings sollten Sie bei einem solchen Vorgehen äußerst vorsichtig sein, da der aufgeklärte Web 2.0 Nutzer auf offensichtliche Manipulation mit ausgesprochener Reaktanz reagieren und die Macht des Word of Mouth gegen das Unternehmen einsetzten könnte.

Spezialisierte Dritte.

Mittlerweile kann man sich hier auch Spezialisten bedienen, die aus dem Aufbau eines solchen Multiplikatorennetzwerkes ein Geschäftskonzept gemacht haben. Ein Beispiel hierfür ist die *TRND GmbH* (steht für *The Real Network Dialogue*), die sich auf die Fahnen geschrieben hat, den Austausch mit und unter Menschen, die Interesse an einer konkreten Marke oder Produktkategorie haben, zu systematisieren und gezielt anzuregen. Gezielt werden Trendsetter und innovative Vorreiter gesucht – oder zumindest die, die sich dafür halten. Das Netzwerk umfasst mittlerweile 10.000 Partner im deutschsprachigen Raum, in denen Firmenkunden die Resonanz auf ihr Angebot testen können.

Weniger direkt interaktiv zwischen Konsumenten, aber deswegen nicht weniger wirkungsvoll sind z.B. Ranglisten, die die Beliebtheit in Abstimmungen (=Votings) oder Download- bzw. Verkaufszahlen widerspiegeln.

Marketing muss zuhören:
„Markets are Conversations"

Sofern die gegenwärtigen Marketingabteilungen überhaupt in ihrer Form in Unternehmen fortbestehen bleiben, so wird sich der Schwerpunkt der Tätigkeit in Zukunft verlagern müssen. Die Überwachung, Entdeckung und Initiierung von positiver bzw. schadenseindämmender Handhabung von negativer Meinungsäußerung wird zu einer der wichtigsten Aufgaben. Darüber hinaus sollten unserem definierten Marketingverständnis folgend alle Mitarbeiter im Unternehmen dazu angehalten werden, die Aktivitäten bezüglich der Firma in ihren eigenen Netzwerken zu filtern. Positive Kundenmeinungen müssen bemerkt, verstärkt und gegebenenfalls belohnt werden. Negative hingegen können extrem gefährlich und zudem meist schlecht kontrolliert werden. Hier ist *echtes* Dialogmarketing gefragt. Oft kann ein direktes Eingehen auf die verprellten Meinungsäußerer oder wenigstens eine sachliche Stellungnahme größeren Schaden verhindern, bevor sich der Virus negativ verbreitet.

Marketing 2.0 ist B2C2C.

Abschließend sei noch einmal die Wichtigkeit betont, dass Sie sich darauf einstellen sollten, dass die Konsumenten weitaus mehr und mächtigere Marketingaktivitäten entwickeln können als Sie selbst. Dies bedeutet auch, dass die Kontrolle über das Image und die Positionierung ihrer Marke ein gutes Stück weit verloren geht. Sie müssen sich darauf einlassen und trauen, Konsumenten einzubinden und zu lassen – denn sie haben keine andere Wahl.

Die traditionellen Kategorien des Marketing, die hinsichtlich des Gegenüber auf der anderen Marktseite zwischen Geschäfts- und Endkunden unterscheiden, müssen in den Web 2.0 Rahmenbedingungen modifiziert werden. Die Einteilung in *B2C (= Business to Consumer)* und *B2B (= Business to Business)* reicht nicht mehr aus, da jetzt die Beziehungen zwischen den Konsumenten berücksichtigt werden. Unternehmen müssen versuchen, die Austauschprozesse zwischen sich und den Kunden sowie den Kunden untereinander zu beeinflussen. Folglich besteht hier ein *B2C2C (= Business to Consumer to Consumer)* Netzwerk.

3.2.3 Kommunikation

Die eruptiven Veränderungen der Kommunikationsstrukturen stehen vor der Klammer der meisten anderen betrieblichen Funktionen. Generell ist hier zunächst zu begreifen und zu verinnerlichen, dass das alte *Sender-Empfänger-Modell* abgelöst wurde. Die Kommunikation geht im Web 2.0 Zeitalter in alle Richtungen und kann von allen Seiten erstellt und weiterverbreitet werden. Es geht für Unternehmen zunächst vor allem darum, lange gelerntes traditionelles Kommunikationsverhalten abzuschütteln und die neuen Rahmenbedingungen zu verinnerlichen und offensiv zu nutzen.

Die gute alte (Kommunikations-)zeit.

Die bisherigen Strukturen bedeuteten primär, dass jedes Unternehmen seine eigenen Botschaften gestaltete und diese über etablierte Redaktionen in den engen Kommunikationskanälen Print, TV, Radio verbreitete. Zusätzlich wurde ein Webauftritt entsprechend aufgebaut.

Wollte sich ein Konsument in diesem System äußern oder beschweren, bestanden für ihn nur geringe Möglichkeiten, Gehör zu finden. Er konnte sich z.B. an den Verkäufer wenden oder eine Beschwerde per Telefon oder postalisch an das Unternehmen richten. In dieser Kommunikation des *kleinen* Kunden, der sich bittstellermäßig an die *große* Firma wendet, war die Öffentlichkeit ausgeschlossen. Versuchte er, sich an die Presse zu wenden, war die Story in den meisten Fällen zu uninteressant, um darüber in den Medien zu berichten. Dem Kunden blieb letztendlich meist nur die Möglichkeit, *mit den Füßen* abzustimmen, also den Aufwand einer Beschwerde wegen geringer Erfolgsaussichten zu sparen und stattdessen einfach anderswo zu kaufen.

Pressefreiheit pur – die Kunden sind die neuen Medien!

Im Web 2.0 hat sich die Situation grundlegend geändert: Wer heute eine Meinung zu Ihrem Produkt/Unternehmen abgeben möchte, findet mit Wikis, Blogs, Meinungsportalen, Videoportalen & Co. massenhaft Möglichkeiten, sich zu äußern. Dort findet er Zuhörer bzw. Leser und Zuschauer, die gegebenenfalls seine Meinung bestätigen und multiplikativ weiterverbreiten.

Diese neuen Medien sind im Gegensatz zu den klassischen Redaktionen, in denen man vielleicht schon eine langjährige Beziehung zu den entsprechenden Ansprechpartnern pflegte, nicht zu kontrollieren. Schlichtweg die Anzahl von Millionen von Blogs – die Schätzungen liegen zwischen 70 und 200 Millionen weltweit – machen ein solches Vorgehen utopisch.
Wie schwierig diese neue Medien-Welt zu begreifen und zu fassen ist, zeigt – neben dem schon erwähnten Beispiel von *Kryptonite*[48] – wie selbst Kommunikationsprofis die Verhältnisse unterschätzten.

Blogs sind die Klowände des Internets.

So geschah es, dass einer der bekanntesten Öffentlichkeitsexperten in Deutschland - *Jean-Remy von Matt* - sich in einer internen E-Mail bei seinen Mitarbeitern über die Blogosphäre massiv beschwerte. Zahlreiche Blogger hatten die bekannte Kampagne *Du bist Deutschland*, an der seine erfolgreiche Werbeagentur maßgeblich beteiligt war, zerrissen. Von Matt verunglimpfte daraufhin die aus Sicht der klassischen Medien *Nicht-Profis* bzw. ihre Publikationsflächen Blogs als *Klowände des Internets*. Es war nur eine Frage der Zeit, bis die Email ihren Weg in die Blogosphäre fand und dort ausgiebig auseinander genommen wurde – von Empörung bis hin zur Freude über

[48] Siehe Kapitel 2.3.

die Erregung des Werbefachmanns war alles dabei. Das Volumen war so hoch, dass die amerikanische auf Blogs spezialisierte Suchmaschine *Technorati* wochenlang das Wort *Klowände* auf Platz 1 der meistgefundenen Begriffe aufführte und ihre Nutzer, die des Deutschen nicht mächtig waren, über den Hintergrund aufklären musste.

3.2.4 Marktforschung und Angebotserstellung

Unternehmen geben heute zum Teil sehr viel Geld für Marktforschung, v.a. für die Entdeckung von Konsumentenwünschen aus, um neue Angebote zu entwickeln bzw. bestehende zu optimieren. Die klassische Marktforschung leidet aber unter zahlreichen Problemen, die eine günstige Kosten-Nutzen-Relation dieser Maßnahmen oft verhindern. So müssen beispielsweise zunächst Zielgruppen, deren Antworten von Interesse sind, identifiziert und kontaktiert werden. Hat man sie dann einmal dazu bewegt, sich an einer Marktforschungsmaßnahme zu beteiligen, ist es nicht leicht, die geeignete Methode und die richtigen Fragestellungen der Untersuchung zu finden. Web 2.0 bietet hier enorme Potentiale, die zahlreichen methodischen Schwachstellen der klassischen Marktforschung zu lindern und vor allem deren hohe Kosten zu vermeiden.

Web 2.0 kann klassische Marktforschung ersetzen.

Der Hauptgrund liegt darin, dass die Nutzer gerne Content produzieren – sei es Profildaten in Communities, Kommentare und Votings in Blogs und Foren oder einfach der Upload von Bildern/Videos – und damit Daten über sich freiwillig preisgeben. Leser, die sich noch an die Reaktanz der Volkszählung Mitte der 1980er Jahre erinnern, wundern sich dabei zu Recht, wie freigiebig Internetnutzer heutzutage persönliche Daten angeben. Die Auswertung dieses Contents ist aufwendig und anspruchsvoll, dürfte aber in den meisten Fällen sehr ergiebig sein. Die Kunden reden hier untereinander, sie fühlen sich unter ihresgleichen, werden ernst genommen und geben dabei Hinweise, wie sie in kaum einem Experteninterview abgefragt werden könnten. Anstatt teure Marktforschungsabteilungen oder externe Experten mit Projekten zu beschäftigen, deren Ergebnisse oft nicht den gewünschten Erfolg haben, sollte – wie schon im Falle der Marketingexperten – vor allem den Konsumenten in Web 2.0 Plattformen gelauscht werden. Neben der reinen Analyse können Sie hier auch Interaktion z.B. über Umfragen, Votings, etc. initiieren.

Vorsichtig umgehen sollten Sie mit der Problematik, dass wenige sehr aktive Web 2.0 Nutzer Ihnen ein nicht repräsentatives Bild Ihrer Kunden vermitteln, die sich eventuell in der großen Masse nicht in Web 2.0 Angeboten tummeln. Anregungen und Meinungen sollten Sie bei der Vermutung der Überrepräsentativität aufgreifen, aber gegebenenfalls in Kontrollgruppen gegentesten, bevor Sie sich direkt an die Umsetzung machen.

Wünsche mit dem Kunden finden, konkretisieren und Lösungen entwickeln.

Aus den bisherigen Erläuterungen sollte bereits hervorgegangen sein, dass in den neuen Web 2.0 Rahmenbedingungen ein Angebot für einen Kunden mehr denn je für ihn höchst relevant sein muss. Dies bedeutet, Produkte lassen sich weniger einfach *in den Markt drücken*, Konsumenten können zu gut ausweichen. Aus diesem Grund ist es sinnvoll, die Kunden über die Marktforschung hinaus nach deren Wünschen direkt in die Entwicklung und Optimierung von Unternehmensangeboten miteinzubeziehen.

Corporate Blogs als eine Anlaufstelle.

Kunden können direkt und offensiv dafür geworben werden, sich beratend in die Produktgestaltung einzubringen. Je nach Faszinationspotential ihrer Marke reicht für die Rekrutierung ein einfacher *Corporate Blog*, in dem sich die Fans ihrer Kultmarke freiwillig einfinden, wenn Sie die Kommunikation eröffnen und die Konsumenten zur Diskussion einladen. Vorteil einer solchen Konstellation wäre zudem, dass allein die intrinsische Motivation ausreichen kann, wertvolle Beiträge abzuliefern. Solche Kunden haben eventuell nicht nur ein gutes Gefühl, sondern empfinden eine Art *Ehrgefühl*, bei der Entwicklung und/oder Positionierung *ihres* Produktes mitgewirkt zu haben. Sollte die Erwähnung als Dankeschön nicht ausreichen, könnten immer noch monetäre Anreize in Betracht gezogen werden. Auf jeden Fall dürfen Ihre Kunden im Berater- und Entwicklungsteam nicht fehlen – sie sollen die Produkte ja schließlich einmal kaufen! Warum einen Trendguru oder teuren Berater bemühen, wenn doch niemand besser weiß, wofür er bereit ist zu zahlen, als der Kunde selbst?

Ob Nachfrager auch in die eigentliche Produktion einbezogen werden können und wollen, ist sicherlich so stark von Ihrem Produkt abhängig, dass es im Einzelfall geprüft werden muss. Wenn dies aber gewünscht ist und ein Qualitätsverlust nicht zu befürchten ist, sollten Sie es ermöglichen.

3.2.5 Service, Beratung und Beschwerden

Unserer Einschätzung nach bleiben gerade hinsichtlich der bisherigen Funktionen Service und Beratung die Unternehmen noch weit hinter den heutigen Möglichkeiten zurück. Diese Funktionen kosten in der Regel viele Ressourcen. Hier könnten Kunden als Berater in einer Corporate Community einen hervorragenden Dienst tun. Wenn man nur einmal daran denkt, wie viele Heimwerker oder Käufer bei skandinavischen Selbstbaumöbelhäusern über dezentral vorhandenes spezifisches Produktwissen verfügen, das sie weitergeben könnten. Im konkreten Fall einer Kunden-Community könnten beispielsweise Ansprechpartner bzw. Paten für jedes Produkt genannt werden, von dem andere User wertvolle Tipps für den Aufbau von Möbeln, was wozu passt oder wie man Farben mischt, erhalten können.

Kunden als Subunternehmer.

In vielen motivierten Fällen dürfte es ausreichen, hier dem jeweiligen Kunden mit einem *Expertenstatus* in der Community zu schmeicheln. In anderen Fällen können Kunden auch mit einem eigenen Geschäftsmodell andocken. Beispielsweise könnten Serviceleistungen für Aufbau oder Reparatur, die ein Möbelhaus selbst nicht leisten möchte, durch Community-Mitglieder auf eigene Rechnung übernommen werden. In allen Fällen sollten Sie aber über eine Art der Zertifizierung nachdenken oder darauf hinweisen, dass es sich bei solchen Leistungen nicht um solche Ihrer Firma handelt. Andernfalls könnte Ihre Marke im Falle minderer Qualität der Leistungen leiden.

Qualitätsberatung?

Während wir uns in diesem Abschnitt bisher auf die Chancen konzentrierten, bleibt hinsichtlich der Beratung zu erwähnen, dass Sie auch hier überprüfen sollten, ob Ihre Kunden affin dafür sind, diese Leistung lieber bei anderen Konsumenten abzufragen als bei ihrem Unternehmen. Sollte dies der Fall sein, sollten sie dies nutzen.

Seien Sie Geschenkesammler statt Rammbock.

Im Bereich des After-Sales Service sollte auch das Beschwerdemanagement aktiv in das Web verlegt werden. Immer noch findet man in Unternehmen vor allem studentische Mitarbeiter, die sich ohnehin nur bedingt mit den Produkten auskennen und sich zudem nicht unbedingt nachhaltig für die Unternehmung engagieren wollen, an einem Servicetelefon. Oft werden diese dorthin gesetzt, damit sie als *Rammbock* für genervte Kunden fungieren, die sich einfach abreagieren sollen. Als Krönung wird der Kunde dafür, dass er sich die Mühe macht, dem Unternehmen Informationen zur Angebotsverbesserung zu geben, auch noch damit belohnt, dass er Telefonkosten übernehmen soll. Gesteigert werden kann eine solche verfehlte Unternehmenspolitik nur noch dadurch, dass dem Mitarbeiter ein Sprachcomputer vorgeschaltet wird, der Zeit, Geld und Nerven kostet.
Anstatt sich dieser Zeit- und Geldverschwendung hinzugeben, wenden sich Web 2.0 Nutzer doch lieber an Plattformen und initiieren negative Mundpropaganda – außerhalb der Wahrnehmung und erst recht der Kontrolle des Unternehmens.

Beschwerdeträger „umdrehen".

Es muss kaum erwähnt werden, dass Sie einen solchen Pfad vermeiden sollten. Vergessen Sie niemals, dass jede Beschwerde ein Geschenk ist, eine Marktforschung, die Sie nicht bezahlen müssen. Ein Kunde, dem Sie hingegen das Gefühl geben, dass er ernst genommen wird und dessen Beschwerde Sie beheben, der wird nicht nur *Ihr* Kunde für immer sein, der wird darüber hinaus positives Word of Mouth Marketing für Sie betreiben. Kunden, die die Aktivität aufbringen, sich zu beschweren, sind in der Regel auch so aktiv, dass sie begeistert andere über ihren Kundenservice informieren. Im Web 2.0 erreicht er mit diesem wirkungsvollsten Marketing mehr Konsumenten als jemals zuvor. Beschwerdemanagement muss also – genau wie auch schon Marketing und Marktforschung – aktiv auf die Beschwerdeträger eingehen und zwar zeitnah dort, wo er sich äußert, sei es am Telefon, per E-Mail oder auf Internetplattformen.

3.2.6 Die Nutzung von Web 2.0 Tools innerhalb des Unternehmens

Während wir in diesem Buch zumeist auf die Auswirkungen der Web 2.0 Rahmenbedingungen hinsichtlich des Verhältnisses zwischen Unternehmen und Konsumenten eingehen, sei an dieser Stelle klargestellt, dass die Einsatzmöglichkeiten von Web 2.0 Diensten auch innerhalb der eigenen Unternehmensstruktur nutzenbringend eingesetzt werden können. Die Konzepte hierfür sind aber noch weniger ausgereift als die für die Kundenpartizipation. Prinzipiell sollten aber Mitarbeiter genauso in Unternehmensprozesse strukturübergreifend eingebunden werden wie Kunden – mal als Berater, Entwickler, Verkäufer oder Händler.

Mitarbeiter sind ähnlich wie Kunden mit Social Software einzubinden.

Die nutzbare *Wisdom of Crowds* besteht selbstverständlich auch unter Mitarbeitern. Gerade sie nehmen durch ihre Doppelrolle als Konsumenten und Unternehmensbeteiligte oft eine besonders kenntnisreiche Zwitterstellung ein, die einer Firma sehr nützlich sein kann.

Durch die kostengünstigen und zudem in der Handhabung simplen Web 2.0 Tools kann die technische Möglichkeit zur Beteiligung der Mitarbeiter in der Regel leicht hergestellt werden. Zudem ist davon auszugehen, dass bei vielen Mitarbeitern auch die Bereitschaft besteht, sich einzubringen. Individuell muss wie bei den Kunden auch hier auf intrinsische oder extrinsische Motivation abgezielt werden, um die Partizipation zu fördern. Gelingt dies, so können zahlreiche Prozesse im Unternehmen beschleunigt, vereinfacht und verbessert werden.

Der kleine Unterschied.

Ein Unterschied zwischen Mitarbeiter- und Kundenbeteiligung besteht aber darin, dass den Mitarbeitern weniger Macht zu Teil wird als den Konsumenten, da sie durch Verträge gebunden sind. Dadurch ist eine Effizienzbewertung der Web 2.0 Dienste innerhalb der Unternehmung tendenziell leichter zu überprüfen und gegebenenfalls rückgängig zu machen. Sollten Mitarbeiter z.B. einen Produktivitätsverlust erleiden, da sie zu sehr in Social Software Aktivitäten involviert sind, kann dies leichter unterbunden werden. Dies wäre hilfreich, wenn Einzelne in höherem Maße durch Flirtaktivitäten und Neugierbefriedigung in der Mitarbeiter-Community abgelenkt werden als dies in der Offline-Welt möglich ist.

Die Mitarbeiter als Community.

Um aber wieder eine positivere Sichtweise zu verwenden, kann auf das bessere Mitarbeiterklima verwiesen werden, das sich durch ein intensiveres Kennenlernen ergeben kann. Es ist zudem nicht unwahrscheinlich, dass sich Mitarbeiter auch in ihrer Freizeit gerne damit auseinandersetzen, wer denn noch in der Firma beschäftigt ist, sei es aus eher privaten oder beruflichen Gründen. Gerade für jüngere Mitarbeiter, die schon in das Web 2.0 hineingewachsen sind, fällt die Trennung zwischen Beruflichem und Privatem zunehmend weg. Da das Leben immer mehr in der umfassenden Klammer des Web stattfindet, ist es eher förderlich, dass sich Mitarbeiter zeit- und ortsungebunden weiter austauschen und einbringen können. Hier können auch berufliche Themen schnell mal nach Feierabend weiterdiskutiert werden. Ähnlich könnte beispielsweise die Information, dass jemand in seinem Community-Profil als Hobby *Chinesisch* angibt, durchaus bei einer nächsten Stellenbesetzung von Relevanz sein.

Insgesamt sollte man als Management seinen Mitarbeitern im Web 2.0 genauso vertrauen wie seinen Kunden, die man einbindet – sonst könnten auch Fehler im Führungsstil vorliegen.

Manager-Blogs beschleunigen Feedback.

Eine mögliche Anwendung von Blogs in Unternehmen besteht darin, dass Mitarbeiter über Blogs stärker in Managemententscheidungen involviert werden. Sie werden hier dezentral informiert und können über die Kommentarfunktion schnell Hinweise beisteuern. Hat jemand eine Diskussion verpasst oder ist er neu im Team, so kann er im Blog sehr einfach dem Verlauf der Entscheidungsfindung chronologisch nachverfolgen.

Blogs können auf einfache Weise Massen-E-Mails mit zig Mitarbeitern im CC-Verteiler, von denen einige nicht ankommen, ersetzen. Per RSS-Feed werden die entsprechenden über Neuigkeiten informiert, sei es, dass neue Beiträge oder neue Dateien eingetragen sind.

Wikis nutzen die „Collaborative Intelligenz".

Ein weiteres höchstinteressantes Tool für das interne Wissensmanagement könnte die Wiki-Technologie darstellen, da hier dezentral in der Unternehmung vorhandenes Know-how schnell und auf sehr leichte Weise gebündelt werden kann. Zu denken sei an eine Rundinfo an alle Mitarbeiter *Wer weiß etwas zu/hat eine Idee für....* Andere können hier einfach die eingestellten Gedanken entnehmen und weiterentwickeln. Zumindest als Unterstützung für eine spezialisierte Stabsabteilung kann ein solcher Einsatz sehr sinnvoll sein, vor allem, wenn es schnell gehen soll. Warum sollen nur Kunden Menschen mit Spezialwissen und Kreativität sein?

Nutzung von Mashups

Das Spektrum verfügbarer Web 2.0 Dienste ist rasant gestiegen. Anstatt das Rad neu zu erfinden oder teure Unternehmenssoftware zu entwickeln, können hier Kombinationen aus Vorhandenem neue Tools für das Unternehmen bringen. Ein Beispiel wäre die Platzierung von Produkten/Personen in ein *Google Maps* Kartensystem, um Verkaufsterritorien einzuteilen. Geotags könnten dabei Verkaufsaktionen auf der Karte visualisieren und kommentieren.

3.3 Ein Branchenbeispiel - Tourismus

Der Tourismussektor ist ein sehr geeignetes Beispiel, um die brachialen Veränderungen der Marktstrukturen durch Web 2.0 zu demonstrieren.

„Urlaub" ist eines der großen Social Web Themen.

Zum einen ist *Urlaub* eines der emotionalsten und damit wichtigsten Themen, mit den sich Menschen gerne intensiv beschäftigen – wahrscheinlich direkt hinter *Erotik* und *Flirt* und vielleicht noch vor *Sport*. Jeder erinnert sich gerne an den schönen Urlaub und freut sich auf den nächsten – hier kann man alles, was Menschen bewegt, betreiben. Für viele ist der Urlaub die wichtigste Zeit des Jahres und deswegen soll dabei auch nichts schief gehen – entsprechend hohe Wertigkeit, aber auch Ansprüche, räumt man der entsprechenden Dienstleistung ein.

Diese Kombination macht den Tourismus zum idealen Bezugspunkt für das soziale Netz des Web 2.0. Bei Bloggern belegt er bereits Platz 1 der Themen.[49] Zudem werden beim E-Commerce schon seit den Anfängen des kommerziellen Internets die höchsten Umsätze in genau dieser Branche erzielt – die klassischen Reisebüros waren die ersten, die den Wettbewerb mit dem Internet massiv zu spüren bekamen. In 2005 wurden 9,45 Mrd. € der insgesamt 26,3 Mrd. € Umsatz des E-Commerce in Deutschland durch die Tourismusbranche erzielt. Dies entsprach fast einem Viertel aller touristischen Umsätze hierzulande. Zieht man hiervon den Bereich der Geschäftsreisen ab, verbleiben immer noch 6,40 Mrd. € für den touristischen Online-Privatkundenmarkt. Tourismus ist damit Online-Umsatztreiber Nummer 1, gefolgt von Bekleidung, Büchern, CDs und PC-Zubehör.[50]
Ein letzter Grund für Tourismus als Branchenbeispiel ist, dass uns dieser in unserer Rolle als Unternehmer so wichtig war, dass wir eine Tochterfirma speziell für diesen Sektor gründeten. Dies wiederum generierte spezifische Erfahrungen und Eindrücke, die wir hier mit einbringen können.

Tourismus und Web 2.0/Social Commerce – ein differenziertes Bild.

Web 2.0 und Social Commerce spielt bereits heute im Jahr 2007 im Tourismus eine wichtige Rolle. Interessanterweise nehmen die eigentlichen *Big Player* dieser Branche – die Reiseveranstalter Hotels/Hotelketten und Ferienregionen dabei jedoch nicht den bedeutendsten Raum ein.
Sie scheinen ihre Möglichkeiten in den neuen Rahmenbedingungen noch nicht in ihrer Gänze begriffen zu haben. Auf jeden Fall sind sie

49 Siehe hierzu auch Kapitel 2.2.2.
50 Zahlen basieren auf Angabe der *Studie Web-Tourismus 2006*, bestellbar unter www.web-tourismus.de.

weit hinter den Möglichkeiten zurück. Zu diesem Ergebnis kommt auch die *Sapient*-Unternehmensberatung in ihrer Reiseportal-Studie.
Demnach könnten Web 2.0–Technologien in weitaus stärkerem Maße in allen Bereichen von Reiseanbietern eingesetzt werden, vor allem um nutzergenerierte Inhalte den potentiellen Neukunden zur Verfügung zu stellen. Während einige Reiseveranstalter damit begonnen haben, Rating- und Kommentarmöglichkeiten zu ermöglichen und Meetingplattformen einzurichten, bleiben Hotelketten und Fluggesellschaften hinter diesen Experimenten zurück. Die Autoren der Studie kommen weiterhin zu der Schlussfolgerung, dass vor allem Hotels noch zu wenig Gebrauch von Cross-Sellling Potentialen machen. Ebenso interessant ist die Empfehlung von *Sapient*, den Erlebnisfaktor z.B. über Chatfunktionen zu steigern, um die Kundenbindung zu steigern.[51]

Strukturen großer Konzerne als Grund für die Rückständigkeit der Adaption von Web 2.0 in der Branche.

Einen Grund für die Rückständigkeit der Tourismusanbieter hinsichtlich der Web 2.0 Potentiale vermuten wir in den in der Branche vorherrschenden Konzernstrukturen. Diese beschäftigen zwar Heere von Programmierern, aber sie haben anscheinend dennoch Probleme, die Potentiale des Web 1.0 hinreichend umzusetzen. Ansonsten wäre es kaum denkbar, dass die *Syzygy AG* in ihrem *Usability Monitor 2007* zu dem Ergebnis kommt, dass die 6 großen deutschen Reiseanbieter in ihren Webauftritten erhebliche Mängel aufweisen. Untersucht wurden die Internetseiten von *TUI*, *FTI*, *Thomas Cook*, *Avigo*, *Alltours* und *Öger Tours* hinsichtlich der Gebrauchstauglichkeit für die wichtige Zielgruppe der *50plus*. Diese *Best Ager* verfü-

[51] *Trend Report: The Reality of Online Innovation* zu finden unter www.sapient.com oder direkt bestellbar unter presse.de@sapient.com.

gen nicht nur über 46 % des verfügbaren Einkommens in Deutschland, sondern verreisen auch fast doppelt so viel wie der Rest der Bevölkerung. Doch von dieser Zielgruppe waren in der Untersuchung im Durchschnitt lediglich 26,4 % in der Lage, eine Reise über eines der Online-Portale zu buchen. Am besten schnitt in der Studie der Türkeispezialist *Öger Tours* ab. Hier konnten immerhin die Hälfte der Probanden eine Reise buchen. Beim Marktführer *TUI* erreichte der Studie zufolge hingegen keine einzige Testperson der 50plus dieses Ziel.[52]

Unserer Erfahrung nach könnten vor allem die langen Entscheidungswege sowie mangelndes Verständnis in den Entscheideretagen der großen Tourismuskonzerne die Ursache dafür sein, dass die Anbieter die Potentiale nicht nutzen. Jedenfalls konnten wir den Eindruck gewinnen, dass die Mitarbeiter vor Ort in den Ferienregionen den Nutzen schnell erkannten, dann aber über mangelnde Unterstützung durch ihre Vorgesetzten klagten. Kleinere Unternehmen zeigten sich weitaus flexibler. Ihnen mangelt es aber hochprozentig an Kenntnissen über die Entwicklung des Web und seiner aktuellen Optionen.

Hotelbewertungsplattformen dominieren Web 2.0 Elemente im Tourismus

Woran es auch liegen mag, Web 2.0 hat im Tourismusmarkt bisher vor allem über relativ junge, unabhängige Plattformen Einzug gehalten. Neben unzähligen kleineren privat betriebenen Reiseforen, sind es vor allem die mittlerweile großen Hotelbewertungsplattformen, die den Markt entscheidend verändert haben. Hier können sich Urlauber über ihre Reiseerlebnisse auslassen, vor allem Hotels nach

---

[52] Die Angaben ergeben sich aus der Studie *Usability Monitor 2007. Die Gebrauchstauglichkeit deutscher Reiseportale aus Sicht der Generation 50+,* abrufbar unter www.syzygy.com.

verschiedenen Kategorien beurteilen und Bilder und Videos hochladen. Andere Touristen können sich vor ihrer Buchung mit Hilfe dieser nutzergenerierten Inhalte über die touristischen Angebote in einer Weise informieren, wie es zuvor bestenfalls begrenzt im privaten Freundeskreis möglich war.
Aufgrund der eingangs geschilderten besonderen Thematik des Urlaubs entfaltete die hohe Glaubwürdigkeit der Urlauber-Urteile eine sehr hohe Nachfrage und Verbreitung der Nutzung unter Touristen. Der Einfluss der Bewertungsplattformen ist heute für jeden Tourismusanbieter von Bedeutung. Hohe oder niedrige Weiterempfehlungsraten auf stark frequentierten dieser Seiten, können die Buchungen mittlerweile gravierend beeinflussen. Im deutschsprachigen Raum ist hier *holidaycheck.de* mit rund 570.000 Bewertungen, 370.000 Bildern und 20.000 Videos Marktführer. Viele andere folgen, beispielsweise *hotelcheck.de, myhotelcheck.de, hotelbewertungen.de* oder *hotelzeugnis.de* um nur einige zu nennen. International ist *tripadvisor.com* mit mehr als 10 Millionen Bewertungen weitaus größer.[53]

Die schöne heile Welt.

Wie gravierend und abrupt Web 2.0 den Tourismusmarkt verändert, wird erst deutlich, wenn man sich in die Zeiten der Vor-Internetära versetzt. Aus Sicht eines so manchen Tourismuskonzerns und Reiseveranstalters mag es sich um *die gute alte Zeit im Tourismus* gehandelt haben, in der die Kommunikationsstrukturen noch eindeutig determiniert waren. In der Natur der Sache begründet war es, dass die Marketingabteilungen der Anbieter die Informationen über ein Angebot entwarfen und diese Botschaft über die wenigen Kanäle an die verbreiteten, die z.B. ein Hotel buchen wollten, aber noch nie da waren. In der Regel waren dies die Kataloge, in denen

[53] Nach Angaben der Betreiber auf ihren Websites www.holidaycheck.de und www.tripadvisor.com im September 2007.

mit Hilfe sorgfältig hergerichteter Bilder und ausgeklügelter Formulierungen das Angebot angepriesen wurde. In der überwiegenden Mehrheit aller Buchungen waren die Kataloge oder die Auskunft der Reisebüros, die wiederum meist nicht mehr Informationen als die Kataloge hatten, die einzige Informationsquelle für einen Urlauber. Bestenfalls kannte dieser noch jemandem im Bekanntenkreis, der einen besseren Rat geben konnte, weil er schon einmal am betreffenden Ort oder Hotel war.

Dann heul doch!

Logischerweise waren solche privaten Informationsquellen jedoch quantitativ und qualitativ recht begrenzt. Außer den Reisebüros als den klassischen Absatzkanälen waren bestenfalls noch Drittinformationen über die Reiseseiten in Magazinen und Zeitungen oder Fernseh- und Radioprogrammen zu beziehen. Inwieweit die Objektivität gewahrt blieb, wenn die Redakteure dieser Beiträge auf Einladung der jeweiligen Anbieter über ein Urlaubsziel berichteten, kann nur spekuliert werden. Jedenfalls waren diese Informationen im Vergleich zum Spektrum des ganzen verfügbaren Angebots eher spärlich gesät. Für die Anbieterseite bestand folglich damals de facto ein Informationsmonopol. Negatives Feedback eines Urlaubers fand nur in seltenen Fällen - wenn es überhaupt gegeben wurde - seinen Weg über die Beschwerdestellen der Anbieter oder den engen Freundeskreis hinaus. In der Regel blieb dem Konsumenten nur die Möglichkeit, sich ohne große Erfolgsaussichten zu beschweren, zu weinen oder einfach beim nächsten Mal einem anderen Anbieter sein Geld zu geben.

Das Informationsmonopol der Tourismusanbieter ist gebrochen!

Das Internet brachte hier die Lösung des Problems für die Kunden und entmachtete die Anbieter. Sprach der Katalog jetzt von *Strandnähe*, konnte mit wenigen Klicks geklärt werden, ob nicht doch eine sechsspurige Straße zwischen Hotel und Strand liegt. Während solche Informationen schon früh durch Kartendienste und Foren des Web 1.0 eingeholt werden konnten, brachten die Editiermöglichkeiten des Web 2.0 einen enormen Schub an verfügbaren schriftlichen Informationen, die durch Bild-, Ton- und Videomaterial zudem alle Sinne ansprechen und damit stärker und vielseitiger wirken konnten. Es besteht jetzt hinsichtlich der Urlaubsziele echte Pressefreiheit, weil die Urlauber selbst zu Medien geworden sind. Die Informationen, die sie verbreiten sind zahlreicher und glaubwürdiger als die Tourismusanbieter und klassischen Medien sie jemals hätten produzieren können.

„Von wegen kulinarische Genüsse der landesüblichen Küche – im Hotel gab es zwei Wochen lang Reis und Bananen. ...Kann ich echt nicht empfehlen."

Zudem organisieren sie sich völlig losgelöst von den traditionellen Anbietern in Communities jeglicher Art rund um das Thema Reisen & Urlaub – Singlereisen, Geschäftsreisen, Gemeinsam Reisen, Bettentausch und eben die Hotelbewertungsplattformen mit Community-Funktionen. Dort wurde erst Recht entlarvt, ob der *Alpenpanoramablick*, die *lang gezogenen breiten Traumstrände*, das *abwechslungsreiche exotische Essen* oder die *beste Partymeile der Insel* tatsächlich den Versprechungen der Anbieter standhalten.
Verständlich, dass die Konsumenten immer zahlreicher diesen Kanal nutzen, in dem sie Gleichgesinnte finden können, die ihnen glaubwürdigere Informationen abliefern als z.B. der Hotelier, der seine Auslastung hochtreiben möchte.
Die Frage ist nun, wer den Kampf um die Kunden, die sich in der für Sie so vorteilhaften Welt tummeln, gewinnen wird?

Wer schafft es, den Kunden im Web 2.0 dort abzuholen, wo er sich befindet und an sich zu binden?

Schnell entdeckten die zunächst unabhängigen Web 2.0 Plattformen den Einstieg in ihr Erlöskonzept. Da die anderen Player im Markt - die Reiseveranstalter, Hotels und Destinationen - den Einstieg bisher verschlafen hatten, bestand aus Nachfragersicht ein klares Kalkül: Wenn ich auf den Hotelbewertungsplattformen schon die richtige Information bekomme, warum dann anschließend woanders z.B. auf der Website eines Reiseveranstalters buchen oder gar den Fußweg ins Reisebüro wählen? Nirgendwo ist der Gast enger an einer Buchung als auf der User Generated Content Seite – eben nur einen Klick entfernt. Aus diesem Grund haben die Betreiber solcher Sites bisher die Nase vorn.

First-Mover Advantage für externe Hotelbewertungsseiten.

Mittlerweile sind diese auch so groß, dass sie aufgrund der Netzwerkeffekte für die Nachfrager immer interessanter werden und eine Vormachtstellung haben, die andere nur schwerlich einholen werden können.[54]

Es sieht derzeit so aus, als überließen die anderen Player kampflos das Feld. Sie fordern ihre Kunden zunehmend sogar dazu auf, ihre Bewertungen bei *Holidaycheck* & Co abzugeben und vereinfachen dies für ihre Kunden durch direkte Verlinkung. Das macht zu einem gewissen Maße natürlich Sinn, da viele Urlauber dieses Angebot

[54] *Netzwerkeffekte* liegen vor, wenn der Nutzen eines Gutes durch weitere Nutzer erhöht wird. Handynetzbetreiber nutzen dies gezielt aus, indem sie netzinterne Tarife günstiger machen als netzexterne Gespräche. Für Konsumenten mit solch einem Tarif wird das Netz umso attraktiver, je mehr andere er kostengünstiger antelefonieren kann. Gleiches gilt für Nachfrager von Hotelbewertungsplattformen: Je mehr Bewertungen ich dort finde, desto attraktiver ist in der Regel die Website.

nutzen und viele gute Bewertungen neue Kunden versprechen. Früher wurden die Provisionen an die Reisebüros und Veranstalter abgezahlt, heute kassieren diese die Bewertungsplattformen.

Warum überlassen Hotels und Urlaubsregionen ihre Gäste anderen Plattformen?

Dieses Kalkül mag einfach, bequem und vertraut sein und es entbindet davon, alteingesessene Strukturen aufzugeben und sich tiefer gehend mit den eigenen Möglichkeiten im Web 2.0 zu befassen. Dies ist aber eine recht einseitige und kurzsichtige Sichtweise, die die Kapitulation vor denjenigen bedeutet, die früher als man selbst die neuen Rahmenbedingungen verstanden haben. Es blendet aus, dass die Tourismusanbieter – allen voran Hotels und Destinationen – eigentlich die *natürlichen* besseren Ausgangssituationen hätten, Urlauber an sich zu binden. Schließlich entsteht die Kernleistung durch sie am Urlaubsort. Sie haben den längsten und intensivsten Kontakt zu den Kunden.

Hotels und Destinationen verspielen ihren Vorteil.

Die Voraussetzungen wären also im Grunde optimal, eine eigene Community für ein Hotel oder eine Region aufzubauen. Gegen diese These wenden Kritiker ein, dass die kritische Masse an Community-Mitgliedern für ein einzelnes Hotel nicht erreicht werden könnte, während sich auf externen Plattformen viel mehr Urlauber aufhalten können. Wir haben in einem Pilotprojekt auf den Kanarischen Inseln erfolgreich das Gegenteil bewiesen. Obwohl die dortige Community des *Sotavento Beach Club* noch in ihrer Entwicklung steht und die Möglichkeiten noch lange nicht ausgeschöpft sind, so macht Sie vor allem zur Akquise und Bindung von Stammgästen extrem Sinn. Was spricht dagegen, die nutzergenerierten Inhalte als Betreiber selbst bereit zu stellen – Ehrlichkeit vorausgesetzt, aber dies kann auch bei den externen Plattformen niemand garantieren. Warum soll man seine Gäste zu anderen Websites verlinken, also für diese ein Akquisetool darstellen, damit diese die Provision kassieren? Denn genau dies passiert.

War das schön in....!

Wenn man nicht an die Web 2.0 Aktivitäten eines einzigen Hotels aufgrund der geringen Gästeanzahl glaubt, dann macht dies aber spätestens für Hotelketten und erst Recht für Regionen Sinn. Der persönliche Bezug eines Urlaubers entsteht doch beispielsweise zum eigentümlichen Charakter von *Ischgl* oder *St. Anton* als Skiurlaubsort, nicht etwa zu einer Hotelbewertungsplattform oder zu einem Reiseveranstalter.

Die Lösung für Hotels und Destinationen: Sowohl als auch!

Die Hotels und Regionen scheinen sich bisher in ihr Schicksal ergeben zu haben und haben ihren Einstieg in das Web 2.0 trotz der guten Ausgangsposition verschlafen. Mittlerweile sind die externen Websites so mächtig, dass man auf sie als Marketing-Tool nicht verzichten sollte. Aber die beschriebenen Wettbewerbsvorteile deshalb nicht zu nutzen, wäre sehr töricht.

Die Lösung heißt hier: Sowohl als auch. Web 2.0 Aktivitäten und einzelne Instrumente müssen also auf ihre Machbarkeit und Sinnhaftigkeit in Abhängigkeit der jeweiligen Zielgruppe in ihrer Qualität und Umfang geprüft werden. Eine nicht triviale Angelegenheit, aber eine solche gibt es in einem komplexen Markt ohnehin kaum mehr. Genug kompetente Köpfe sollten hierfür in der Branche vorhanden sein. Die Vorteile z.B. einer Community-Lösung haben wir ausführlich in unserem Buch *Community Marketing Management* erläutert. Ebenso sollte in den Kapiteln 4 und 5 mehr als deutlich werden, dass mit solchen Konzepten direkt Geld zu verdienen ist. Von Erhöhung der Auslastung und Angebotsoptimierung durch Auswertung des Community-Traffic unter den Gästen ganz zu schweigen. Über diese Möglichkeiten der eigenen Web 2.0 Potentiale hinaus können die gewonnenen Profile der Gäste auch wie bisher an andere Plattformen weitergegeben werden – dies sollte aber nicht umsonst sein! Die Gäste stellen doch die eigentlichen werthaltigen *Assets* dar, die man nicht verschenken sollte. Vor allem größere Organisationen sollten hier den Kampf nicht verloren geben.

Die Reiseveranstalter als Verlierer?

Aus Sicht der Reiseveranstalter stellt das Web 2.0 eine große Gefahr ihrer langjährigen Angebotsstrukturen dar. Nicht nur der bereits erläuterte Verlust des Informationsmonopols macht ihnen das Geschäft schwerer als zuvor. Zudem gefährdet die hohe Markttransparenz über Informationen und Angebote jeglicher Art im Internet die Attraktivität der so praktischen Pauschalreisen. Individualität und Umgehung des Reiseveranstalters wird im Web 2.0 dort möglich, wo es gewünscht ist. Dieser Effekt wird sich verstärken, wenn nach den Fluglinien auch die Hotels und Regionen zunehmend begreifen, dass nicht mehr die Reiseveranstalter der einzige Weg sind, an Kunden zu heranzutreten. Kundenakquise vor Ort, Bindung über Web 2.0 und später die direkte Buchung im Hotel, ergänzt um den passenden individuell über einen Link gebuchten Transfer könnten die Reiseveranstalter oftmals in Ihrer Position gefährden.

Tourismuskonzerne haben ihre Ressourcen nicht genutzt.

Ihre bisherige Marktmacht haben die Reiseveranstalter weitgehend nicht dazu eingesetzt, eigene Web 2.0 Plattformen aufzubauen. Dabei wären auch sie in günstiger Position. Sie hatten zunächst den direkten Kontakt mit den Kunden, die bei Ihnen gebucht hatten und konnten anschließend die anderen Player weitgehend von deren Daten fernhalten. Zudem verfügen sie über Mitarbeiter in der ganzen Welt vor Ort. Die Strukturen auf Nachfrage- und Angebotsseite wären ideal, um riesige Urlaubs-Communities aufzubauen. Stattdessen haben die Konzerne die Chance bisher an sich vorbeiziehen lassen und kooperieren anscheinend zunehmend mit den Bewertungsplattformen. Genauso wie die Hotels und Regionen scheinen sie sich also in ihr Schicksal zu ergeben. Aufgrund ihrer Finanzkraft bleibt ihnen ja immer noch die Möglichkeit, existierende Konzepte zu übernehmen. So gehört der weltweite Marktführer für Hotelbewertungsplattformen *tripadvisor.com* - nachdem er ursprünglich im Jahr 2000 unabhängig gestartet war - mittlerweile zu *Expedia*. Andere ursprüngliche Big Player sind noch nicht gefolgt. Der deutsche Branchenprimus der Hotelbewertungsplattformen *Holidaycheck* wurde 2006 von der *Burda*-Gruppe übernommen.

Das Rennen ist noch nicht entschieden und die Strukturen nicht gefestigt.

Ein weiterer Grund, warum Hotels, Veranstalter und Regionen nicht den externen Plattformen allein überlassen oder zu 100 % auf sie setzen sollten, besteht in der Gefahr, die über ihrem Erfolg schwebt. Ihr Erfolg beruht darauf, dass Urlauber an die Unabhängigkeit und Echtheit der Bewertungen glauben. Sollte dieser Glauben aufgrund zu vieler gekaufter oder einfach vorgetäuschter Bewertungen verloren gehen, so könnten auch die Macht und die Vormachtstellung verschwinden. Im Falle von *Tripadvisor* könnte ähnliches geschehen, wenn sich bei einer kritischen Masse herumspricht, dass die Plattform zu einem Reisekonzern gehört und ihr damit unterstellt werden könnte, nicht *unabhängig* zu sein.[55] Die Zukunft dieser für den E-Commerce so bedeutenden Branche bleibt somit spannend!

[55] Da dieses Thema der Authentizität den User Generated Content aller Web 2.0 Diensten betrifft, widmen wir ihm ein gesondertes Kapitel – Kapitel 6.2. Darin zeigen wir auch, wie man damit umgehen sollte, unabhängig von der Branche.

4 Web 2.0 im Verkauf - wie setze ich Social Commerce konkret ein

Im vorangegangenen 3. Kapitel haben Sie aus der Vogelperspektive die volkswirtschaftlichen Zusammenhänge und betriebswirtschaftlichen Ansätze kennen gelernt, wie Web 2.0 funktioniert und welche organisatorischen Anpassungen unserer Ansicht nach geschehen werden.
Das jetzt vorliegende Kapitel klärt zunächst über die bisherigen Einsatzmöglichkeiten von Social Commerce auf. Dabei werden neben strategischen Perspektiven auch operationale Sichtweisen dargestellt und diskutiert - wir begeben uns sozusagen nun in die Froschperspektive.

Im zweiten und entscheidenden Schritt kreieren wir eine Vision, in welche Richtung Software sich in naher Zukunft entwickeln wird, damit die vollständige Kraft des Social Commerce Ansatzes entfaltet werden kann. Sowohl für Web-Entwickler als auch für Kaufleute soll dieser Teil des Buches die Augen öffnen, wie man Web 2.0 konkret in der eigenen Branche einsetzen muss, um damit Geld zu verdienen und die Konversionsrate beim Kauf der eigenen Produkte zu erhöhen. Der Abschnitt baut systematisch aufeinander auf, so dass Sie es Kapitel für Kapitel durcharbeiten sollten.

Online-Shops und Web 2.0

Viele Unternehmen setzen ihre Produkte bereits seit längerer Zeit über das Internet ab. Dabei werden Online-Shop-Lösungen dazu genutzt, den gesamten Verkaufsprozess abzuwickeln. Vom Warenkorb über verschiedene Währungsformate bis zum Transport werden heute alle Bereiche über professionelle Lösungen abgebildet, die zum Teil auf der Basis von freier Software (Open Source) gratis eingesetzt wird. Der Vorteil der Unternehmen, die bereits einen Online-Shop betreiben, liegt klar auf der Hand: Sie verdienen im Gegensatz zu vielen anderen Web 2.0 Plattformen bereits Geld. Warum sollten Sie also zusätzlich Web 2.0 Tools einsetzen?

Im Internet wird Kundenbindung besonders groß geschrieben. Damit man Kunden dauerhaft binden kann, muss man Vertrauen schaffen und Mehrwerte bieten, um sich von der Konkurrenz abzuheben und nicht mehr allein über Preise vergleichbar zu sein. Somit ist Ihr erstes Ziel, Ihre Kunden stärker an Ihr Unternehmen zu binden und zweitens durch die stärkere Bindung höhere Umsätze zu generieren. Ganz nebenbei erhalten Sie von Ihren Kunden laufend wichtige Informationen darüber, wie Sie Ihr Angebot verbessern können.

1) *Wie können im Zuge des Web 2.0 die Online-Shop Systeme um Social Commerce Komponenten erweitert werden?*
2) *Welche Tools existieren bisher am Markt und wie kann man diese sinnvoll einsetzen?*
3) *Welche Konsequenzen hat dies auf die Organisation des Unternehmens auf operationaler Ebene?*

Diese zentralen Fragen werden in dem vorliegenden Kapitel beantwortet.

Was war zuerst da - Community oder Shop?

Zwei Aspekte gilt es hier zu unterscheiden: Haben Sie bereits einen funktionierenden Online-Shop und integrieren im Nachhinein Social Commerce Komponenten, oder bauen Sie einen neuen Online-Shop auf und möchten diesen von Beginn an mit entsprechenden Komponenten ausstatten?

Die Regel *Community before Commerce* bringt es auf den Punkt: Im Normalfall sollte man zunächst die Menschen mit einer Community vernetzen und Vertrauen aufbauen. Erst im nächsten Schritt integriert man Erlöskomponenten in die Community, wie beispielsweise einen Online-Shop. Eine Alternative zu dem zeitversetzten Aufbau der Community und des Shops ist der zeitgleiche Start von Shop und Community – aber auf unterschiedlichen und damit für den User getrennten Plattformen.

Eine pauschale Antwort, welche Lösung die richtige ist, gibt es nicht. Vielmehr hängt die Wahl der richtigen Strategie maßgeblich von der Zielgruppe und damit verbunden vom Involvement in Bezug auf Ihr Unternehmen und Ihre Produkte ab. Ein Zusammenwachsen von Shop und Community ist jedoch unbedingt zu empfehlen:

> *Online-Shops mit Web 2.0 Elementen haben laut einer Studie des US-Unternehmens Bazaarvoice klare Wettbewerbsvorteile. Jupiter Research hat bei einer Analyse des europäischen Marktes herausgefunden, dass fast die Hälfte aller Einkäufer bereit sind, ihre Meinung zum gekauften Produkt mitzuteilen. Mehr als 50 % lesen vor einem Kauf eine Bewertung.*[56]

Im Folgenden spielen wir den Fall durch, dass bereits ein Online-Shop existiert und dieser um Web 2.0 Tools erweitert wird.

Um das Beispiel zu illustrieren, gehen wir von folgenden Annahmen aus:

Sie besitzen ein Ladengeschäft recht zentral in der Stadt Köln. In Ihrem Geschäft verkaufen Sie alles rund um das Thema *Sport*. In einer Ecke haben Sie vom Tennisschläger über Badmintonschläger

---

[56] Siehe *Geprüft und für gut befunden*, in Internet World Business 19/07, S. 26.

bis zum Squash Schläger alles rund um den Schlägersport ausgelegt. Eine andere Ecke deckt den wachsenden Golfsport ab. Die klassischen Ball-Ständer bieten vom Fußball über den Basketball bis zum Hand- und Volleyball die Teamsportarten ab. In der Mitte Ihres Geschäfts haben Sie diverse Kleidungsständer positioniert, die Textilien für die verschiedenen Sportarten bereitstellen. Die Kunden in Ihrem Shop sind vorwiegend Einmalkunden, die beim Durchforsten der Einkaufsstraße auch Ihren Shop frequentieren. Ihr Unternehmerherz beginnt bereits zu hüpfen, wenn Sie morgens Ihr eigenes Geschäft betreten und ein Geruch in Ihre Nase steigt, der eine Mischung aus Ball-Leder und neuen Textilien beschreibt.
Zusätzlich zum Ladengeschäft betreiben Sie einen Online-Shop im Internet. Bei Bestellungen versenden Sie die Produkte anschließend per DHL zum Kunden. Leider haben Sie noch keine Möglichkeit gefunden, sowohl Ihre Online-Kunden als auch Ihre Ladengeschäftskunden nachhaltig zu binden. Soviel zu den Rahmenbedingungen unseres Beispiels. Zunächst stellt sich folgende Frage:

Eignen sich die Produkte meines Shops dafür,
eine Community zu bauen?

Wenn wir eine Community um die Produkte herum entwickeln, stellt sich zunächst die Frage, was der Kunde davon hat, dort Mitglied zu werden und wie er sich mit den Produkten profilieren kann. Der Bereich *Sport* ist ein sehr emotionales Thema. Hier gibt es spontan viele Möglichkeiten, die wir den Mitgliedern einer Sport-Community anbieten können, z.B.:

- *Vermittlung von Sportpartnern*
- *Gemeinsame Lauftreffs*
- *Gegenseitige Hilfe bei Trainingsprogrammen*
- *Sportler flirten*
- *Empfehlungen und Bewertungen von Produkten*

Aus diesem Grund ist die Antwort *JA*, die Produkte eignen sich für eine Community. Der Kunde kann sich über ein eigenes Profil darstellen, seine Lieblingssportarten aufzeigen, seine eigenen Fitnessgeräte und damit sein *Know-how* im Fitness Bereich darstellen, eigene Fotos hochladen, etc. Wir haben es mit dem klassischen Motiv der Selbstdarstellung zu tun.

Soll die Web 2.0 Community unabhängig vom Shop betrieben werden, oder wird ausgehend vom Shop die Community darin integriert?

Die Henne-Ei Problematik zielt darauf ab, ob Sie als bisheriger Verkäufer von Sportprodukten so authentisch sein können, dass Sie dem Kunden das Gefühl geben, unabhängig vom Verkauf Ihrer Produkte eine Plattform für das Hobby Sport zu bieten. Solange Sie beide Plattformen trennen, können Sie Ihre vorhandenen Kunden in die Community integrieren und zusätzlich über die Mund-zu-Mund Propaganda das Wachstum der neuen Community anstreben. Damit finden Sie neue potentielle Kunden, die im ersten Schritt nicht direkt mit der Verkaufsplattform in Berührung kommen, sondern die Community aus privaten Zwecken nutzen. Binden Sie die potentiellen Kunden und finden Sie über die Profile der Kunden langfristig heraus, was sie benötigen. Diese Produkte können Sie dann in Form von redaktionellen Informationen direkt über die Community anbieten.

Im Fall eines Bestellprozesses verlässt das Community-Mitglied zu einem gewissen Teil die Community-Plattform und springt in den klassischen Online-Shop. Trotzdem sollten bestimmte Daten zusätzlich in der Community abgespeichert werden, natürlich nur mit Erlaubnis des Kunden. Schauen wir uns diesen Prozess anhand einiger konkreter Beispiele an.

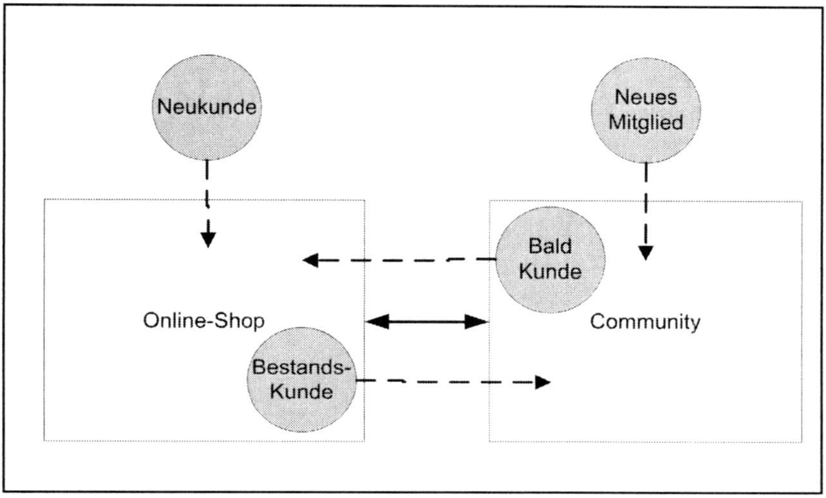

Abbildung: Unterschiedliche Kundenperspektiven

Wir unterscheiden bei der Betrachtung der Prozesse vier unterschiedliche Teilnehmer: Das *neue Mitglied*, das sich zunächst nur über die Community anmeldet, der *baldige Kunde*, der bereits Mitglied in der Community ist und Interesse an bestimmten Produkten hat, der *Neukunde*, der sich direkt im Online-Shop registriert und einkauft, und zuletzt der *Bestandskunde*, der bereits mindestens einmal im Online-Shop eingekauft hat.

Das neue Mitglied der Community, das bald Kunde werden soll:

Sportler Hans Meier meldet sich in der Sport Community an, da er *von einem Freund davon gehört* hat. Als erstes füllt er sein Profil aus. Hans Meier ist begeisterter *Hobby Badminton* Spieler. Nachdem er sein Profil ausgefüllt hat, erhält er zwei Vorschläge von *Spielpartnern in seiner Gegend*, die gern mit ihm spielen möchten. Natürlich wird dazu eingeblendet, welche Spielstätten in seiner Umgebung die nächsten sind. An dieser Stelle können Sie bereits Werbung in Information umwandeln. Kombinieren Sie zusätzlich die Möglichkeit der gemeinsamen Buchung eines Platzes, können Sie dem Werbenden, in diesem Fall der lokalen Sportstätte, darstellen, wie viel zusätzlichen Umsatz Sie der Sportstätte bringen.

Jetzt werden Sie vielleicht denken, dass es sehr aufwendig ist, alle Sportstätten einzutragen und gegebenenfalls an ein Buchungssystem anzubinden. Auch hier liegt wieder ein Vorteil des Web 2.0: Lassen Sie Ihre Mitglieder für sich arbeiten und motivieren Sie diese, selbst *ihre Lieblingsspielstätten* einzutragen. So bauen Sie ganz nebenbei eine Datenbank über die Spielstätten auf.

Hier finden Sie den so genannten *Crowdsourcing*-Ansatz wieder, Sie bedienen sich am Wissen der Masse und stellen dieses Wissen der Masse wiederum zur Verfügung - so schaffen Sie *WIN-WIN-Schnittstellen.* Aber es gibt weitere Prozesse zu durchleuchten, an denen Erlöskomponenten andockbar sind. Da der Kunde gern Badminton spielt, kann man ihn über Schnäppchen bei Federball-Sätzen informieren. Diese Information blendet man zwischenzeitlich unspektakulär ein. Auch Community-Manager können diese Informationen einbringen und die Mitglieder dazu auffordern, die Info zu kommentieren. *Gibt es günstigere Angebote? Wie wichtig war diese Information für Sie?* Auf die Integration der Erlöskomponente gehen wir an späterer Stelle detailliert ein.

Die in dem gerade abgehandelten Abschnitt kursiv gedruckten und unterstrichenen Wörter sind Informationen, die Sie über das Community-Profil eines Mitglieds generieren können. Werfen wir im folgenden Kapitel einen Blick auf die insgesamt möglichen Informationen, die Sie über einen Kunden generieren können.

4.1 Behavioral Targeting

Bei allen *Targeting*-Strategien geht es immer darum, die Chance, ein Produkt zu verkaufen so groß wie möglich zu gestalten, d.h. die Konversionsrate sollte hoch sein. Die zielgruppenorientierte Kommunikation erfolgt auf Basis der erlernten Profileigenschaften der Mitglieder. Zu den Profileigenschaften gehört neben den im Community-Profil direkt abgefragten Inhalten auch die Aufzeichnung des Verhaltens auf den Webseiten des Anbieters, in diesem Fall auf unseren Community- und Shopseiten.

Technisch gesehen werden die Daten über das Verhalten über *Cookies* aufgezeichnet. Cookies sind Profildateien, die auf dem eigenen Rechner gespeichert werden und beim wiederholten Besuch einer Webseite erkennen, dass derselbe Computer und damit derselbe Besucher die Seite aufruft. Auf diese Weise ist es beispielsweise möglich, dass Sie bei *Amazon*, ohne dass Sie sich eingeloggt haben, bereits einen Blick auf Ihren eigenen Shop werfen können.

Problematisch ist rund um das Thema *Aufzeichnung von Daten* der damit verbundene Datenschutz. Im Bereich des *Behavioral Targeting* ist *Yahoo* ein oder sogar das Unternehmen, das technisch den anderen Mitspielern viele Schritte voraus ist. Deshalb werfen wir einen Blick darauf, wie *Yahoo* das Problem des Datenschutzes löst und *Behavioral Targeting* betreibt. Zunächst teilen Sie Cookies in zwei verschiedene Arten ein; Sie nutzen für das *Behavioral Targeting* einen *anonymisierten Cookie*, der die Daten nicht zu einer Person zuordnen kann. Daneben gibt es den *Login Cookie*, der nach dem Anmelden auf dem *Yahoo* Portal die personenbezogenen Daten abspeichert. Beide Cookie-Arten werden auf physisch getrennten Serverparks abgespeichert, um nach außen eine dem Datenschutz zuträgliche Organisation darzustellen.

Yahoo speichert pro Tag 16 Terabyte Daten über das Userverhalten, das sind über 20.000 CD ROMs.[57]

Bei den Verhaltensdaten unterscheiden wir Surf, Such- und Klickverhalten. Alle Daten müssen gespeichert, analysiert und modelliert werden.

Die aufgezeichneten Daten lassen sich in folgende Bereiche unter*teilen:*

- *Demographische Daten*
    - *Altersgruppe*
    - *Weiblich / männlich*
    - *[...]*
- *Geografische Daten*
    - *Land*
    - *Ort*
    - *Bezirk*
    - *[...]*
- *Interest-Daten*
    - *Lifestyle-Interesse*
    - *Mode-Interesse*
    - *[...]*
- *Desire-Daten (Kaufabsicht)*
    - *Preisbewusstsein*
    - *Recherchedauer*
- *Action-Daten (Konsum)*
    - *Teure vs. Billige Produkte*
    - *Softwareausstattung (Explorer, Windows, etc.)*

In der Modellierung der Daten kategorisiert *Yahoo* die Verhaltensdaten in 1.800 verschiedene Branchenkategorien. Soweit eine neue Kampagne beworben werden soll, wird diese den entsprechenden

[57] Präsentation von *Marcus Ambrus*, Director Sales Development & Trade Marketing von Yahoo! Deutschland, auf der OMD 2007 am 25.09.07.

Kampagnenmotiven zugeordnet. Alle Inhalte, die auf *Yahoo* zu finden sind, werden entsprechend den Branchenkategorien zugeordnet, um ein möglichst optimales Matching zu generieren. Nur um Ihnen den personellen Aufwand zu verdeutlichen: Allein 200 Menschen müssen bei *Yahoo* täglich diese Zuordnung leisten.

Yahoo nutzt zur zielgruppengenauen Positionierung von Werbung ein Scoring Modell. Je höher der Score eines Users, umso kleiner ist die Auswahl an Kampagnen, die diesem User ausgeliefert werden kann. Die Konversionsrate ist jedoch umso höher, je höher der User Score bezogen auf eine Kampagne. Dabei berücksichtigt *Yahoo* sogar die Entscheidungslänge bezogen auf die Branchenkategorie. Soweit sich ein User für *Blumen* interessiert, wird er 1-2 Tage mit Kampagnen umworben, die sich um das Thema *Blumen* drehen, da hier eine kurze Entscheidungslänge einhergeht. Anschließend wird dieser Score wieder gelöscht. Bei Suche nach *Immobilien* wird die Entscheidungslänge wesentlich länger sein. Die hier dargestellten Erlöspotentiale werden noch einmal abstrahiert auf dem folgenden Schaubild dargestellt:

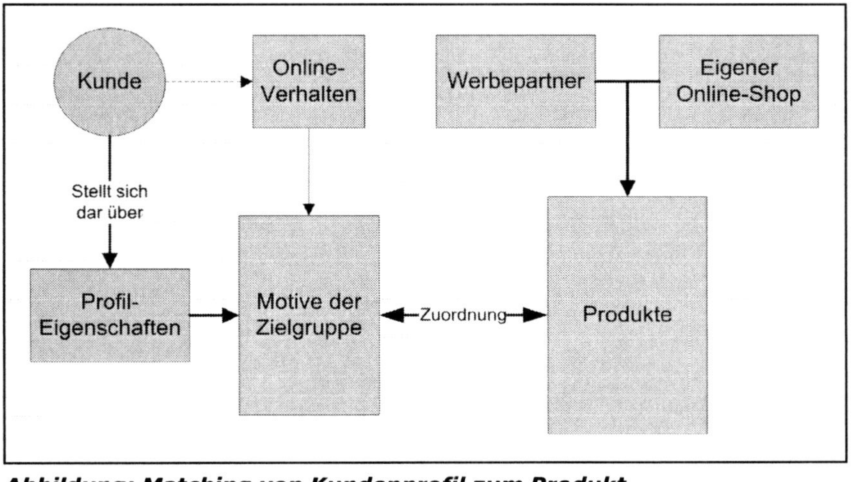

Abbildung: Matching von Kundenprofil zum Produkt

Der Kunde stellt sich anhand der Profileigenschaften innerhalb der Community vor. Das Online-Verhalten wird über Cookie-Technologie aufgezeichnet und anschließend ausgewertet. Auf dieser Basis können wir als Community-Betreiber die nötigen Informationen bereitstellen. *Nötig* sind immer genau die Informationen, an denen speziell dieser Kunde interessiert ist.

Zum einen kann man Informationen darstellen, die von anderen Mitgliedern in der Community generiert werden. Dieser Aspekt spielt hier jedoch vorerst eine untergeordnete Rolle, da dieser Content nicht direkt mit Erlösen verbunden ist. Wichtiger ist der Zugriff auf die Produktdatenbank des Online-Shops und gegebenenfalls der Abgriff von weiteren Produktdaten, die durch externe Werbepartner oder durch Affiliate Systeme verfügbar sind.

4.2 Social Targeting

Vom *Behavioral Targeting* gehen wir einen Schritt weiter zum *Social Targeting*. Spielen wir dazu einen zweiten Prozess aus der Perspektive des Erstkunden im Online-Shop durch:

Der Erstkunde im Online-Shop, der bald Community Mitglied werden soll:

Kunde Harald Burger findet über die Suchmaschine den Online-Shop und kauft sich einen neuen Satz Tennisbälle. Wie bei anderen Online-Shops üblich erhält er anschließend eine Bestätigung des Kaufs per E-Mail und die Information, wann das Produkt geliefert wird.

Nun stellt sich die Frage, wie Sie den Shop-Kunden in die Community bringen können, um ihn längerfristig zu binden.

Durch die geschickte Integration von Community-Komponenten in den Bestellablauf können Sie den Kunden bereits frühzeitig über die Existenz einer Community informieren. Beispielsweise können Sie ihm anbieten, sich mit anderen Kunden über die Funktionalität der Produkte auszutauschen. Sofern der Kunde zunächst kein Interesse an der Community hat, versenden Sie automatisch eine E-Mail nach ca. 2 Wochen mit der Bitte, das Produkt zu bewerten und zu rezensieren. Dazu meldet der Kunde sich nicht im Shop, sondern direkt auf der Community-Plattform an. Formulieren Sie dazu eine Frage: *Dürfen Ihnen andere Kunden Fragen zum Produkt stellen?*
Für diesen Fall wird sein Foto auf die Produktdetailseite im Shop gesetzt. Sobald Sie Kunden zu Produkten zuordnen können, können Sie für Neukunden eine sehr glaubwürdige Werbebotschaft verwenden:

Diese Kunden haben bereits Produkt X gekauft. Fragen Sie unsere Kunden nach der Qualität unserer Produkte, wenn Sie uns nicht glauben...

Sozialisieren Sie Ihre Produkte im ersten Schritt mit Bildern von Menschen. Aus der Werbung ist seit langem bekannt, das Gesichter Produkte wesentlich besser verkaufen können als reine Produktbilder. Menschen machen Produkte authentisch und schaffen einen Vertrauensvorsprung. Diese Kenntnis müssen Sie im Social Commerce nutzen und intelligent die Produkte mit den Menschen verknüpfen, die diese bereits gekauft haben. Ganz nebenbei werden die Käufer zu authentischen Verkäufern für Folgekäufer, die sich lieber auf das Urteil eines *Gleichen* verlassen als auf den angestellten Verkäufer, der seine Brötchen damit verdienen muss, die Produkte an den Mann zu bringen. Hier zeigt sich, wie in Kapitel 3 erwähnt, dass Web 2.0 und Social Commerce in Zukunft erhebliche Veränderungen in die Unternehmensorganisation bringen werden.

Die Sozialisierung von Käufen wird damit auch als Social Targeting bezeichnet.

4.3 Support 2.0

Werfen wir ausgehend vom Überblick der verschiedenen Perspektiven zwischen Online-Shop und Community einen Blick auf den Bestandskunden:

Kunde Michael Schmitz hat bereits ein Rudergerät und einen Step-Master sowie drei Sätze Badminton Bälle im Online-Shop bestellt. Per Mail des Shop-Betreibers wird er darauf hingewiesen, dass er sich mit seinen Shop Zugangsdaten nun zusätzlich auf der Sport-Community anmelden kann, um dort diverse Vorteile zu genießen. Nach erfolgreicher Anmeldung füllt der Kunde begeistert sein Profil aus, das ihn als Experte im Bereich *Badminton* ausgibt. Zusätzlich stellt er sich als Ansprechpartner zur Verfügung, wenn Fragen zum Rudergerät bei anderen Kunden auftauchen. Mit einem integrierten Bonus-System erhält Michael Schmitz Punkte, sobald er Fragen beantwortet und diese Antworten vom fragenden Kunden als positiv eingestuft werden.

Über solche Bonussysteme können Sie Kunden dazu bringen, Ihnen wertvolle Arbeit abzunehmen. Die Punkte können in Form von Preisnachlässen bei den nächsten Bestellungen umgewandelt werden.

Welche organisatorischen Änderungen hat Social Commerce im Kundensupport zur Folge?

Überprüfen Sie, wie hoch der Kostenaufwand für den Kundensupport ist. Diesen Aufwand können Sie erheblich reduzieren, indem Sie Ihre Kunden motivieren, sich gegenseitig zu helfen. Natürlich werden Sie nicht gänzlich auf eigenen Kundensupport verzichten, aber durch schrittweise Integration der Kunden in diese Geschäftsprozesse haben Sie neben der Kostenersparnis im Personalbereich zusätzlich den Vorteil, dass Kunden in der Regel anderen Kunden mehr Glauben schenken als dem Unternehmen selbst. Der Kundensupport wird eher die Aufgabe des Community-Managers übernehmen, um Kunden zusammenzubringen und die produzierten Inhalte zu organisieren, um sie der Allgemeinheit zur Verfügung zu stellen.

Durch die Integration der Kunden in den Supportprozess machen Sie Ihre Kunden zu Verkäufern.

Berechnen Sie beispielsweise konkret, wie viel Sie pro Kundensupportanfrage bezahlen. Bei einem Kundensupport, der pro Jahr inkl. Personalnebenkosten 40.000 Euro kostet, und der pro Tag 50 Kundenanfragen bearbeitet und damit im Jahr ca. 10.000 Anfragen, liegt die Anfrage bei 4 Euro. Stellen Sie sich vor, Sie würden jede Kundenanfrage, die von einem anderen Kunden beantwortet wird, nur mit 50 Cent bewerten und diese Cent in Bonuspunkten angeben. Das Einsparungspotential ist immens. Natürlich müssen Sie bei einer solchen Bewertung Netzbetrügereien vorbeugen, so dass kein Kunde mehrere Profile hat, um sich gegenseitig permanent Fragen zu stellen und zu beantworten, um Punkte zu generieren. Für diese Problematik gibt es bereits technische Hilfen wie die Analyse von IP Adressen und auch praktische Lösungen, um Menschen und Profile im Netz zu authentifizieren. Dazu im Kapitel 6.2 mehr.

4.4 Implementierung von Social Commerce in Communities

Im Folgenden erarbeiten wir uns die Antwort auf die Frage: An welchen Stellen kann nun eine Zuordnung von Produkten innerhalb einer Community konkret positioniert werden?

Verschaffen wir uns kurz einen Überblick über typische Komponenten einer Community-Lösung, um anschließend im Detail die einzelnen Komponenten dahingehend zu analysieren, an welchen Stellen Erlöskomponenten integriert werden können.

Wichtige Community-Komponenten im Überblick:

- *Profil-Card-System*
- *Nachrichten-System*
- *Foto- und Videogalerien*
- *Forum*
- *Blog, Podcast und IPTV*
- *Gruppen*
- *Kalender*

Alle Komponenten werden in den jeweiligen Kapiteln kurz erläutert. Für detaillierte Beschreibungen von Communities und Community-Komponenten verweisen wir auf unser Buch *Community Marketing Management.*[58]

---

[58] Siehe *Mühlenbeck*, F./*Skibicki*, K.: Community Marketing Management – Wie man Online-Communities im Internet-Zeitalter des Web 2.0 zum Erfolg führt, (2007) Verlag Books on Demand, bestellbar über Amazon.

4.4.1 Social Commerce in Profil-Card Systemen

Bei den meisten *Social Network* Plattformen haben die Mitglieder die Möglichkeit, sich auf einer eigenen Profilseite darzustellen. Im Einzelnen laden die Mitglieder Fotos und neuerdings eigene Videos auf ihr Profil, beschreiben sich durch eigene Hobbys, persönliche Informationen etc. Je nach Art der Community werden völlig unterschiedliche Details abgefragt.
So geben Mitglieder einer Business-Community wie *XING* oder *LinkedIn* gern an, welchen Beruf sie haben und welche Qualifikationen sie bieten. Bei Flirt-Communities wie *neu.de* spielen private Informationen eine größere Rolle, ob diese aber immer der Wahrheit entsprechen ist fraglich. Generell müssen Sie als Community-Betreiber wissen, welche Informationen Sie von Ihren Mitgliedern benötigen und wie Sie diese Informationen erhalten. Durch simples Abfragen erhalten Sie nicht immer eine ehrliche Aussage.

Beziehen wir die Profil Card Komponente auf unseren Sportartikelhändler, so fragen wir uns zunächst, an welchen Informationen er interessiert ist.

Natürlich möchte er den Absatz seines Shops steigern. Zusätzlich bietet sich mit einer Community die Möglichkeit, themennahe Produkte zu vertreiben.

Um eigene Produkte zu verkaufen, muss der Händler wissen, welche Sportarten der Kunde betreibt. Nun können Sie den Kunden einfach per Checkbox in seinem Profil ankreuzen lassen, welche sportlichen Hobbys er hat. Aber diese Information ist noch nicht wirklich dazu geeignet, dass der Kunde sich damit profiliert, also brüstet. Geben Sie dem Kunden die Möglichkeit, sich mit dem Profil auf der Sport-Community im besten Licht darzustellen. Aus diesem Grund sollten

Sie in einer Sport-Community bei jeder Sportart abfragen, ob der Kunde Einsteiger, Fortgeschrittener oder Profi ist. Alternativ oder zusätzlich können Sie fragen, wie lange der Kunde die Sportart bereits betreibt. Geben Sie dem Kunden die Möglichkeit, in einem Freitextfeld oder sogar in einem Blog über seine Erfahrungen in der Sportart zu berichten.

Sie erhalten nun von einem Kunden beispielsweise folgende Informationen:

Allgemeine Informationen:
Name: Maus
Vorname: Michael
Geschlecht: männlich

Sportarten:
Tennis, 4 Jahre, fortgeschritten
Fitness, 2 Jahre, Einsteiger

Sie können hinter die Antworten automatisiert Werbeinformationen hinterlegen. Beispielsweise hinterlegen Sie Schlagwörter (tags) hinter die Aussage *Tennis, fortgeschritten*.

Der Online-Shop beinhaltet für diesen Kunden folgende relevante Produkte:

- *Tennis-Schläger*
- *Tennisbälle*
- *Tennis-Textilien*
- *Textilien für den Fitness-Bereich.*

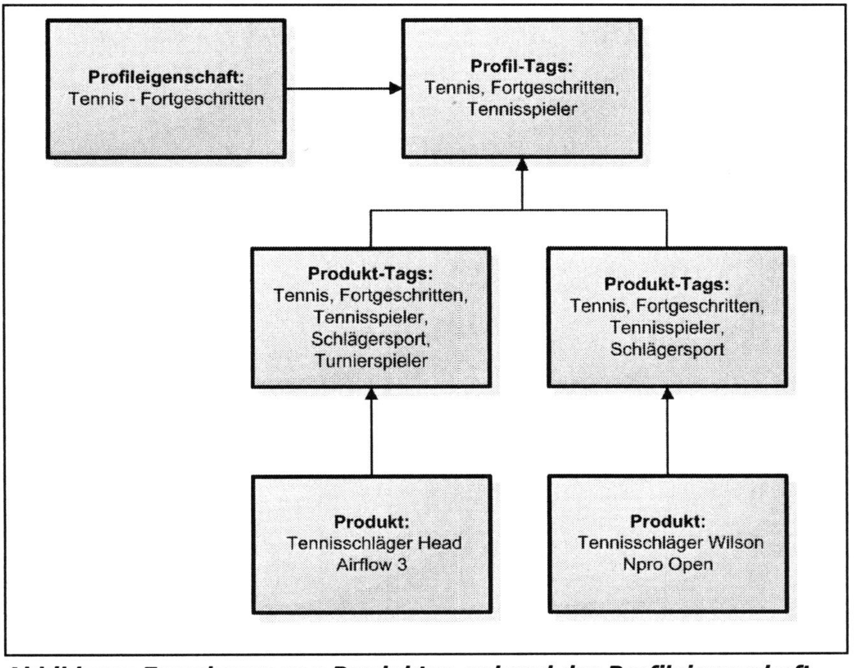

Abbildung: Zuordnung von Produkten anhand der Profileigenschaft am Beispiel Tennis

In der o.a. Abbildung werden die Tags der Produkte mit den Tags des Profils automatisiert zugeordnet. Wir wissen nun, welche Produkte für das Mitglied interessant sind.

Diese Zuordnung von Produkten zu Profil-Tags ist dynamisch. Sobald neue Produkte im Shop eingebunden werden, müssen diese nur einmalig getaggt (verschlagwortet) werden. Automatisch werden dann anhand der Profil-Tags die Produkte zugeordnet. Alternativ können Produkte auch direkt zu Profileigenschaften zugeordnet werden. Dieses Verfahren ist etwas älter und aufwendiger, da bei neuen Produkten immer wieder die Profileigenschaften und weitere Community-Komponenten analysiert werden müssen.

Die Profilierung mit der sportlichen Kompetenz des Community-Mitglieds anhand der ausgeübten Sportarten ist ein wichtiger Punkt, wie wir bereits erfahren haben. Eine weitere Möglichkeit, die Integration der Produkte zu realisieren, ist die Motivation der Mitglieder, sich über Sportartikel zu profilieren.

Wenn Mitglied Michael Maus bereits Erfahrung mit einem oder mehreren Tennis-Schlägern gesammelt hat, kann man ihn dazu motivieren, diese Information der Community zur Verfügung zu stellen. Er müsste somit die Produkte des Online-Shops, die er bereits kennt, bewerten und gegebenenfalls rezensieren.

Mit welchen Tennis-Schlägern haben Sie bisher Erfahrung gesammelt?

Blenden Sie alle Tennisschläger Ihres Sortiments ein und geben Sie den Mitgliedern die Möglichkeit, die Schläger zu bewerten und einen Freitext zu hinterlegen. Diese Information können Sie direkt in das Profil von Herrn Maus integrieren oder zumindest darin verlinken.

Fassen wir kurz zusammen:

1. Sie haben das neue Mitglied motiviert, Informationen über sich preis zu geben, die Sie nutzen können, um relevante Produkte anzubieten.
2. Sie haben über Tags die richtigen Produkte ausfindig gemacht, die für den Kunden interessant sind.
3. Sie machen Ihren Kunden zum Verkäufer, indem Sie Menschen zu einem Produkt zuordnen, die mit authentischen Informationen in Form ihrer Bewertung und einem Erfahrungstext das Produkt veredeln und glaubhaft darstellen.

Erweitern wir das Schaubild um diesen wichtigen Punkt, da hier die soziale Struktur einfließt.

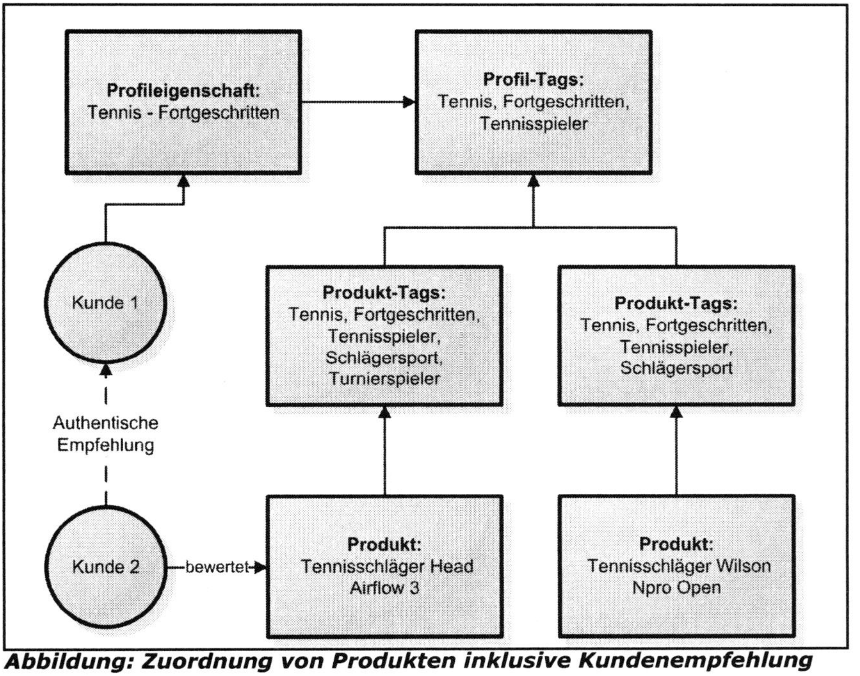

Abbildung: Zuordnung von Produkten inklusive Kundenempfehlung

Wie Sie auf der vorhergehenden Abbildung sehen, bewertet Kunde 2 das Produkt *Tennisschläger Wilson Npro Open*. Er schreibt neben einer positiven Standard-Bewertung, dass der Schläger leicht kopflastig und für einen hervorragenden Top-Spin geeignet ist.

Um Ihnen noch einmal den Weg von der Werbung zum Social Commerce zu zeigen, schauen Sie sich die folgenden drei schematischen Abbildungen an:

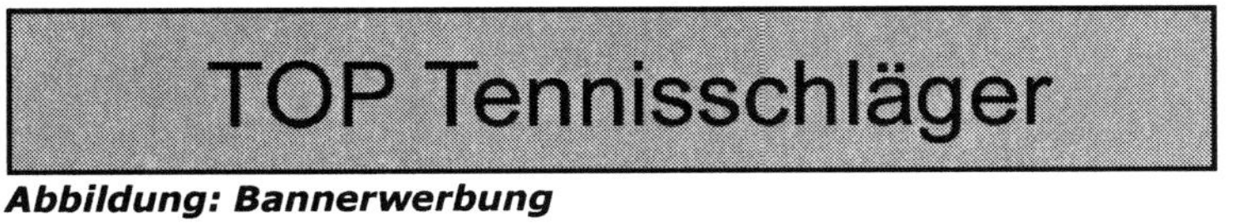

Abbildung: Bannerwerbung

Bannerwerbung ist im Zeitalter des Web 2.0 veraltet. Erstens nimmt selbst bei personalisierter Werbung jeder Internet-User einen Standard-Banner als Werbung auf und ignoriert ihn nahezu automatisch. Zweitens fehlt die Individualisierung. Drittens gibt es inzwischen Software, die Werbebanner blockiert und damit nicht anzeigt.

Nach einer amerikanischen Eyetracking Studie von Jakob Nielsen werden Banner von Internetnutzern keines Blickes gewürdigt.[59]

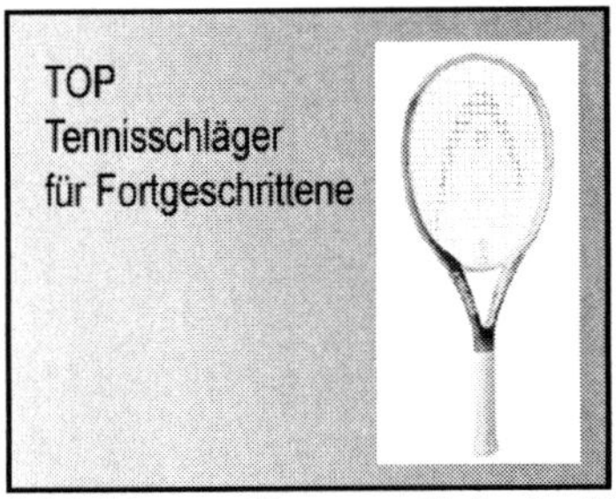

Abbildung: Personalisierte Werbung

Dank der Information, dass der Kunde selbst fortgeschrittener Tennisspieler ist, können wir ihm genau das Produkt zeigen, dass auf sein Profil passt. Wir wandeln an dieser Stelle bereits Werbung in Information um und zeigen das Bild des Tennisschlägers zusammen mit Produktinformationen.

[59] Siehe „Surfer sind Banner-blind", Internet World Business 19/07, S.15 von Daniela Patrzek

Abbildung: Sozialisierte Werbung

Das Produkt wird im dritten Schritt mit einer Person - einem Gesicht und einer schriftlichen Bewertung - verknüpft. Damit schaffen Sie es, ein Produkt glaubhaft zu verkaufen, und das ohne eigenen Verkäufer. Kunden glauben im Zweifel eher anderen Kunden als dem eigenen Unternehmen, somit machen Sie Ihre Kunden zu Verkäufern. Zusätzlich verknüpfen Sie das Produkt mit einem Voting, so dass andere Kunden das Produkt mit Punkten bewerten können.

Laut *ethority* wurden bis Mai 2007 bereits 120 Millionen Kaufempfehlungen durch User Generated Content produziert.

Ein vierter Schritt ist ebenfalls denkbar, in diesem Fall wird die Beziehung zwischen Kunde 1 und Kunde 2 analysiert. Stellen Sie sich vor, dass Sie Tennis spielen und bereits 10 Mitglieder der Community den Tennis-Schläger bewertet haben.

Welches Mitglied sollte nun zusammen mit dem Produkt eingeblendet werden?

Natürlich das Mitglied, mit dem Sie sich am ehesten identifizieren können. Auf der Basis Ihres Profils sucht man deshalb die Person, die Ihrem Profil am ähnlichsten ist. Insbesondere das Alter und die Spielstärke beim Tennis sind dabei relevant. Wenn die Community eine Buddy-Liste als Komponente besitzt, sollte das Community System als erstes überprüfen, ob ein Freund von Ihnen bereits den Tennis-Schläger bewertet hat, da dieser für Sie am glaubhaftesten ist. Generell handelt es sich bei einer Buddy-Liste um die Mitglieder der Community, die Sie als Freund zu einer persönlichen Freundesliste oder Kontaktliste hinzugefügt haben.

Verknüpfen Sie nach Möglichkeit immer Produkte mit Menschen, genau das ist der Kern von Social Commerce. Innerhalb des Profils ist dies genau so möglich wie bei der Produktpräsentation innerhalb des Online-Shops.

An welcher Stelle können diese Inhalte nun präsentiert werden?

Bereits erwähnt haben wir die Integration von Bewertungen im eigenen Profil. Wenn jemand Ihr Profil besucht, kann sich der Besucher auch darüber informieren, welche Produkte Sie als Mitglied der Community bereits kennen und bewertet haben.

Zusammen mit einem Partner haben wir beispielsweise die Buch-Community *booksmilers.com* entwickelt und aufgesetzt. Mitglieder können sich rund um das Thema Bücher vernetzen und ihr eigenes virtuelles Buchregal ins Netz stellen. Der Slogan *Take a look behind the book* verrät bereits, das auch die soziale Interaktion unter den Mitgliedern ein wesentlicher Bestandteil der Community ist. Auf dem Profil des Nutzers kann man sich anschauen, welche Bücher der so genannte *Booksmiler* bereits gelesen hat. Ganz nebenbei kann man die Bücher natürlich bei *Amazon* erwerben, d.h. wir haben an dieser Stelle Social Commerce eingesetzt.

Abbildung: Buch Community www.booksmilers.com

Sie können bei der Füllung des eigenen Profils auch kontextsensitive Produkte darstellen, die der Kunde bei Kenntnis oder Erfahrung mit dem Produkt sofort in sein Profil integrieren kann.

Hier kommt es immer darauf an, welche Produkte die Community und der angehängte Online-Shop besitzen. Im nächsten Abschnitt werfen wir einen Blick auf das interne Nachrichtensystem einer Web 2.0 Plattform.

4.4.2 Social Commerce im Nachrichtensystem

Die Kommunikation unter den Mitgliedern einer Community ist für das Überleben der Plattform in den meisten Fällen essentiell. Sobald Mitglieder Nachrichten an andere Mitglieder senden können, spricht man von einem internen Nachrichten- oder Mail-System. So wie bei einem E-Mail Anbieter wie *Web.de* kann das Mitglied nach dem Einloggen auf der Community-Seite den eigenen Posteingang einsehen, Nachrichten löschen und neue Nachrichten senden. Zusätzlich werden Mitglieder bei vielen Communities per E-Mail benachrichtigt, sobald eine neue Nachricht im internen Posteingang eingetroffen ist. Dies bringt die Mitglieder dazu, sich wieder in der Community einzuloggen und aktiv zu sein.

Wenn wir auf unser Beispiel zurückkommen, erhalten Sie als Mitglied der Sport Community eine E-Mail von einem anderen Mitglied, das sich gern mit Ihnen zu einer Runde Tennis verabreden möchte.

Wie kann man im Bereich der Nachrichtensysteme Geld verdienen?

Nur ganz kurz möchten wir in diesem Zusammenhang die Mitgliedsbeiträge als Einnahmequelle diskutieren. Viele Flirt-Communities bieten den weiblichen Mitgliedern nahezu alle Nachrichtenfunktionen gratis an. Dagegen müssen Männer dann Premiummitglied werden und damit Mitgliedsbeiträge bezahlen, wenn eine Frau aus der Community per Nachrichtensystem angeschrieben werden soll. Andere Communities gehen einen Schritt weiter und ermöglichen das kostenlose Anschreiben. Sobald aber die Frau antwortet und der *arme* Mann die Nachricht lesen möchte, muss er den Mitgliedsbeitrag bezahlen. Diese Form des *Anteaserns* von Premiumfunktionen ist besonders frech, da in der Regel nicht darüber aufgeklärt wird, dass das Schreiben kostenfrei, aber das Lesen kostenpflichtig ist.

Unserer Meinung nach sollte man im Rahmen des Web 2.0 die Kommunikation kostenfrei ermöglichen. Wenn man unbedingt Einnahmen über Premiummitgliedschaften generieren möchte, so benötigt man für die kostenpflichtige Kontaktaufnahme bereits eine sehr hohe Anzahl an Mitgliedern - die so genannte *kritische Masse*. Alternativ raten wir dazu, Premiummitgliedschaften mit besonderen

Funktionen zu koppeln, die im Gegensatz zur Standard-Mitgliedschaft klare Vorteile beinhalten.

Eine andere Möglichkeit ist die Integration von individualisierter Werbung. Helfen Sie Mitgliedern bei der Kontaktierung anderer Mitglieder durch besondere Funktionen, z.B. durch die Versendung einer virtuellen Blume. Solche Funktionen können Sie über Punktesysteme abrechnen. Dabei kann das Mitglied ein Punktekonto mit echtem Geld aufladen und dieses Konto innerhalb der Community für besondere Funktionen nutzen, um Punkte gegen Leistung zu tauschen.

Alternativ zur virtuellen Blume können Sie auch Werbepartner und Sponsoren einbinden, die ihre Produkte in die virtuelle Community bringen. Denken Sie zum Beispiel an einen Hersteller von isotonischen Getränken, so könnte man diese dergestalt in die Sport-Community integrieren, dass ein Mitglied einem anderen Mitglied eine virtuelle Erfrischung schenken kann. Damit erhält das beschenkte Mitglied auf seinem Profil ein gebrandetes Sportgetränk angezeigt. Hier handelt es sich um ein spielerisches Element, mit dem in einigen Communities geflirtet werden kann.

Wir haben im Event-Bereich für mehrere Kunden Communities entwickelt, in denen solche virtuellen Getränke weiter verschenkt werden konnten, damit ein Mitglied ein anderes Mitglied freundlich auf sich aufmerksam machen kann. Im Gegensatz zu einer frei formulierten Nachricht hilft die Community dem schüchternen und vielleicht nicht so kreativen Mitglied dabei, Kontakt zu einem anderen Community-Mitglied aufzunehmen. Diese Funktion wird im Event Sektor sehr häufig genutzt.

4.4.3 Social Commerce in Foto- und in Video-Galerien

Fotos und neuerdings auch Videos führen auf Communities zu sehr hohen Klickraten. Bei Galerien werden zunächst in einer Übersicht meistens 10-20 Fotos auf einen Blick angezeigt, per Klick auf ein Foto kann man sich das Bild im Detail anschauen. Neben dem reinen Beschauen des Bildes bieten viele Communities das Kommentieren und Versenden der Bilder an. Einige Party-Communities und auch *StudiVz* ermöglichen den Mitgliedern der Community, sich selbst oder jemand anderes aus der Community auf dem Bild zu verlinken. Wenn ein anderes Mitglied ein Foto im Detail anzeigen lässt, kann es sofort auf das Profil des verlinkten Mitglieds schauen – die erste Kontaktaufnahme wird somit erleichtert.

Abbildung: Bildergalerie-Übersicht einer Event-Community

Neben den offiziellen Foto- und Video-Galerien gibt es zusätzlich die Mitgliedergalerien. Die Mitglieder einer Community dürfen in diesem Fall eigene Bilderalben zusammenstellen und diese der gesamten

Community oder nur ihren Freunden zur Verfügung stellen. Für Videos gilt dasselbe Prinzip.

Die Sport-Community kann mit Foto Galerien einzelnen Sportvereinen eine Möglichkeit bieten, um Turniere und interne Sportveranstaltungen einfach auf dem Portal anzuzeigen. Auf diese Weise kann die Community einzelne Vereine sponsern und einen Foto-Reporter auf das Event des Vereins entsenden oder ein Mitglied des Vereins als Fotograf gewinnen. Schnell werden auf diese Weise ein paar neue Mitglieder für die Community akquiriert. Die neuen Mitglieder können die Fotos anschauen, spezielle Fotos kommentieren und darstellen, auf welchen Fotos sie selbst zu sehen sind. Diese Information kann die Community nutzen, um allen Mitgliedern zu zeigen, wer an dem einzelnen Event teilgenommen hat.

Wie und wo wird nun der Online-Shop und damit die Produkte in die Community integriert?

Die großen Nightlife-Communities wie *virtual-nights.com* und *tillate.com* verfügen über hohe Mitgliederzahlen. Sie integrieren ihre Werbepartner in Form von Bannerwerbung auf den Events und selektieren den Werbepartner zum Teil bezogen auf das Event. So wird bei der Ansicht einer Fotogalerie in Disco A auch der passende Werbebanner der nächsten Party von Disco A gezeigt. Wir gehen ein paar Schritte weiter.

Das Event wird zunächst einmal vom Fotografen getaggt, d.h. es wird mit entsprechenden Schlagwörtern beschrieben. Gehen wir davon aus, dass in unserem Beispiel ein Tennis-Turnier von dem Tennisverein Kölle Rot Weiß fotografiert und gefilmt wurde. Die Foto-Galerie zeigt daher Bilder der Spielteilnehmer, Fotos der Spiele sowie die Verleihung der Gewinnerpokale und die anschließende Siegesfeier.

Folgende Tags werden dem Event zugeschrieben:

Tennis, Fortgeschritten, Männer, Bezirksliga, Köln, Turnier, Pokal, [...].

Als nächstes besucht Mitglied Sigi Munz die Community. Über Herrn Munz haben wir folgende Tag-Informationen:

Tennis, Fortgeschritten, Mann, Köln,[...]

Zunächst können wir das aktuelle Event als *interessant* für Herrn Munz einstufen, da seine Profil-Tag-Wolke mit der Tag-Wolke des Events eine hohe Übereinstimmung hat. Aus diesem Grund zeigt die Community das Event auf der Startseite an und empfiehlt es Herrn Munz.

Welche Produkte können nun mit dem Event verbunden werden? Eine Misch-Tagwolke ist als Schnittmenge zwischen dem Event und Herrn Munz entstanden.

Doch wir benötigen noch passende Tag-Wolken von relevanten Mitgliedern und relevanten Produkten. Werfen wir einen Blick auf folgende Tag-Wolken-Übersicht:

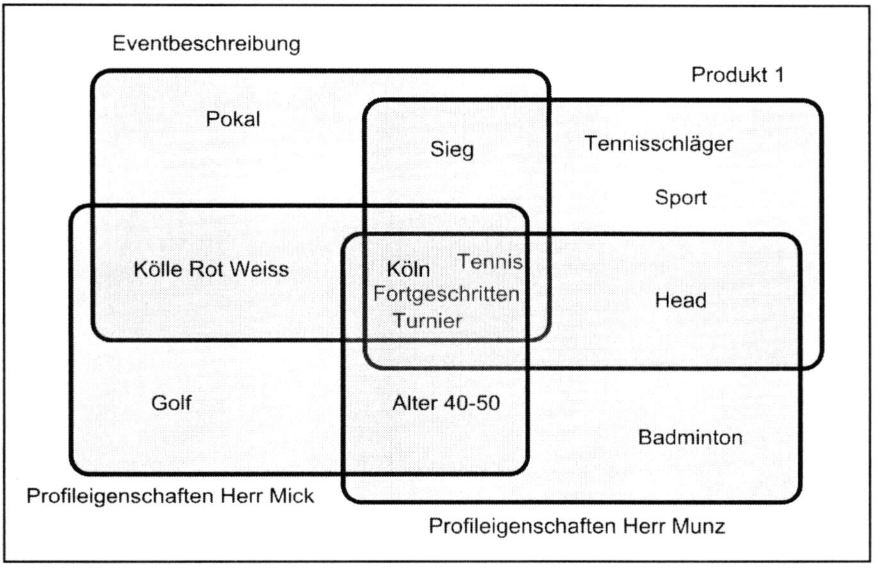

Abbildung: Tag-Wolken Schnittmengen

Die Abbildung zeigt vier verschiedene Tag-Wolken und die entsprechenden Überlagerungen. Oben links liegt die Tag-Wolke, die das Event beschreibt. Theoretisch kann man noch einen Schritt weiter gehen und die Bilder und Videos, die auf dem Event bzw. in der Galerie angezeigt werden, ebenfalls durch einzelne Tag-Wolken beschreiben. Zwecks Vereinfachung beschränken wir uns hier auf die Eventbeschreibung.

Rechts oben liegt die Produkt-Tag-Wolke. Wir finden zunächst eine Gesamt-Tag-Wolke aller Produkte. Die Tags, die in einer gemeinsamen Schnittmenge zwischen Event und Produkt auftauchen, sind relevant. Daher sollten alle Produkte, die durch möglichst viele dieser Tags beschrieben werden, bei der Anzeige in der Galerie im Weiteren berücksichtigt werden.

Die Tag-Wolke unten rechts illustriert die beschreibenden Tags des Profils von Herrn Munz. Auch hier befinden sich gemeinsame Tags. Während die Tennisschläger-Marke *Head* nur als Schnittmenge zwischen der Produkt- und Profil-Tag-Wolke auftaucht, sind Tags wie *Tennis* und *Turnier* in allen Tag-Wolken enthalten.

Die vierte Tag-Wolke ist für die Sozialisierung von potentiellen Käufen wesentliche Voraussetzung – es handelt sich um die Tag-Wolke eines weiteren Mitgliederprofils. Die Übereinstimmung von Eigenschaften wie das in der Abbildung gemeinsame Alterssegment fördert die Glaubwürdigkeit einer Produktempfehlung. Natürlich müssen Sie darauf achten, dass das Mitglied bereits Erfahrung mit dem Produkt in Form einer Bewertung oder Rezension nachweisen kann. Theoretisch ist es auch möglich, bei einem Kauf das empfehlende Mitglied an dem Erlös oder der Provision zu beteiligen.

Die nächste Stufe nach dem Social Commerce ist die Social Transaction, bei der das empfehlende Mitglied in den Kaufprozess als Berater einbezogen wird.

Durch die Analyse dieser Tag-Wolken haben wir herausgefunden, welche Produkte im Zusammenhang mit dem Event bei Herrn Munz angezeigt werden sollten und welches Mitglied dieses Produkt beschreibt. Bevor wir uns den Möglichkeiten widmen, wie das Produkt angezeigt werden soll, werfen wir noch einen Blick auf die theoretische Erklärung der Tag-Wolken-Schnittmengen:

Bei dem Vergleich der Tag-Wolken kann man die Reihenfolge natürlich diskutieren, nach der man die Produkte auswählt, die im Zusammenhang mit dem Event jeweils angezeigt werden. Wir raten zur folgenden Vorgehensweise (siehe Abbildung).

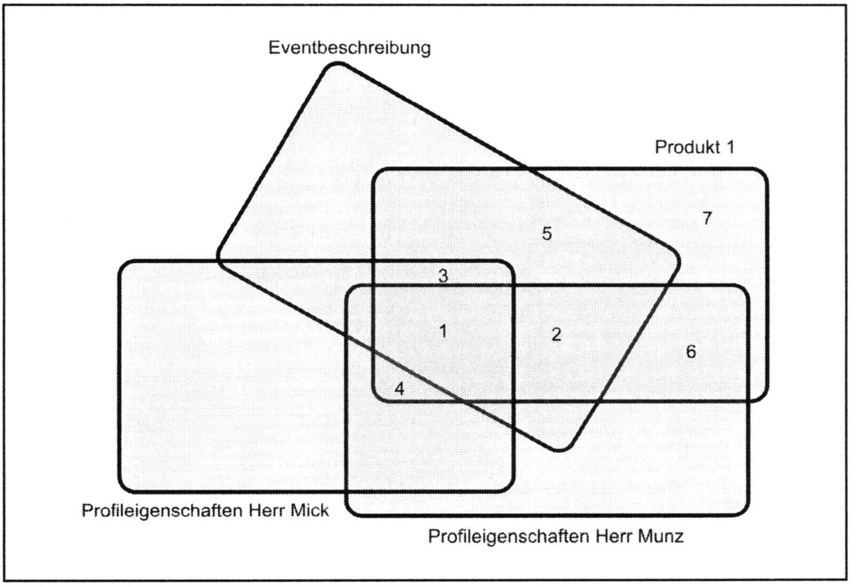

Abbildung: Vorgehensweise bei der Auswahl des geeigneten Produkts zur Darstellung

Bei der Abbildung sind theoretisch noch weitere Schnittmengen denkbar, wir betrachten aber hier nur die Schnittmengen mit der Tag-Wolke des Produktes, da es darum gehen soll, welches Produkt an der Stelle der Foto-Galerie gezeigt und beworben werden soll.

Optimal ist logischerweise die Schnittmenge Nr.1, da dort alle Tag-Wolken überlagert sind. In diesem Fall würden wir ein oder mehrere Produkte zeigen, die Tag-Übereinstimmungen mit dem Event, den Profileigenschaften von Herrn Munz und von Herrn Mick haben.

Sollte die Überlagerung aller Tags nicht möglich sein, raten wir als nächstes zur Anzeige des Produkts, das Übereinstimmungen mit dem Event und mit den Profileigenschaften von Herrn Munz hat. Eine Sozialisierung des Kaufs ist an dieser Stelle nicht möglich, da kein Profil mit dem Produkt und dem Event zusammen in Verbindung gebracht werden kann. Bei dieser Entscheidung ist es wichtig, darauf hinzuweisen, dass wir uns hier auf die Anzeige von Produkten bei Foto-Galerien beschränken. Die Auswahl von Produkten im Forum-Bereich könnte eine andere Vorgehensweise begründen.

Die Nummer 3 zeigt die Übereinstimmung von Tags bei dem Profil von Herrn Mick, beim Event und beim Produkt, so dass die Übereinstimmung mit den Tags von Herrn Munz nicht realisiert wird. Hintergrund ist die Überlegung, dem Kunden auch Produkte darzustellen, die zwar nicht direkt auf der Basis seiner eigenen Tags passen, die aber für ihn interessant sein könnten, da er das Event besucht und andere Mitglieder dieses Produkt *empfehlen*.

Mit der Nummer 4 fällt der Bezug zum Event heraus, hier haben wir nur noch die Übereinstimmung der beiden Profile und des Produkts. Diese Information kann für Herrn Munz generell interessant und authentisch sein, da ein Mitglied ein Produkt empfiehlt, mit dem sich Herr Munz identifizieren kann und das auf seine Profileigenschaften passt. Lediglich ist die Einblendung im Kontext des Events irrelevant, was aber nicht unbedingt zu einer Qualitätseinbuße bei der Conversion Rate führen muss.

Erstmalig eine nur zweifache Überlagerung der Tag-Wolke zeigt die Schnittmenge Nummer 5. Lediglich das Event und das Produkt haben eine Übereinstimmung. Eine Sozialisierung des Kaufs fällt wieder aus. Diese Form der Werbung wird bereits jetzt bei einigen Communities eingesetzt – man spricht in diesem Zusammenhang von *Environmental Targeting* und nicht von Social Commerce.

Die Nummer 6 als letzte Schnittmenge beschreibt die Übereinstimmung von Profileigenschaften mit dem Produkt. Im Gegensatz zu Nummer 5 haben wir hier wieder eine zielgruppenorientiertere Werbeform bezogen auf den User. Vorher gehen wir davon aus, dass sich der User, der sich ein Event anschaut, Interesse am Event und damit verbundenen Produkten haben kann. Leider bettet sich ein Produkt an dieser Stelle nur sehr schwer innerhalb der Foto-Galerie ein.

Keine Schnittmenge zeigt Nummer 7. Hier vernehmen wir wieder den unverhüllten Blick auf einen Online-Shop.

Zwischen den Zeilen haben Sie sicher schon gemerkt, dass Tagging eines der wichtigsten Instrumente ist, dass Sie für die Einführung von Social Commerce Komponenten nutzen sollten. Nur durch die konsequente Erarbeitung von Tags zu allen möglichen Objekten auf Ihrer Web 2.0 Plattform sind Sie in der Lage, die optimalen Schnittmengen zu finden und damit die höchste Conversion Rate für Ihren Shop zu generieren.

Wie soll nun das Produkt oder die Produkte in die Anzeige von Galerien eingebunden werden?

Wie wir bereits im Kapitel *Profil Card System* gesehen haben, verabschieden wir uns von der Bannerwerbung, da diese auch als Werbung angesehen wird, selbst wenn es sich um zielgruppenorientierte Werbung handelt. Der Mensch muss deshalb immer im Vordergrund stehen.

Die Darstellung der Werbung erfolgt deshalb in Form einer Information, die mit dem jeweiligen Event oder sogar einzelnen Event-Bild gekoppelt wird.

Wenn Sie in Ihrer Community zusätzlich zu eigenen Produkten Sponsoren unterbringen möchten, sollten diese so nah wie möglich am Inhalt und am User stehen. In einer Bildergalerie gibt es viele Möglichkeiten, Sponsoren unterzubringen, z.B. folgende:

- *Integration des Logos in die Fotobilder*
- *Integration eines Produktbildes alle 20-40 Bilder*
- *Fotografieren von Sponsorenständen auf Veranstaltungen*
- *Integration des Sponsorennamens in das Event*
- *Platzieren der Galeriebilder auf dem Hintergrundbild des Sponsors*
- *[...]*

Bei Videogalerien kann man folgende Sponsorenleistungen anbieten:

- *Zu Beginn der Videos „sponsored by" oder „presented by" Kurzfilm des Sponsors einbinden*
- *Prominentes Interview mit dem Sponsor*
- *Filmen eines Sponsorenstands*
- *Integration eines Sponsorenlogos in den laufenden Film*
- *[...]*

Eine weitere Idee könnte darin bestehen, nicht nur Mitglieder in einem Bild zu verankern, wie dies seit geraumer Zeit bei *StudiVZ* angeboten wird, sondern zusätzlich Produkte zu verankern. Die großen Versandkataloge machen es uns offline seit Jahren vor: Meist zeigen sich auf einem großen Bild mehrere Models, bei denen einzelne Kleidungsstücke und Accessoires mit einer Nummer versehen sind. Die Detailinformation mit Größen und Preisen zur Nummer finden wir am Rand des Fotos. Diese Form der Produktdarstellung kann ebenfalls auf den Fotos der Community genutzt werden, nur gehen wir wieder Richtung Web 2.0. Auf unsere Sport-Community bezogen, könnte bei den Fotos eines Spielers sofort ein Anker auf dem Polo-Shirt gesetzt werden, das z.B. durch *Lacoste* gesponsert wird. Alternativ schaltet der Link sofort durch auf eine Produkt-Detailseite, auf der neben Informationen zum Produkt zusätzlich Mitglieder der Community gezeigt werden, die das Produkt ebenfalls gekauft haben.

In den meisten Foto-Galerien gibt es die Möglichkeit, Bilder an Freunde per E-Mail zu versenden. Meistens wird dann ein Link in die E-Mail eingesetzt, die auf eine Webseite leitet, auf der das entsprechende Bild zu sehen ist. Gleiches geschieht auch auf Videoportalen wie *YouTube*, bei dem nach Durchsicht eines Videos am Ende die Option erscheint, das Video an Freunde weiterzuverschicken. Auch hier stellt sich wieder die Frage, wie wir mit diesem Gimmick Produkte verkaufen können.

Um das Beispiel des Fotoversands zu illustrieren, werfen wir einen Blick auf unsere Sport-Community.

Ein Community-Mitglied wurde auf einem Tennis-Turnier fotografiert. Dieses Bild verleiht dem Mitglied einen gewissen Stolz, da er sehr gut getroffen wurde, wie er leidenschaftlich zum Rückhand-Slice ausholt. Natürlich möchte er dieses Bild sowohl seiner Familie als auch seinen Vereinskameraden nicht vorenthalten und versendet das Bild über die Community. Ein Vereinskamerad erhält die E-Mail mit dem Link und dem Text: *Schau mal, wie gut ich den Rückhand Slice beherrsche!*. Er klickt auf den Link und gelangt auf eine Webseite, die das Foto zeigt.

Welche potentiellen Kaufmotive können wir bei dem Adressaten der Mail vermuten?

Da wir bisher keinerlei Kenntnis darüber haben, wer der Adressat ist, können wir nur Überlegungen darüber anstellen, inwieweit Übereinstimmungen zwischen dem Profil des Community-Mitglieds, das die Mail versendet hat und dem Adressaten existieren. Im Regelfall können wir darüber keine bestimmte Aussage machen. Aus diesem Grund sollte man sich an dieser Stelle darauf beschränken, die Community zu bewerben und den Adressaten davon zu überzeugen, selbst Mitglied zu werden. Erst dann ist es wieder möglich, auf der Basis des generierten neuen Profils zielgruppenorientierte Produktinformationen bereitzustellen. Alles andere wird sofort als Werbung verstanden. Die einzige Möglichkeit, bei der Einblendung des verschickten Fotos Werbung zu positionieren, ist die Nennung von Sponsoren.

4.4.4 Social Commerce im Forum

Ein Forum ist der Ort im Internet, an dem sich die Mitglieder des Forums bzw. der Community über verschiedene Themen austauschen können. Im Gegensatz zum Chat, bei dem synchron, also gleichzeitig kommuniziert wird, findet im Forum asynchrone Kommunikation statt. Damit müssen Mitglieder nicht gleichzeitig auf der Plattform sein, um Nachrichten zu senden. Insbesondere bei kleinen Communities sind Foren für den Austausch von Informationen besser geeignet als Chats, da schon mit einer geringen Menge an Mitgliedern Kommunikation starten kann. Bei der Errichtung des Forums werden Forenthemen und Subthemen definiert. Anschließend schreiben die Mitglieder Beiträge innerhalb der einzelnen Subforen. Vielfach gibt es ein Subforum mit dem Thema *Verbesserungsvorschläge*, bei dem Mitglieder neue Forenthemen vorschlagen können, damit auf Basis der Anforderungen der Nutzer eine Fortentwicklung stattfinden kann.

Häufig werden Foren und Communities gleich gesetzt. Dies zeigt sich an einigen Webseiten, die in ihrer Navigation die Rubrik *Community* enthalten und dahinter *nur* ein Forum zu finden ist.

In unserer Sport-Community sind folgende Forenthemen denkbar:

- *Sportler stellen sich vor*
- *Themensport*

- *Ballsport*
    - *Fußball*
    - *Basketball*
    - *Badminton*
    - *Tennis*
    - *Golf*
- *Kampfsport*
    - *Judo*
    - *Karate*
    - *Taekwondo*
- *Verbesserungsvorschläge*

Unterhalb der einzelnen Subforen können sich Sportler austauschen, verabreden, neue Produkte besprechen, etc.

Ein Mitgliedsbeitrag zeichnet sich durch folgende Eigenschaften aus:

- *Name und gegebenenfalls Foto des Mitglieds*
- *Thema des Beitrags*
- *Beitragstext*
- *Gegebenenfalls Signatur*

Ein Link zum Profil des Mitglieds sollte aus dem Forum heraus ermöglicht werden. Ebenfalls interessant ist die Verlinkung auf andere Beiträge, die bereits von diesem Mitglied geschrieben wurden. Andere Mitglieder können den Beitrag nur lesen oder auch mit einer Antwort darauf reagieren.

Nun stellt sich wieder die Frage, an welchen Stellen wir Social Commerce Komponenten einbauen können?

Zunächst einmal überprüfen wir die Integration von Tags zwecks Zuordnung von zielgruppenorientierter Werbung. Die einfachste Form der Einbindung von Tags besteht in der Möglichkeit, dem Mitglied, das den Beitrag postet, ein Tag-Feld zur Verfügung zu stellen, in dem beschreibende Stichwörter stehen, unter denen der Beitrag zu finden sein soll. Anhand dieser Stichwörter kann wieder die automatisierte Zuordnung von Werbung realisiert werden.

Um die optimale Zuordnung von Werbung zu erreichen, werfen wir einen Blick auf die Teilnehmer dieser Szenerie:

- *Mitglied A postet einen neuen Beitrag in einem Forum*
- *Thema des Forums bzw. Subforums*
- *Mitglied B liest den Beitrag von Mitglied A*
- *Einzublendende Werbung*

Konkretisieren wir diese Szenerie anhand der Sport-Plattform, so schreibt Herr Munz nun einen Beitrag im Subforum *Tennis*.

Thema: *Erfahrungen mit dem Tennisschläger ATO 281?*

Beitrag: *Liebes Forum, ich überlege zur Zeit, mir einen neuen Tennisschläger zu kaufen. Hat bereits jemand Erfahrungen mit dem Tennisschläger ATO 281 gesammelt? Ich spiele ca. 2-3 mal pro Woche auf Asche. Ich freue mich über Eure Hilfe.*

Tags: *Tennis, Tennisschläger ATO 281, Erfahrungen, Fortgeschritten*

Die Überschneidung der Tag-Wolken erfolgt wieder anhand der bereits besprochenen Technik im Kapitel 4.4.3 Foto- und Video-Galerien.

Sobald Herr Mick den Beitrag von Herrn Munz liest, können wir als Betreiber der Plattform davon ausgehen, dass Herr Mick ein Interesse an diesem Artikel hat. Welche Werbung bzw. welche Produktinformationen an dieser Stelle die richtigen sind, zeigt uns die Auswertung der Tag-Wolken.

Signatur als Social Commerce Komponente.

Eine weitere Idee, innerhalb des Forenbeitrags Commerce-Komponenten unterzubringen, ist die Einbindung einer Produktempfehlung des Kunden in der Signatur. Zum Beispiel kann Herr Munz in der Signatur einen Tennisschläger empfehlen, mit dem er bisher sehr positive Erfahrungen gesammelt hat.
Dennoch ergibt sich die Frage, warum das Mitglied dazu *missbraucht* werden sollte, für den Shopbetreiber Werbung zu machen. Unter normalen Umständen machen Internet-User bei solchen Methoden nicht mit, es sei denn, Sie finden einen Weg, die Mitglieder dazu zu motivieren. Schaffen Sie WIN-WIN-Situationen und beteiligen Sie Ihre Mitglieder an Verkäufen, für die sie selbst verantwortlich sind. Es muss nicht unbedingt Geld fließen, alternativ können Sie Mitglieder mit immateriellen Werten innerhalb der Community belohnen oder ein Bonuspunktekonto anlegen, auf dem eine Gutschrift erscheint, mit dem der Kunde selbst wieder in Ihrem Shop vergünstigt einkaufen kann. So schaffen Sie eine zusätzliche Bindung an Ihren Shop.
Ein anderer Ansatz zur Nutzung von Foren ist die direkte Verbindung des Forums mit einem Produkt oder mit einer Produktgruppe. Vielleicht kennen Sie Online-Shops, in denen es Kunden ermöglicht wird, einen Beitrag bzw. einen Kommentar zu einem spezifischen Produkt abzugeben. Diesen Ansatz könnte man dahingehend erweitern, dass Sie Kunden zu einem Austausch über das Produkt auffordern. Diese Foreninformation kann sowohl im Online-Shop im Zusammenhang mit dem Produkt dargestellt werden als auch im allgemeinen Forum, bei dem per Link sofort in die Produktansicht im Shop gesprungen werden kann. Einzig komplex ist die Frage der Kategorisierung der Produktbeiträge innerhalb des gesamten Forums. Je nachdem, wie tief die Baumstruktur der Produktkategorien aus dem Shop sind, sollte man innerhalb des Forums zwecks einfa-

cherer Auffindbarkeit für die Mitglieder einzelne Produktbeiträge zu Produktgruppen aggregieren.

4.4.5 Social Commerce in Blogs, Podcasts und IPTV

Blogs sind Online-Tagebücher und wurden bereits detailliert im Kapitel 2.2 beschrieben. In unserer Sport-Community können Blogs zum Beispiel dazu eingesetzt werden, um persönliche Leistungstagebücher zu schreiben. Sportler beschreiben ihre Trainingsmethoden und ihre Vorbereitung auf sportliche Ereignisse, berichten ausführlich über neue Produkte, die sie ausgetestet haben, etc. Im Sport- und Fitnessbereich sind nahe liegende Themen auch ein Laufbuch für Marathonläufer, das andere potentielle Läufer lesen können und sofort einen Erfahrungsaustausch starten können.

Die Inhalte der Blogs müssen jeweils durch Tag-Systeme beschrieben werden, um auf dieser Basis die Leser der Blogs mit Produktinformationen zu versorgen, die zum Thema passen. Da es sich bei einem Blog um sehr persönliche Informationen handelt, ist eine direkte Kombination mit dem Autor des Blogs von entscheidendem Vorteil. Dafür sollten Sie durchdenken, inwiefern der Autor ein Interesse daran hat, sich mit Produkten zu identifizieren, die Sie über den Blog verkaufen können.

Insbesondere bei Blogs ist die Motivation der Autoren sehr wichtig, da gute Blogs für eine sehr hohe Bindung der Mitglieder an die Community verantwortlich sind. Wir raten dazu, die Autoren in 2-3 Kategorien einzuteilen. Vom Amateur zum Fortgeschrittenen bis zum Profi können Sie den Autoren zunächst einen Titel innerhalb der Community geben und - damit verbunden - von Punkten bis zu direkten monetären Provisionen an das Mitglied ausschütten. Achten

Sie aber darauf, dass die Inhalte der Blogs nicht umschlagen in eine *Geldmacherei* der Autoren, die nur noch die Produkte beschreiben, bei denen sie am meisten Provision erhalten. Gegensteuern können Sie mit einem Voting-System, so dass die Leser des Blogs die einzelnen Blog Beiträge bewerten und damit die Qualität der Blogs nach außen gesichert ist. Der Verkauf von Podcasts im Audio- und Videobereich schreitet voran. Sie können den Mitgliedern Ihrer Community die Möglichkeit geben, eigene Podcasts auf der Community abzulegen und diese an andere Mitglieder zu verkaufen. Alternativ können Sie Werbebotschaften in die Podcasts integrieren.

In einer aktuellen Studie von Forrester Research wird sich das Internet-TV zugunsten der Video-Podcasts verschieben. Ab 2008 werden Videos und Podcasts mit kurzen Werbebotschaften das Feld übernehmen. Nur 9% der Amerikaner haben je für ein Online-Video Geld bezahlt.[60]

Im IPTV Bereich gibt es diverse Social Commerce Ansätze als Finanzierungsmodelle. Beispielsweise können Sie bei dem Videoportal Anbieter *Sevenload*[61] ein eigenes Video hochladen und anschließend auf der eigenen Webseite als Widget einbinden. Allerdings wird nach Abspielen des Videos eine Werbung eingeblendet - eine erste Form des Social Commerce im Online-Videoformat.

Neben diesen werbefinanzierten IPTV Ansätzen gibt es klassisches Pay-per-view vom Anbieter *Maxdome*[62], der beim ersten deutschen IPTV Award 2007 in Berlin den ersten Platz im Bereich *Content* machte[63]. Über Internet können zahlende Mitglieder Filme auf dem

[60] Siehe Veröffentlichung am 21.05.2007 bei dopcast.de.
[61] Siehe www.sevenload.de.
[62] Siehe www.maxdome.de.
[63] Pressemitteilung „1. Deutscher IPTV Award in Berlin verliehen - 5 Preisträger erhalten die *Gold Auszeichnung* auf press1.de vom 31.08.2007.

heimischen Rechner oder mit einer Settop Box auf dem Fernseher sehen.

Unter dem Begriff *T-Commerce* werden Teleshopping Kanäle und Teleservices wie Beratung, Wetten, Reisen, Gewinnspiele etc. über IPTV angeboten, um direkt über die übertragenen Inhalte Einnahmen zu generieren.

4.4.6 Social Commerce in Gruppen

Wenn Communities mit der Zeit größer werden, hat das neben einigen klaren Vorteilen auch den Nachteil, dass die Community zunehmend anonymer wird und damit die Bindung der einzelnen Mitglieder abnimmt. In einer Untersuchung im Rahmen einer Bachelor Thesis an der *Cologne Business School* wurde nachgewiesen, dass ab einer Zahl von durchschnittlich 3000 Mitgliedern innerhalb eines Forums die Aktivität des Forums wieder rückläufig ist.[64] Aus diesem Grund sollte man Gruppen einführen, die Mitglieder selbst gründen können, um sich innerhalb großer Communities wieder kleine Inseln zu bauen, auf denen sich Gleichgesinnte treffen und austauschen können. *StudiVz* hat beispielsweise im August 2007 über 800.000 Gruppen zu den verschiedensten Themen.

Gruppen können sowohl vom Betreiber vorgegeben werden als auch im Rahmen des User Generated Content von den Mitgliedern der Community vorgeschlagen werden. Die Aktivität und die intrinsische Motivation der Mitglieder fördern Sie, wenn Sie diese selbst eigene Gruppen gründen lassen. Bei *XING* kann man die Gründung einer neuen Gruppe anfragen. Das Community-Management von *XING* überprüft die Relevanz und die bisherigen Gruppen zum Thema und

[64] *Beck*, T.: Analysis of the Determinants of User-Generated Content Production in Online Communities, unveröffentlichtes Manuskript, Bachelor`s Thesis, 2007.

gibt anschließend bei positivem Resultat die Gründung der Gruppe frei. Vielfach müssen dazu 1-2 Gruppenadministratoren genannt werden, die das Management innerhalb der Gruppe übernehmen.

Jede Gruppe kann folgende Komponenten besitzen:

- *Gruppenadministrator(en)*
- *Gruppenmitglieder*
- *Gruppentitel*
- *Gruppenbeschreibung*
- *Gruppentags*
- *Gruppenlogo*
- *Gruppennews*
- *Gruppenforum*
- *Gruppenkalender*
- *Gruppengalerien*
- *Gruppennewsletter*

Der Administrator kann die Eigenschaften der neu angelegten Gruppe einstellen. Dazu gehört Folgendes:

- *Offene vs. Geschlossene (mit Einladung) Gruppe*
- *Ansicht der Gruppe für alle vs. Freundesliste*
- *Rechte der Gruppenmitglieder (Lesen, Schreiben von Beiträgen)*

In unserer Sport-Community sind folgende Gruppen denkbar:

- *Sportrichtungen*
    - *Tennis*
    - *Fußball*
    - *Marathon*
    - *[...]*
- *Vereine*
    - *Tennis Rot Weiß Köln*
    - *1. FC Köln*

- *Gruppen rund um Gesundheit*
    - *Abnehmen mit Sport*
    - *Knieprobleme*

Herr Sieben ist begeisterter Sportler und wurde von einem Nachbarn überzeugt, für einen Marathon zu trainieren. Als Mitglied der Sport-Community sucht er unter der Rubrik *Gruppen* nach einer geeigneten Gruppe zum Thema und findet die gleich lautende Gruppe *Marathon*. Er meldet sich dort an und ist sofort als Mitglied der Gruppe aufgenommen, da es sich um eine offene Gruppe handelt. Der Gruppenadministrator Herr Renner begrüßt Herrn Sieben mit einer automatisierten Willkommensnachricht.

> „Hallo Herr Sieben,
>
> wir freuen uns, Sie in unserer Marathongruppe zu begrüßen. Tauschen Sie sich mit anderen Läufern aus, erzählen Sie uns von Ihren Lauferfahrungen und bewerten Sie nach Ihrer Kenntnis Produkte wie Schuhe und Shirts, die für einen Marathon von Nöten sind. Wenn Sie Neueinsteiger sind, besuchen Sie unser Forum „Marathon für Beginner - Die ersten Schritte“. Für gesundheitliche Fragen konnten wir als Mitglied bereits Frau Dr. Dreifuß gewinnen. Diese gibt Antwort auf Fragen im Forum „Gesundheitliche Fragen rund um den Marathon.
>
> Herzlichst grüßt
>
> Manfred Renner“.

Bereits in der Willkommensmail bietet sich die Möglichkeit, Produktinformationen darzustellen. Ein Produktranking der bestbewerteten Laufschuhe passt genauso hervorragend in die Gruppe *Marathon* wie eine Beschreibung der nächsten Marathonläufe gepaart mit einem

Link auf ein Hotelreservierungssystem, um bei der Teilnahme am Lauf eine Unterkunft zu buchen.

Eine Gruppe ist damit ein optimaler Ort, um die gemeinsamen Interessen als Basis zu nutzen, um zielgruppenorientiert zu werben. Beachten Sie bei der Bewerbung aber immer, dass es sich nicht wie Werbung *anfühlen* darf. Keine Banner, keine blinkenden Produkte, sondern klare Aufklärung, textuelle Informationen gepaart mit Profilgesichtern der Mitglieder, die das Produkt bewerten bzw. nach einem Kauf empfehlen.

4.4.7 Social Commerce im Kalender

Die Kalenderfunktion bietet auf einer Social Network Plattform den Mitgliedern die Möglichkeit, Termine für diverse Events einzusehen und zum Teil auch selbst einzutragen. Bei einer Sport-Community können Termine zu besonderen Sportereignissen wie Fußballspielen, Tennisturnieren und Eishockey über die Community kommuniziert werden. Je nach regionaler Zugehörigkeit des Mitglieds können die Events gefiltert werden, so dass für ein Mitglied mit Wohnsitz in Köln nur in Köln und Umgebung aktuelle Events angezeigt werden. Damit sich ein Kalender auch *von selbst*, also durch die Community füllen kann, bietet man den Mitgliedern die Möglichkeit, andere Mitglieder über neue Termine zu informieren, indem sie selbst einen Kalendereintrag vornehmen können.

Schauen wir uns zunächst mögliche Eingabefelder eines Kalendereintrags an, um darauf aufbauend zu analysieren, welche Social Commerce Komponenten integriert werden können:

- *Titel des Kalendereintrags / Events*
- *Termin (Datum von...bis, Uhrzeit von...bis)*
- *Ort*

- *Veranstalter*
- *Beschreibung*
- *Event-Art (z.B. Konzert, Sportspiel, Reise, etc.)*
- *Kosten*
    - *Gratis*
    - *Kostenpflichtig, Kosten pro Person, Bezahlart*
- *Anmeldung erforderlich oder nicht*
- *Anmeldefrist*
- *Zielgruppe (öffentlich, privat)*
- *Tags*
- *Bilder und Videos*
- *Website Link für weitere Informationen*

Um die Thematik zu veranschaulichen, erstellen wir den ersten Kalendereintrag in unserer Sport-Community:

Titel: Fußballspiel 1. FC Köln gegen Alemannia Aachen
Termin: 20.08.2007 um 20.15 Uhr
Ort: Rheinenergiestadion in Köln
Zeit: Veranstalter: 1. FC Köln e.V.
Beschreibung: Der 1. FC Köln startet mit neuer Mannschaft in die Saison gegen Alemannia Aachen.
Eventart: Profi-Sport-Fußballspiel
Kosten: 7,50 – 46 Euro
Zielgruppe: öffentlich
Tags: Fußball, Köln, 2. Bundesliga, 1. FC Köln, Alemannia Aachen
Website Link für weitere Informationen: koelnticket.de

Bei dem letzten Feld des Website Links deutet sich bereits die erste Integration einer Erlöskomponente an: Die Bestellung von Tickets für das Event kann über einen Link vermittelt werden. Mit einem Affiliate Partner Programm können Sie als Betreiber der Sport-

Community nachvollziehen, wie viele Personen Karten gekauft haben und wie hoch Ihre Provision ausfällt.

Zunächst kann dieses Kalenderevent bei allen Community-Mitgliedern eingeblendet werden, die in ihrem Profil das Hobby *Fußball* angegeben haben und im Raum Köln wohnen. Damit haben Sie bereits den Zielgruppenaspekt der Werbung bedient. Der Social Commerce Ansatz bringt nun weitere Community-Mitglieder ins Spiel. Für den potentiellen Besucher eines Events ist es interessant, wer aus der Community ebenfalls an dem Event teilnimmt. Dabei ist es für das Mitglied besonders interessant, wenn Freunde am Event teilnehmen. Freunde sind in diesem Fall Mitglieder, die zum Freundesnetzwerk bzw. zur Buddy-List hinzugefügt wurden.

Mitglied Herr Meier ist Fußballfan und erhält die Information, dass das FC-Spiel am 20.08.07 in Köln stattfindet. Dazu wird Herr Schmitz eingeblendet, der als Freund von Herrn Meier bereits als Teilnehmer des Events ausgewiesen wird.

Bei dem Business Network *XING* können Sie Termine eintragen und andere Termine einsehen, soweit diese öffentlich sind. Als Ersteller eines Events können Sie entscheiden, ob die Mitgliederliste für andere zu sehen ist oder nicht. Dabei sehen Sie, ob Mitglieder zugesagt haben oder eine *Vielleicht*-Zusage gemacht haben.

Professionelle Sportereignisse können Sie über Ticketplattformen und Affiliate Programme in Form von XML integrieren. Dabei integrieren Sie automatisch die Erlösschnittstelle und müssen sich nicht um die Abrechnung kümmern.

Wenn Ihre Mitglieder eigene Termine eintragen, wird die Integration von Erlöskomponenten schwieriger. Beispielsweise ist denkbar, dass ein Mitglied einen Fußballplatz regelmäßig einmal im Monat anmietet und dort ein Fußballturnier veranstaltet. Dafür nutzt das Mitglied die Kalenderfunktion, um innerhalb der Community Fußballspieler zu suchen. Natürlich können Sie die Eintragung von kostenpflichtigen Terminen, die Mitglieder selbst veranstalten, an kostenpflichtige Premiummitgliedschaften binden. Dies hemmt allerdings die Produktion des Contents. Deshalb sollten Sie überprüfen, welche alternativen Möglichkeiten existieren, im Rahmen der Kalenderfunktionen Erlöse zu generieren.

Einblendung von ähnlichen Events.

Verknüpfen Sie kostenlose Events mit einem Link zu weiteren kostenpflichtigen Events. So führen Sie die Mitglieder immer wieder zu einem Event, bei dem Sie Geld verdienen.

Produkt-Integration

Welche Produkte passen zu welchem Event? Soweit das Event mit entsprechend aussagefähigen Tags beschrieben ist, kann man die Schnittmenge der Produkttags ausfindig machen. Bei einem Fußballspiel können z.B. aus dem Produktkatalog des Sportartikelhändlers Fußball Trikots, Fußbälle und Fußballschuhe angezeigt werden. Wie bereits in vorherigen Kapiteln erklärt, sollte das Produkt wieder mit einem anderem Community Profil verbunden werden, um den potentiellen Kauf zu sozialisieren.

Sponsoren

Vielfach werden Events, insbesondere sportliche Events von Unternehmen gesponsert. Blenden Sie Sponsoren zum jeweiligen Event ein und vermarkten Sie die entsprechenden Werbeplätze. Beachten Sie aber, dass diese Form der Werbung kein Social Commerce im eigentlichen Sinne ist.

Gruppen-Kalender

Eine besondere Form des Kalenders ist der Gruppen-Kalender. Wenn Sie in Ihrer Community Gruppen ermöglichen, können die Gruppen eigene Events in einen Kalender eintragen. Dies birgt für Sie den Vorteil, dass Sie bereits über die Gruppe Informationen haben, die eine zielgruppenorientierte Werbung ermöglicht.

Ein weiterer Sonderfall eines nicht offiziellen Kalendereintrags ist der *Geburtstag*. Viele Communities blenden bereits den Geburtstag von Freunden aus dem Freundesnetzwerk ein. In erster Linie geht es darum, eine Gratulation nicht zu vergessen. Ein wunderbarer Ansatz für eine Erlöskomponente ist der Geschenkvorschlag. Eine Community kennt bereits auf der Basis der Community-Profile und gegebenenfalls auf Basis der Kaufhistorie die Wünsche eines Mitglieds. Die logische Konsequenz ist die Geschenkempfehlung mit direktem Kauflink für die Freunde des Geburtstagskinds.

Die hier vorgestellten Optionen, Social Commerce Komponenten in eine Web 2.0 Plattform zu integrieren, sind als Anregungen zu verstehen, die bisher noch kaum in der Realität abgebildet wurden. Vielmehr werden sich in naher Zukunft die Softwarelösungen in diese Richtung bewegen. Beachten Sie auch, dass Sie die Erlöskomponenten nicht an allen Stellen der Community abbilden sollten. Wir haben hier gezeigt, welche Optionen Sie in den einzelnen Community-Komponenten haben. Eine durchgehende Einbindung würde das Mitglied mit Kaufoptionen überfrachten und kann dann schnell *nerven*.

5 Web 2.0 und Social Commerce in der Praxis

Im vorherigen Kapitel haben wir gezeigt, welche Ansätze denkbar sind, Online-Communities und Web 2.0 Portale mit einem Online-Shop zu verweben und wie man Affiliate Systeme als alternative Erlöskomponenten integrieren könnte. In dem nun vorliegenden Kapitel werfen wir einen Blick in die Praxis, welche Social Commerce Modelle bereits heute existieren und wie erfolgreich diese sind. Am Ende des Kapitels fassen wir zusammen, welche Optionen wir für eine Web 2.0 Strategie im Rahmen des Social Commerce ableiten können.

5.1 Die Web 2.0 Werkzeugkiste

Die bisherigen Kenntnisse werden mit dem nun folgenden Werkzeugkasten zusammengefasst.

Zwei zentrale Fragen müssen Sie bei dem Bau einer Social Commerce Plattform beantworten:

1. *Wie produziere ich Content?*
2. *Wie produziere ich Einnahmen?*

Die Fragen haben einige Unterfragen, und wir gehen an dieser Stelle nicht explizit darauf ein, wie man Mitglieder auf die Plattform bringt. Diese Themen werden ausführlich in unserem Buch *Community Marketing Management* beschrieben.

5.1.1 Wie produziere ich Content?

Auf der folgenden Abbildung finden Sie einen Überblick über Content Produktionsoptionen. Im Web 2.0 können Sie Content auf zwei Arten produzieren; durch die Plattform selbst, d.h. durch ihre Mitglieder oder durch externe Plattformen, die ihren Content mit einer so genannten *API Schnittstelle* zur Verfügung stellen. Damit verweben Sie die Inhalte mehrerer Seiten und erstellen somit einen *Mashup*.[65] Nicht erwähnt wird an dieser Stelle die Content-Produktion durch eine eigene Redaktion. Diese Möglichkeit ist erstens mehr als offensichtlich und zweitens nicht Web 2.0.

Beim *User Generated Content* müssen Sie Ihre Mitglieder dazu motivieren, Inhalte zu erstellen. Dies kann auf zwei Arten geschehen: Durch monetäre oder durch nicht-monetäre Anreize.

Beteiligung an den Einnahmen.

Bei monetären Anreizen werfen wir zuerst einen Blick auf die *Revenue Sharing* (= Umsatzbeteiligung) Finanzierung. Soweit Sie mit Werbepartnern zusammen arbeiten, verdienen Sie an den *Klicks*, *Leads* oder *Sales* in Form von Provisionen mit.[66] Wenn Sie Mitglieder motivieren, die Produkte Ihrer Werbepartner zu promoten, können Sie die Mitglieder an den Einnahmen beteiligen, an denen Sie direkt mitgewirkt haben. Folglich entsteht sofort eine Motivation für das Mitglied in Form von potentiellen Einnahmen. Die Website *Edelight*[67]

[65] Siehe zu Mashup Kapitel 2.2.11.
[66] Bei den Konditionenmodellen unterscheidet man üblicherweise zwischen der Bezahlung für einen *Click*, *Lead* oder *Sale*. Klickt ein User auf den Link auf einer Homepage und gelangt auf diese Weise auf eine andere Webpräsenz, so erhält der vermittelnde Betreiber eine Bezahlung. Muss - dort angelangt - erst eine weiterführende Aktion stattfinden, z.B. die Bestellung von Informationsmaterial, so handelt es sich um einen *Lead*. Erst für diesen fließt die Provision. Die höchsten Provisionen gibt es in der Regel für einen *Sale*, also wenn der Vermittelte tatsächlich einen Umsatz generiert.
[67] Vgl. www.edelight.de.

bietet beispielsweise als Shopping-Plattform die Möglichkeit, andere Produkte aus unterschiedlichen Online-Shops zu bewerten und als Geschenk zu empfehlen. Sobald über den *Affiliate Link* des Shops ein Kauf zustande kommt, erhält sowohl der Betreiber der Plattform als auch das empfehlende Mitglied einen Revenue Share, also eine Beteiligung an der Provision.

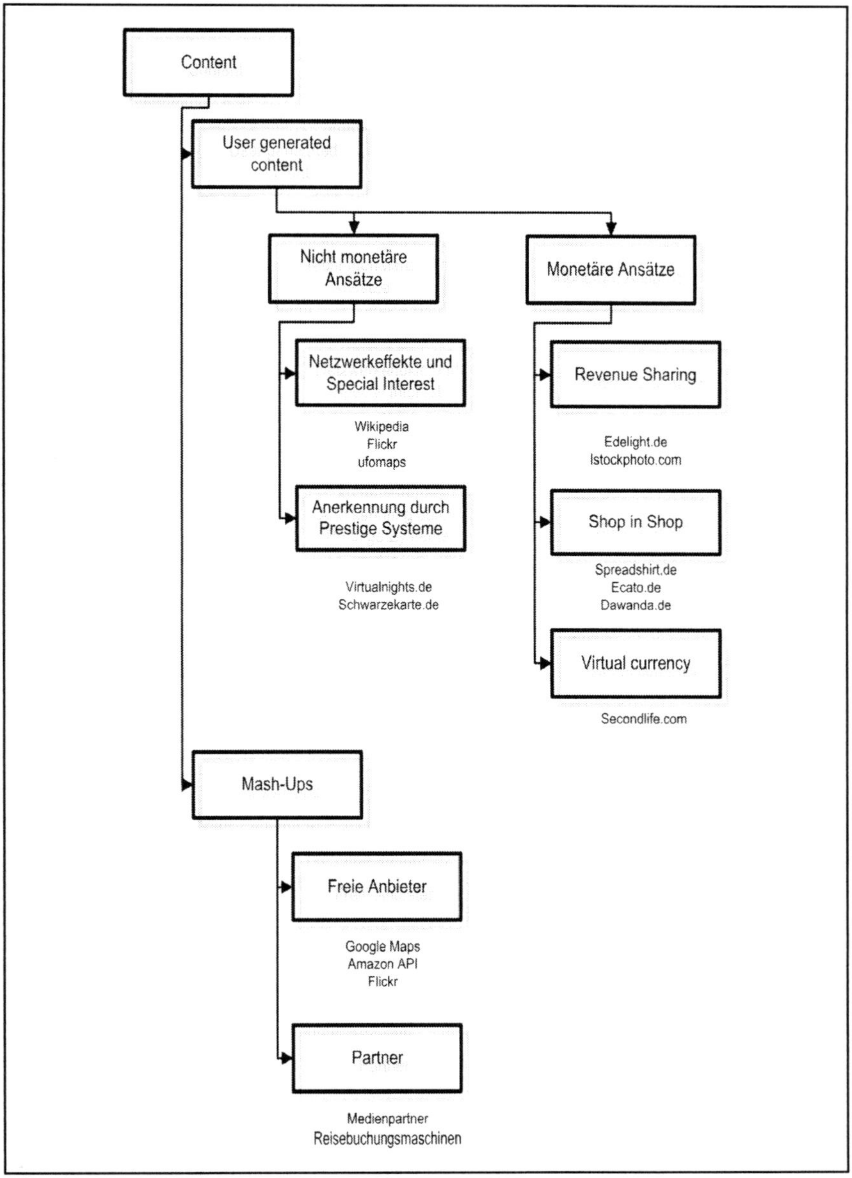

Abbildung: Übersicht über Content Produktionsoptionen

Einen ähnlichen Weg wie *Edelight* geht *Dealjaeger.de*, bei dem Menschen als kollektive Preissuchmaschine agieren. Wirft man aber einen Blick auf die bisherigen Einnahmen der Mitglieder, zeigt sich eine relativ geringe Gewinnerwartung für den Einzelnen. Laut *Gruenderszene.de* hat der User mit dem höchsten Verdienst 483 Euro erhalten. Bei den TOP 100 Mitgliedern wurde ein durchschnittlicher Verdienst von 41,52 Euro analysiert.[68]

Eigene Verkaufsshops für Mitglieder.

Bei *Shop in Shop* Systemen können Mitglieder der Plattform eigene Shops aufbauen. *Spreadshirt* ermöglicht hier, T-Shirts in einem eigenen Shop mit eigenen Designvorlagen anzubieten. Die komplette Logistik und die Zahlungsabwicklung wird von *Spreadshirt* übernommen. Auf diese Weise ist es möglich, sehr einfach in viele Länder Produkte zu verkaufen.

Ein eigenes Währungssystem für die Community.

Die virtuelle 3D-Welt *SecondLife* nutzt einen anderen monetären Motivationsansatz; es wurde eine *eigene Währung* geschaffen, die das Mitglied der Community in echtes Geld eintauschen kann. Genau so muss es anders herum erst einmal virtuelles Geld mit echtem Geld kaufen. Innerhalb von *SecondLife* entsteht eine komplette Handelsstruktur. Menschen werden Architekten und verkaufen virtuelle Häuser und Grundstücke in *SecondLife*. Andere beraten Unternehmen darin, in *SecondLife* eine eigene Präsenz aufzubauen. Erwähnt werden soll dabei, dass nach einer Erhebung der *W3B* 64,9 % der Mitglieder von *SecondLife* nach einmaligem Anmelden nicht wiederkehren.[69]

---

[68] Siehe http://www.gruenderszene.de/?p=184 vom 19.06.2007.
[69] Vgl. www.w3b.de die 24. Erhebungswelle der Internetstudie *WWW-Benutzeranalyse* Siehe auch Artikel *Der Millionen Dollar Friedhof* vom 02.06.2007 auf Spiegel Online unter http://www.spiegel.de/netzwelt/web/0,1518,486198,00.html.

Die Generierung von Content durch primär *nicht-monetäre motivierte Mitglieder* findet man insbesondere in sozialen Projekten. Auch der Aufbau des Internet Lexikons *Wikipedia* ist ein Beispiel für eine solche Motivation. Wie können Sie Mitglieder aus sich selbst heraus motivieren, Inhalte zu produzieren? Entweder ist die Generierung der Inhalte so einfach, dass ein Mitglied quasi nebenbei zur Produktion beiträgt, oder er hat ein übergeordnetes Ziel. Das Verständnis, dass nur durch die Nutzung von vielen Teilnehmern ein Netzwerk seinen Sinn für alle entfalten kann, haben die meisten Mitglieder entwickelt, die sich der Teilnahme an sozialen Netzwerken verschrieben haben. Neben der Produktion des Contents werben sie zusätzlich weitere Mitglieder, da sie vom höheren Ziel der Plattform überzeugt sind. Diese Form der Identifikation mit den Zielen der Plattform müssen Sie erreichen. Dafür sollten Sie klar analysieren, welche Motivationssysteme Sie bei Ihrer Zielgruppe ansprechen müssen. Als geeignete Lektüre weisen wir gern auf das Buch *Neuromarketing*[70] von *Hans-Georg Häusel* hin, das die neuesten Erkenntnisse der Hirnforschung für die Werbung und den Verkauf analysiert.

Schwarzekarte.de hat einen interessanten Weg gefunden, Mitglieder zu Organisatoren und Verkäufern zu machen. *Schwarzekarte* ist eine Community für Partyveranstaltungen, die speziell gut situierte Zielgruppen anspricht. Für jede Stadt wurde ein Organisator gebraucht, der die einzelnen Treffen und Veranstaltungen organisiert und bewirbt. Dafür erhält er den Titel *Botschafter* und wird auf den Veranstaltungen durch besondere Leistungen geehrt, wie beispielsweise einen eigenen Tisch oder Freigetränke.

Sowohl bei den monetär motivierten Mitgliedern als auch bei den nicht-monetär motivierten ergibt sich die Aufgabe, die aktiven Mitg-

[70] *Häusel*, H.G. (Hrsg.): Neuromarketing. Erkenntnisse der Hirnforschung für Markenführung, Werbung und Verkauf. (2007) München.

lieder aus der Masse aller Mitglieder möglichst schnell herauszufiltern. Diese müssen von Ihnen als Betreiber der Plattform gut behandelt werden. Mitglieder der Plattform müssen nicht unbedingt nur in eine der beiden Kategorien fallen. Vielmehr können Sie die Einstellung der monetär motivierten Mitglieder im zweiten Schritt zusätzlich durch nicht-monetäre Ansätze verstärken, indem Sie beispielsweise mit Prestige-Titeln arbeiten.

Die *Mashups* sind eine andere Form, um schnell Inhalte auf der eigenen Plattform zu präsentieren. Diese wurden bereits sehr detailliert im Kapitel 2.2.11 erläutert. Grundsätzlich nutzt man Inhalte anderer Plattformen, um diese auf seiner Webseite anzuzeigen und mit anderen Informationen zu kombinieren.

Beispielsweise bietet die Plattform *ufomaps* eine Kombination aus User Generated Content und der *Google Map* an. Besucher der Seite können sehen, an welchen Stellen auf dem Globus Ufos gesichtet wurden. Zusätzlich kann man auf den Ort klicken und erhält Fotos und Textbeiträge. Eigenartig, dass bisher nur in Amerika Ufos gesichtet wurden...

Die Mashup Webseite *walkscore.com* zeigt ebenfalls mit einer Map an, wie weit bestimmte Locations wie ein Park, ein Restaurant etc. von zuhause aus entfernt sind.

Die Mashup Seite *esfresh.com* kombiniert als Suchmaschine die Inhalte aus *YouTube*, *Wikipedia*, *Last.fm* und *Yahoo*. Sie können nach Ihren Lieblingskünstlern suchen und *esfresh.com* durchforstet die unterschiedlichen Plattformen und stellt die Ergebnisse in einer Liste dar.

In der obigen Grafik spiegelt sich bereits im Ansatz bei den monetären Motiven der Mitglieder der Plattform wieder, wie man mit der

Plattform und dem dort generierten Content Einnahmen produzieren kann. Darüber hinaus gibt es weitere Optionen, die wir im Folgenden beleuchten.

5.1.2 Wie produziere ich Einnahmen?

Bei der Generierung von Einnahmen kann man zwischen Möglichkeiten aus der Internet Ära Web 1.0 und Web 2.0 unterscheiden. Beginnen wir chronologisch mit Web 1.0.

Die Firma *Sevenload* ist eine Video-Community, bei der Mitglieder kostenlos Videos und Fotos auf die Community hoch laden können. *Sevenload* finanziert inzwischen diese Technologie mit Werbung, zusätzlich sind Investoren an Bord des Unternehmens. Das Geschäftsmodell von *Sevenload* sieht aber ebenfalls vor, die Technologie als *Whitelabel* (unter dem Namen des Kunden) zu präsentieren. Daraus können Sie ableiten, dass Sie, sobald Sie eine spezielle Technologie entwickelt haben, diese über ein eigenes Portal vermarkten können, aber die Technologie selbst auch hochpreisig an Unternehmen lizenzieren können. Neben der Vermarktung über das Portal nutzt *Sevenload* insbesondere die Widget-Technologie (siehe Kapitel 2.2.9), um *Sevenload* zu verbreiten. Dabei kann der User das Video, das hoch geladen wurde, über Kopieren und Einfügen des HTML Codes auf einer anderen Webseite einbinden.

Wenn Sie mit Ihrer Web 2.0 Plattform interessante Zahlen zu unterschiedlichen Themen generieren und interpretieren können, machen Sie daraus am besten *Marktforschungsstudien*. Soweit die Zahlen auf einer genügend großen Grundgesamtheit basieren, interessieren sich schnell einige Unternehmen und Institutionen dafür. Vielleicht eignet sich Ihre Community auch dafür, für bestimmte Unternehmen eigene Studien durchzuführen.

Bezahlte Mitgliedschaften zählen ebenfalls zum Web 1.0. Wir raten davon ab, zu Beginn sofort bezahlte Mitgliedschaften einzuführen. Viele unserer Kunden argumentierten, dass sie besser von Beginn an Mitgliedsgebühren nehmen, anstatt erst nach einer gewissen Zeit diese als Erlöskomponente einzuführen, da man die bereits gewonnen Mitglieder dann verärgern würde. Dazu muss man folgendes wissen:

1. Wenn man von Beginn an Mitgliedsbeiträge verlangt, werden sich viele potentielle Mitglieder überhaupt nicht anmelden.
2. Sobald man eine kritische Masse erreicht hat, kann man zusätzliche Funktionen für Mitglieder zur Verfügung stellen, die auch als klarer Zugewinn zum bisherigen Funktionsumfang wahrgenommen werden. Diese mit einer Premiummitgliedschaft zu vergebühren ist in Ordnung, so lange man diesen Weg klar gegenüber den Mitgliedern kommuniziert. Aber die Kommunikation an sich sollte im Internet bis auf ganz wenige Ausnahmen gratis sein. Der Bereich *Erotik* zeigt sich als eine der ganz wenigen Ausnahmen eine sofortige Zahlungsbereitschaft, ansonsten ist das Internet von der *Umsonstmentalität* der User gekennzeichnet.

Wie man hier vorgeht, sollte im einzelnen Fall - abhängig von der Zielgruppe und der Web 2.0 Strategie - abgestimmt werden.

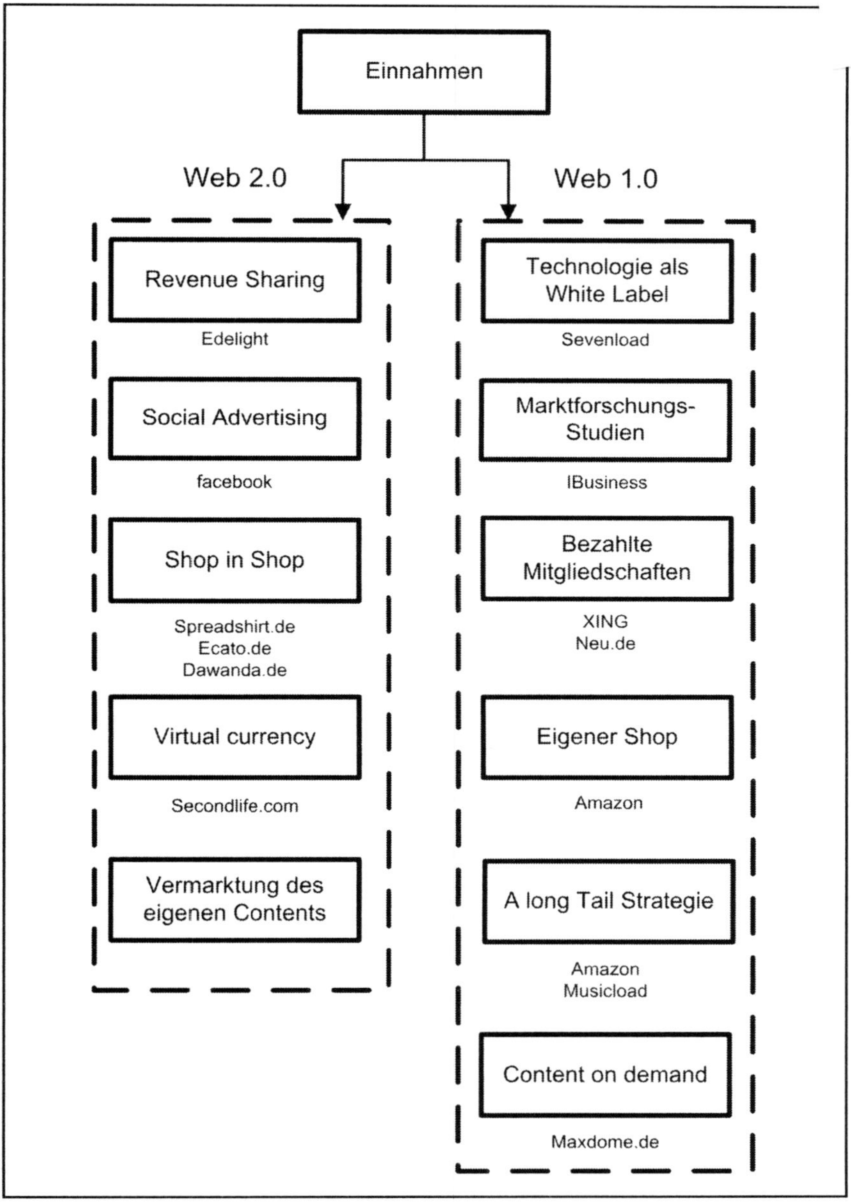

Abbildung: Einnahmepotentiale

Eine nicht zu vernachlässigende Gruppe sind die Business-Mitgliedschaften – erste Ansätze der B2B Generation im Web 2.0 sind bereits entdeckt. So bezahlt der Sportartikelhersteller Champion bei *Facebook* für den Betrieb der Gruppe *Fan Zone*. Auch bei *MySpace* engagieren sich zunehmend Unternehmen aus der Automobil,- Musik- und Sportbranche.[71] Sie versuchen, ihre Marken an virtuellen Orten zu platzieren, so wie es vor längerer Zeit auch *ADIDAS* mit einem eigenen Shop in *SecondLife* versuchte. Das wichtigste für Markenartikler ist, in Social Networks nicht allein als Marke, sondern vor allem als Mensch aufzutauchen. Wie schon vielfach in diesem Buch erwähnt, geht es um die Sozialisierung zukünftiger Käufe. Vor dem Kauf steht das Herstellen einer Beziehung an, und diese Beziehung sollte zwischenmenschlicher Natur sein. Wir werden schon jetzt und in der Zukunft erforschen, welche Strategien für Markenunternehmen erfolgreich sind, um sich dauerhaft in Social Networks zu platzieren und darüber Käufe zu generieren.

Der *eigene Shop* für sich genommen ist auch eine Web 1.0 Erscheinung. Dieses Buch klärt insbesondere im Kapitel 4 darüber auf, wie man den Online-Shop mit einer Community verbinden kann, um zusätzliche Einnahmen zu generieren und den Kunden stärker zu binden.

The „Long Tail" ersetzt die ABC-Analyse der Offline-Kunden.

Die *Long Tail Strategie* hat *Chris Anderson*, der Chefredakteur der Zeitschrift *Wired*, in seinem Bestseller *The Long Tail*[72] anhand zahlreicher Beispiele beschrieben. Nischenmärkte haben nach seiner Strategie mehr Chancen im Internet als Massenmärkte, da sich auch für sehr individuelle Produkte immer ein Käufer findet. So verab-

[71] http://www.themenblog.de/2007/08/netzwerke_als_alternative_zum_Banner.html vom 04.09.2007.
[72] *Anderson*, C.: The Long Tail – Nischenprodukte statt Massenmarkt. Das Geschäft der Zukunft. (2007) München.

schiedet er sich von der 80/20 Regel, nach der man mit 20 % der Produkte 80 % des Umsatzes macht. Bei einem Interview mit einem Geschäftsführer von einem Digitalen Musikvertrieb lernte Anderson, dass 98 % aller in diesem Fall 10.000 Songs mindestens einmal pro Monat verkauft wurden. Die Long Tail Strategie gilt insbesondere für digitale Produkte, da die Lagerung des Produkts so verschwindend geringe Kosten ausmacht, dass man eine sehr hohe Zahl unterschiedlicher Produkte anbieten kann. Mit Long Tail ist der Rattenschwanz gemeint, der bei der grafischen Illustration von Verkäufen in Bezug auf den Verkaufsrang eines Produkts nie Null wird (siehe folgende Abbildung).

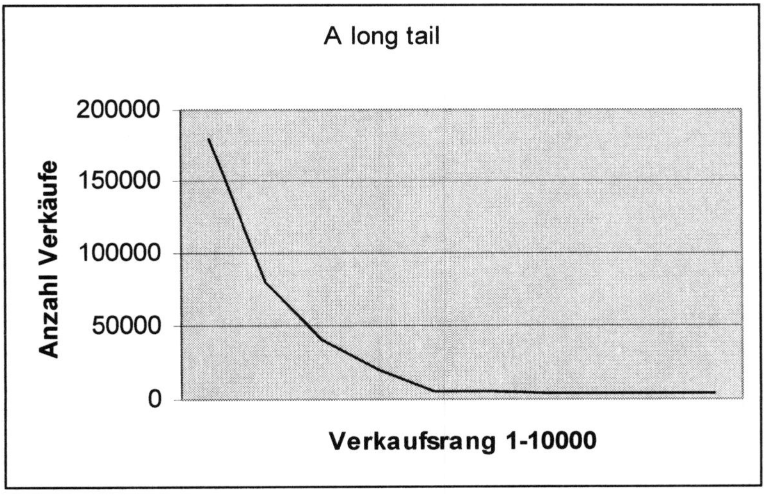

Abbildung: A long tail

Die Konsequenz aus der *Long Tail Strategie* und der *Shop in Shop Strategie* bedeutet, dass über große Plattformen nahezu alle Produkte angeboten werden können. Auch *Amazon* hat nicht alle Bücher im Angebot. Über Partner ist das Unternehmen aber in der Lage, über eine Plattform viele Nischenprodukte zu liefern. Laut

Anderson werden auch bei *Amazon* von den 100.000 Produkten auf dem Verkaufsrang jedes mindestens einmal pro Quartal verkauft.[73]

Bezahlte Inhalte

Die letzte Option zum Geldverdienen im Web 1.0 bietet die *Content on Demand* Technik. Da sie häufig einhergeht mit *IPTV* Technologie, ist die klare Trennung zum Web 2.0 nicht so strikt vorzunehmen wie bei den anderen Einnahmequellen.
Beliebige Inhalte können über die Plattform als *pay per view* Bezahlfunktion angeboten werden. Bei *Ibusiness.de* werden verschiedene Newsthemen kostenpflichtig angeboten. *Maxdome.de* bietet als digitaler Fernsehsender an, verschiedene Filme, Serien und Sportreportagen über das Netz zu empfangen. Wenn Sie interessante Inhalte ein- und wieder verkaufen können, sollten Sie diese Einnahmequelle überdenken. Beachten Sie aber, dass insbesondere textliche Inhalte vielfach irgendwo im Internet gratis gefunden werden können – die Umsonstmentalität schlägt wieder zu. Bestimmte Zielgruppen sind aber bereit, für Inhalte Geld aus zugeben, dies ist wieder abhängig vom Einzelfall.

Die Web 2.0 Erlös-Elemente *Revenue Sharing, Shop in Shop und Virtual Currency* wurden bereits im vorigen Abschnitt erklärt.

Soziale Werbung – Einbindung des Kunden.

Social Advertising bezeichnet den sozialisierten Verkauf. Auf der Basis von Profilinformationen der einzelnen Mitglieder einer Social Network Plattform werden in einem zweiten Schritt zielgruppenorientierte Anzeigen geschaltet. Sobald man noch den Empfehlungsmechanismus mit einbringt, hat man sehr große Chancen, ein

[73] Chris Anderson: The Long Tail – Nischenprodukte statt Massenmarkt. Das Geschäft der Zukunft. (2007) München, S. 10.

Produkt zu verkaufen und damit die Werbung erfolgreich einzusetzen. Sehr detailliert wird dieser Weg im Kapitel 4.4 Implementierung von Social Commerce in Communities beschrieben. Vorreiter ist derzeit *Facebook*, die als erste Plattform zielgruppenorientierte Werbung schalten. Leider ist diese zumindest zur Zeit immer noch als Werbung ersichtlich, da mit Bannerwerbung gearbeitet wird. Auch die Sozialisierung wird bisher kaum im Rahmen der Werbeschaltung eingesetzt.

Auch bei der *Vermarktung des eigenen Contents* werden Unternehmen wie *Facebook* eine Rolle spielen. Durch die Öffnung der Entwicklerschnittstelle ist es nun jedem Unternehmen möglich, eigene Programme für die *Facebook* Gemeinde zu schreiben und damit sehr schnell ein riesengroßes Publikum anzusprechen. Dies führt bereits dazu, dass Venture Capital Unternehmen wie *Altura Ventures* sich komplett darauf spezialisiert haben, die *Facebook*-Applikationen zu bewerten und zu unterstützen.[74] Hier wird wieder ein Crowdsourcing-Ansatz präsentiert, der es ermöglicht, aus sich selbst heraus weiter zu wachsen.

Insbesondere die Widget-Technologie wird über die *Facebook*-Plattform von anderen Herstellern vermarktet. Der größte Anbieter von Widgets ist derzeit *Slide*. Über die Integration von Werbung in Widgets erreicht *Slide* laut eigenen Angaben derzeit rund 120 Millionen Web User pro Monat.[75]

Wenn Sie Inhalte produzieren, die für andere Communities und sonstige Plattformen interessant sein kann, sollten Sie geeignete Schnittstellen entwickeln, so dass Sie den Inhalt exportieren und anderen per XML zur Verfügung stellen können. Wenn Sie WIN-

---

[74] Siehe http://ecommerce.typepad.com/exciting_ecommerce/2007/09/xtv-vc-gesprch-.html.

[75] Vgl. http://www.slide.com/static/about vom 04.09.2007.

WIN-Situationen schaffen, können Sie sehr schnell neben der Verbreitung der Aufmerksamkeit für Ihre Plattform zusätzliche Einnahmen generieren.

5.2 Crowdshopping und Affiliate Shopping

Unter dem *Crowdshopping* verstehen wir erst einmal das gemeinsame Einkaufen und das Empfehlen von Produkten unterhalb der Konsumenten. Sobald eine Empfehlung zum Kauf führt, kann der Empfehlende mit einer Provisionsbeteiligung belohnt werden – die Erlöskomponente des Revenue Sharings ist betroffen.
Wenn die Empfehlungsplattform andere Shops über Affiliate Systeme einbindet, spricht man auch vom *Affiliate Shopping*.

Affiliate Systeme sollten Sie bei einer eigenen Web 2.0 Plattform als Erlöskomponente prüfen. Inzwischen gibt es eine ganze Reihe von Affiliate Anbietern.

Sehr bekannt und mit einem großen Angebot an Affiliate Partnern (mehr als 1 Million Vertriebspartner in über 190 Ländern[76]) präsentiert sich die *Zanox.de AG*. Nach Anmeldung Ihrer Webseite bei *Zanox* können Sie sich für einzelne Werbepartnerprogramme (mehr als 2.000 Partner) bewerben. Nach Freischaltung durch den Werbepartner können Sie aus diversen Werbemitteln vom Banner bis zum individuellen Deeplink[77] in Form von Text wählen und in Ihre Internetseite einbauen. Aussagefähige Statistiken geben Ihnen Auf-

[76] Laut eigenen Angaben des Unternehmens www.zanox.de.
[77] Ein Deep Link ist eine „tiefe Verknüpfung", d.h. ein Verweis nicht auf die Eingangsseite eines Webauftrittes, sondern unmittelbar auf eine ganz bestimmte Unterseite, auf der z.B. ein Produkt oder eine Datei hinterlegt sind.

schluss darüber, wie viel Einnahmen Sie über die Affiliate Werbepartner erhalten.

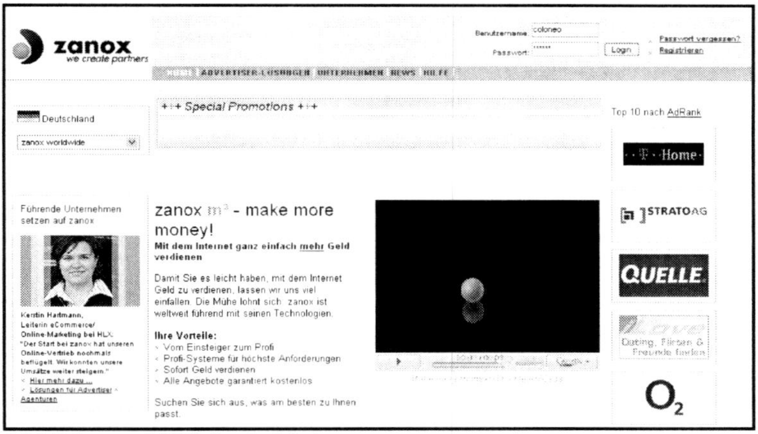

Abbildung: Affiliate Anbieter www.zanox.de

Weitere Anbieter sind z.B. *Affili.net* und *Adbutler*.

Eine neuartige Empfehlungsplattform namens *Edelight.de* positioniert sich als Geschenk-Empfehlungs-Community. Die drei Gründer *Peter Ambrozy, Steffen Belitz* und *Tassilo Bestler* haben die Social Shopping Community inzwischen zu einer ausgewachsenen Plattform mit Social Commerce Komponenten ausgebaut. Nach anfänglicher Eigenfinanzierung hat sich im Juni 2007 das Medienhaus *Burda* als Investor beteiligt.[78]

Die Mitglieder der Community können Geschenkempfehlungen geben und in externe Shops verlinken, soweit ein angebundener Shop das Produkt führt. Sobald über die Empfehlung ein Kauf zustande kommt, erhalten die Empfehlenden von der Verkaufsprovision 50

---

[78] Vgl. http://www.gruenderszene.de/?p=305.

%, die anderen 50 % behält *Edelight*. Damit wird der Content komplett über die Mitglieder der Community produziert.

Social Commerce findet sich insbesondere in der Beziehung von Konsument zu Konsument wieder. Eine authentische Empfehlung eines Geschenks hat eine völlig andere Wirkung als die Empfehlung eines Verkäufers. Diesen Trumpf spielen die Köpfe von *Edelight* als *USP (= Unique Selling Proposition)* aus. Problematisch ist jedoch immer noch die Authentizität der Nutzer: Wer sagt mir denn, dass das Mitglied der Community nicht gleichzeitig Inhaber oder Mitarbeiter eines Shops ist, das permanent die Artikel dieses Shops empfiehlt? Natürlich ist die Community wachsam und würde allzu auffällige Produktlinks in eine Richtung erkennen. Aber ein letztes Fragezeichen bei intelligent gemachten Community-Profilen bleibt bestehen. Mehr zu den Schwierigkeiten und Möglichkeiten der Authentifizierung von Internet-Usern finden Sie im Kapitel 6.2.

Wie aber werden die Produkte bestellbar gemacht? Zu Beginn ist *Edelight* Partnerschaften mit großen Online-Shops eingegangen. Inzwischen kommen immer mehr Online-Shops von selbst auf die Idee, bei *Edelight* vorstellig zu werden und eine Partnerschaft einzugehen.

Es zeigt sich daher auch eine Form des B2Bs: Soweit Sie einen eigenen Shop haben, können Sie eine *kostenlose* Anbindung an *Edelight* anstreben und Ihre Kunden dazu bringen, Ihre eigenen Produkte weiter zu empfehlen. *Kostenlos* bezieht sich darauf, dass keine Extrakosten anfallen, um das Produkt zu integrieren. Lediglich eine Provision wird fällig, sobald Ihre Produkte bei *Edelight* bestellt werden. Dazu bietet *Edelight* einen *Button* an, den Sie in Ihrem Shop auf den einzelnen Artikelseiten integrieren können und der es Ihren Besuchern ermöglicht, mittels einem Klick das jeweilige Produkt in die *Edelight* Community zu bringen und dort zu bewerben. Damit erreichen Sie sehr schnell die aktive Community von *Edelight*.

Dealjaeger.de hat ein ähnliches aber doch anderes Konzept umgesetzt, hier fungiert der Mensch als Preissuchmaschine im Netz. Im Gegensatz zu anderen Preissuchmaschinen wie *guenstiger.de*, die mit einer eigenen Software das Netz nach Schnäppchen durchsuchen, wird hier die menschliche Community zur Suche eingesetzt. Letztlich empfiehlt der User wieder ein Produkt, diesmal jedoch weniger als Geschenk, sondern mehr als preislich unschlagbares Angebot. Die Motivation der Preissucher wird wieder durch die Erlöskomponente *revenue share* angesprochen. Bei *Dealjaeger* erhalten die User zunächst Punkte.

Auch bei *Dealjaeger* ist die Vernetzung mit anderen Online-Shops wesentlich für die Bestellbarkeit von Produkten. Inzwischen arbeitet das Team von *Dealjaeger* spezielle Angebote für Online-Shop Anbieter heraus, die für einen effizienteren Einsatz zum Teil gut geeignet sind. Beispielsweise kann man sich als Betreiber eines Online-Shops bei einem seiner Produkte unterbieten lassen. Damit stellt man zunächst ein ausgewähltes Produkt seines Shops in *Dealjaeger* ein. Die Community wird nun darauf angesetzt, das Produkt woanders günstiger zu finden. Soweit dies nach einem bestimmten Zeitraum nicht gefunden wird, erhält der Shop die Auszeichnung *Dealjaeger geprüft*, die es auf der Website zeigen kann. Neben der Auszeichnung findet sich in diesem Service ein hervorragendes Marktforschungsinstrument für den Shop Anbieter.

Problematisch aus Sicht eines Online-Shop Anbieters ist lediglich die Vergleichbarkeit, die rein über den Preis geschieht. Insbesondere Communities sind ein geeignetes Instrument, um seine Kunden zu binden und damit nicht mehr länger allein über den Preis vergleichbar zu sein. Die Community wird jedoch nicht um das Produkt des

Shops gebildet, sondern über eine externe Shopping Plattform. Möglicherweise ist die Ergänzung einer eigenen Community hilfreich.

Ähnliche Anbieter:

- *Shoppero.de*
- *Deals.de*
- *Preisvergleich.de*
- *Slickdeals.net*

Von der Empfehlung des Produkts geht die Plattform *Livepersonalshoppers.com* einen Schritt weiter zur persönlichen Einkaufsberatung. Sie können auf Basis dieser Plattform einen Verkaufsberater direkt ansprechen und ihm individuelle Fragen stellen, beispielsweise dass Sie ein Geschenk für einen nahen Verwandten suchen. Der Verkäufer stellt Rückfragen über die zu beschenkende Person und bietet Ihnen dann live an Ihrem Bildschirm eine Auswahl an passenden Produkten. Zu den einzelnen Produkten können Sie Fragen stellen, die der Liveshopping-Berater Ihnen gern beantwortet.

Das Unternehmen *LivePerson* wurde bereits 1995 gegründet und hat sich auf die Erstellung von Chat-Technologie spezialisiert. Inzwischen an der amerikanischen Technologiebörse *Nasdaq* vertreten, gründete *LivePerson* die *Livepersonalshoppers* als Tochterunternehmen und bringt mit diesem Social Commerce Ansatz den persönlichen Verkäufer ins Netz.[79] Hintergrund der Plattform ist es, die Technologie an Großunternehmen zu lizenzieren, um den Online-Vertrieb zu verstärken.

---

[79] Vgl. www.livepersonalshoppers.com, siehe auch Zeitschrift TOMORROW, Ausgabe 2007/09 S. 48.

5.3 Shop in Shop Systeme

Werfen wir zum Verständnis dieses Prinzips einen Blick in die Offline-Welt. Wenn Sie im Einzelhandel tätig sind und nach einem Standort Ausschau halten, in dem Sie sich einmieten, bieten sich neben Fußgängerzonen auch große Shopping Malls an, die schon seit längerem die Großstädte und immer mehr auch kleinere Städte erobern.

Bei Shop in Shop Systemen im Internet ist das Prinzip das Gleiche: die Shop in Shop Plattform sorgt mit Werbung für genügend Besucher und wirbt Händler an, die ihren eigenen Shop innerhalb der Plattform aufbauen können. Der Vorteil für viele *neue* Internethändler liegt vor allem darin, dass der Aufbau des Shops sehr einfach geschieht und ohne Programmierkenntnisse möglich ist.

Der Anbieter *Tradoria.de* bietet ein solches Shop in Shop System oder auch Multi Commerce System in Deutschland an. *Tradoria* positioniert sich gegenüber Endkunden als Riesenshop mit einem sehr breiten Portfolio an Produkten und Services. Ein händlerübergreifender Warenkorb macht es dem Endkunden einfach, Produkte zu bestellen.

Händlern ermöglicht die Plattform, einfach und bequem einen Shop einzurichten. Zusätzlich partizipieren Händler an den günstigen Konditionen von DHL, da der Versand und die Zahlung komplett über *Tradoria.de* abgewickelt werden. Insbesondere für kleine Händler bietet die Plattform daher eine günstige Option, den Handel über Internet zu starten.[80] Die Gebühren gibt *Tradoria* auf der Webseite mit 8,5 % vom Bruttobestellwert pro Transaktion an, deckelt aber mit einer maximalen Gebühr in Höhe von 25 Euro pro Transak-

[80] Händlerinfo zu Tradoria siehe www.tradoria.info.

tion. Eine Transaktion versteht man als Bestellung. Die einmalige Einrichtung eines Shops schlägt mit 98,- Euro zzgl. MwSt. zu buche.

Bei *Tradoria* ist es völlig egal, welche Produkte Sie anbieten, da die Plattform sich für alle Produkte öffnet. Einen anderen Weg geht die bereits erläuterte Plattform *Spreadshirt*, bei der Sie nicht nur sehr einfach ein T-Shirt oder andere Textilien bedrucken lassen können. *Spreadshirt* bietet Ihnen die Möglichkeit, einen eigenen Shop auf Basis von *Spreadshirt* zu eröffnen. Dazu können Sie eigene Motive erstellen und diese auf Shirts, Hosen und sonstigen Textilien zum Verkauf anbieten. Die Logistik erfolgt komplett über den Anbieter, auf Wunsch sogar in mehr als 10 Sprachen. *Spreadshirt* schafft es auf diese Weise, sehr einfach eine Schar von Resellern um sein eigenes Kerngeschäft zu versammeln.

Einen ähnlichen Weg verfolgt die Plattform *Ecato.de*. Sie bietet einen allumfassenden Marktplatz, von dem aus andere Shops erreichbar sind und sie versteht sich als unabhängiges Shopping-Netzwerk. Bei diesen Shops handelt es sich um Partnershops. Wenn Sie eine Community oder Web 2.0 Plattform betreiben, können Sie einen *Ecato* Marktplatz integrieren, der Produkte darstellt, die sich mit dem Thema Ihrer Plattform auseinander setzen und Werbemittel sowie Preisvergleiche ermöglicht. Sobald ein Kauf über Ihren Marktplatz zustande kommt, erhalten Sie eine Provision. Das Modell ist vergleichbar mit den großen Affiliate Anbietern, vom Aufbau jedoch stark vereinfacht, so dass Sie mit wesentlich weniger Aufwand einen Marktplatz mit *Ecato* erstellen können.

Die Macher von *Ecato.de* vernetzen sich mit anderen Anbietern rund um das Thema Social Commerce und generieren über dezentral erstellten User Generated Content neue Werte. Beispielsweise stellen sie auf ihrem *Sparduell* Usern in Aussicht, ähnliche Produkte gegeneinander in einem Duell antreten zu lassen.[81]

Weitere Anbieter:

- *zlio.com*
- *chitika.com*

Amazon bietet seinen Resellern und Partnern mit den *Amazon AStores* die Möglichkeit, individuelle Shops zu erstellen, die bestimmte Produkte von *Amazon* integrieren und zum Verkauf anbieten. Auch Widget-Technologien werden bereits von *Amazon* eingebunden.

Die Shopping Mall *Etsy.com* ermöglicht es den Usern, handgemachte Produkte über einen eigenen Shop im Shop zu verkaufen. *Etsy.com* wird gern als *Ebay*-Nachfolger angesehen. Womöglich ist das ein Grund, warum sich *Burda* an dem Unternehmen beteiligt hat, das seit seiner Gründung im Juni 2005 inzwischen über 40 Mitarbeiter beschäftigt und über 300.000 Mitglieder zählt.[82] Natürlich dauerte es nicht lange, bis auch dieses Business Model kopiert wurde, in diesem Fall durch *dawanda.de*, das der *Holtzbrinckverlag* finanziert.

5.4 Crowdsourcing und Social Commerce

Beim *Crowdsourcing* geht es grundsätzlich darum, das Wissen und die Aktivität der Masse zu nutzen. Wie man mit dem Wissen der Masse Geld verdient, weiß die Plattform *threadless.com*. Die Mitglieder, im Juli 2007 bereits 500.000 an der Zahl, dürfen Design-

[81] Vgl. http://www.passionate-commerce.com/de/46/sparduell-enthuellt-neues-design/.
[82] Siehe http://blog.etsy.com/?p=375.

Vorschläge für T-Shirts erstellen. Die Vorschläge werden zunächst von den Mitgliedern der Community bewertet. Anschließend filtern ausgewählte Designer die Shirts. Die besten werden von *Threadless* gefeatured und verkauft. Zu Beginn des Jahres wurden von 120.000 Designvorschlägen 500 gedruckt.[83] Mit diesem Konzept verkauft das Unternehmen aktuell 3000 Shirts pro Tag.[84] Wirft man einen Blick auf die Organisation des Unternehmens, so wurde mit dem Crowdsourcing Ansatz die Entwicklung komplett an die Kunden ausgelagert.

Die Foto-Plattform *istockphoto.com* bietet Fotografen die Option, professionelle Bilder in die Community hochzuladen. Werbeagenturen und andere Nutzer der Plattform können die Bilder zur Nutzung für Internetseiten, Print etc. einkaufen. Als Bezahlfunktion nutzt *istockphoto* ein Credit System, das man mit echtem Geld aufladen kann. Jedes Foto kostet eine bestimmte Anzahl Credits, dabei wird bei jedem Foto noch einmal unterschieden, wie hoch die Qualität des Fotos sein soll. Im Gegensatz zu bis dahin professionell aufgetretenen Foto-Agenturen sind die Fotos zu einem sehr günstigen Preis zwischen ca. 1 und 10 Euro kaufbar. Die Plattform macht sich damit wieder die Masse der Fotografen auf der einen Seite zu nutze, die Content im Sinne von Fotos und neuerdings auch Videos produzieren. Auf der anderen Seite bietet *istockphoto* den Fotografen einen neuen Weg, mit ihren Fotos sehr unkompliziert Geld zu verdienen. *istockphoto* weist neben dem Crowdsourcing Ansatz auch den Long Tail Ansatz auf, nach dem jedes Foto einen Käufer findet, da ein Rattenschwanz an kleinen Käufen aufgrund der hohen Produktauswahl zustande kommt. Laut eigener Aussage verfügt das Unternehmen bereits über 2 Millionen Mitglieder und 2.300 exklusiven so genannten *Kontributoren*, d.h. Fotografen, die ausschließlich

[83] http://www.juxtaviews.com/2006/09/27/interview-threadless/.
[84] Siehe Jochen Krisch http://ecommerce.typepad.com/exciting_ecommerce/2007/06/threadless_erst.html.

für *istockphoto* produzieren. Durchschnittlich wird alle 2,5 Sekunden ein Foto heruntergeladen.[85]

Der individuelle Schuh – ein Beispiel,
wie Social Commerce bisher nicht zu Ende gedacht wurde.

Ein seit kurzem zu beobachtender Trend heißt *Mass Customization*. Dabei geht es darum, einerseits ein den individuellen Kundenpräferenzen nachkommendes Produkt anzubieten, andererseits die Kostenvorteile der Massenfertigung nicht aufzugeben – die *eierlegende Wollmilchsau*. Ein schönes Beispiel hierfür sind die führenden Sportschuhhersteller. Mittlerweile bieten *Adidas*, *Nike* oder *Puma* dem Konsumenten an, auf der Homepage seinen eigenen Schuh zu entwerfen. Das Spektrum reicht dabei von eher kleinen kosmetischen Veränderungen hin bis zur individuellen Wahl der Materialien und des Innenlebens des Schuhs. Dem Wunsch nach Individualisierung von Kunden wird damit zwar nachgekommen, das Konzept bleibt aber völlig hinter den Möglichkeiten des Social Commerce zurück. Zu Ende gedacht wäre die Idee des individualisierten Schuhs erst, wenn beispielsweise folgende Potentiale berücksichtigt worden wären:

1. Der Kunde kann nach seinem Kauf den Schuh anderen in einer Community präsentieren. Motiv der Selbstdarstellung wird bedient.
2. Der Schuh kann von anderen Community-Profilen bewertet und kommentiert werden. Motive des *Drangs nach Beeinflussung* und des *Gehört werden* kommen hier zur Anwendung. Es kann aber auch wirkliche Beratung geleistet werden.

[85] Siehe http://www.press1.de/ibot/db/press1.Leonce_1187953306.html.

3. Es werden Rankings in verschiedenen Kategorien des Bewertungsrasters veröffentlicht, z.B. das originellste Farb-Design, die beste Funktionalität, der meistverkaufte Schuh.
4. Der Kundendesigner kann direkt kontaktiert werden.
5. Andere können diesen Schuh direkt bestellen. Das Unternehmen senkt hierdurch Kosten durch Losgrößenerhöhung und erhält Feedback über Kundenwünsche und Trends.
6. Dem Kunden kann Exklusivrecht auf sein Design gewährleistet werden. Dadurch fühlt er sich gegebenenfalls besonders exklusiv behandelt und ausgezeichnet.
7. Andere können diesen Schuh als Grundlage und Anregung ihres eigenen Designs nehmen und fortentwickeln. Der ursprüngliche Kunde dient als Berater und Lieferant für Ideen, andere werden in ihrer Kreativität angeregt.
8. Der Kunden-Produktentwickler wird belohnt - entweder durch nicht-monetäre wie z.B. Special Feature in der Community, die meisten Votings, Seitenabrufe, besonderen Rechten in der Community oder durch monetäre z.B. durch Provisionen für den Abverkauf des von ihm entwickelten Designs. Dem Streben nach sozialer Anerkennung oder nach Verdienst wird dadurch nachgekommen.
9. Es wird angezeigt, wer diesen Schuh noch gekauft, empfohlen, etc. hat - so kann eine *Szene* und Trends entstehen. Andere Konsumenten können das nachfragen, was diese auch haben. Hier wird das Motiv des Wunsches nach Zugehörigkeit zu einer Gruppe bedient.
10. Unter allen individualisierten Schuhen werden Preise verlost. Auf diese Weise werden auch die hinsichtlich Kundenvotings weniger aussichtsreichen Kandidaten zum eigenen Entwurf und damit Kauf angeregt.

11. Kunden können Videos und Bilder hochladen, die die Nutzung des Schuhs zeigen. Selbstdarstellung des Kunden und Anregung für Zuschauer werden hier geliefert.
12. Es können Bilder/Videos von der Produktion des eigenen Schuhs abgerufen werden. Das Produkt erwirkt dadurch ein höheres emotionales Involvement beim Kunden.
13. Alle Videos/Bilder können per E-Mail versendet werden oder über andere Plattformen wie *YouTube* verbreitet werden. Dadurch wird das soziale Netzwerk des Kunden auf das Produkt aufmerksam. Der Kunde wird in seinem Wunsch nach Anerkennung befriedigt und das Unternehmen erhält Aufmerksamkeit und neue Kunden.
14. Alle Möglichkeiten werden über Schuhe hinaus auf andere Produkte des Unternehmens ausgeweitet.

An dieser Stelle wollen wir mit der nahezu kostenlosen Beratung für Sportartikelhersteller aufhören und hoffen, dass diese dennoch dezent unsere Kontodaten für das Honorar erfragen.

Es dürfte ausreichend klar geworden sein, welche Potentiale heute noch ungenutzt bleiben.

5.5 Event Shopping und Social Commerce

Event Shopping nutzt besonders stark das Marketing Element des *Storytelling*, d.h. es werden Geschichten erfunden und diese rund um das Thema Shopping erzählt, um die Webseite in Szene zu setzen.

Zwei sehr interessante Geschäftsmodelle möchten wir in diesem Abschnitt vorstellen, zum einen den *1-Produkt Kauf* mit so genannten *Live Shopping* Modellen und zum anderen die *blinde Rückwärtsauktion*.

Der 1-Produkt Kauf setzt am so genannten *Impulskauf Effekt* an. Wenn Sie im Supermarkt an der Schlange stehen und an der Kasse noch ein interessantes und günstiges Produkt sehen, kaufen Sie es spontan. Das 1-Produkt-Kaufportal preisbock.de aus Jena bietet jeden Tag ein Schnäppchen an. Für angeschlossene Händler bietet sich der Vorteil, über die Plattform neue Kunden zu erreichen, ohne dauerhaft den Preis halten zu müssen, da es sich um ein u. U. einmaliges Angebot handelt.

Ursprünglich kommt die Idee, wie bei den meisten Geschäftsmodellen, aus den USA. Unter dem Namen *woot.com* startete dort im Juli 2004 eine 1-Produkt Plattform, die inzwischen Umsätze von knapp 200.000 Dollar pro Tag bei rund 800.000 Mitgliedern (nach 3 Jahren) realisiert. Vor kurzem eröffnete *woot.com* Ableger für den Bereich Shirts und Wein.

Der amerikanische 1-Produkt-pro Tag Anbieter woot.com realisierte im August 2007 einen Umsatz in Höhe von 6 Millionen Dollar.[86]

Unter dem Namen *buyvip.de* wird einem geschlossenen Kreis an Community-Mitgliedern ein besonderes Produkt pro Tag zum Kauf angeboten. Über das Wort *vip* wird der hochwertige Zugang der Kunden zur Plattform positioniert.

---

[86] Siehe Jochen Krisch
http://ecommerce.typepad.com/exciting_ecommerce/2007/09/woot-august.html.

Weitere Anbieter dieser Art sind z.B.:

- *Schutzgeld.de*
- *Brandsforfriends.de*
- *Buyvip.de*
- *Yobri.de*
- *Dealirio.de*
- *Urdeal.de*
- *Makemydeal.de*
- *Sportlet.de*

Begeistert sind wir von der Idee der Plattform *Luupo.de*, die eine Art blinde Rückwärts-Aktion darstellt. Ein Kunde kann sich zunächst mit Luupos, der Währung der Plattform, eindecken (1 Luupo kostet 49 Cent, 10 Luupos ist die Mindestabnahme).
Im nächsten Schritt kann man sich für ein Produkt entscheiden, das man vielleicht kaufen möchte. Der ursprüngliche Preis wird angezeigt. Bei jedem *Nachschauen* des aktuellen Preises bezahlt man einen Luupo. Der Preis senkt sich damit um 40 Cent, der Rest wird von der Plattform sozusagen als Bearbeitungsgebühr einbehalten. Der Kunde kann dann entscheiden, ob er das Produkt sofort kaufen möchte oder nicht. Damit wird aus Händlersicht auf jeden Fall der korrekte Preis bezahlt. Mit jedem neuen *Nachschauen* eines Mitglieds sinkt der Preis um weitere 40 Cent, bis das erste Mitglied zum aktuellen Preis kauft.

Neben dem Sofortkauf bietet die Plattform auch den Gewinnkauf bei einigen Produkten an. Dabei gewinnt automatisch immer das Mitglied, das den letzten Luupo für ein Produkt bezahlt und damit das Produkt kauft. Auf diese Weise bezahlt das Mitglied nur 49 Cent für ein wesentlich teureres Produkt.

Natürlich spielt das Motiv der Neugier und des Spieltriebs eine wichtige Rolle. Typischerweise sind Schnäppchenjäger Teil dieser Zielgruppe. Auch die Erklärung der Plattform gegenüber potentiellen Mitgliedern ist auf den ersten Blick nicht ganz einfach. Als potentieller Kunde muss man sich ein wenig mit der Story von *Luupo* beschäftigen, bis man den Sinn versteht.

Ein Transfer der *Twitter.com* Plattform in Richtung Shopping erfährt die Shopping Community *shopalize.com*. Ganz nach dem *Twitter-*Ansatz *Was machst Du gerade?* stellt sich bei *Shopalize.com* die Frage danach, was man heute eingekauft hat. Das Mitglied kann ein Bild zum Kauf des jeweiligen Produkts hochladen. Auf Klick kann man sich die gesamte Einkaufsliste des Mitglieds anzeigen lassen. Ohne hier allzu sehr auf der Frau-Mann Frage herumzureiten, zeigt sich doch immer noch bei Gesprächen zwischen Frau und Frau solch ein Thema. Die neuesten Klamotten werden vorgeführt, die neuesten Accessoires gezeigt oder am Telefon beschrieben. Insofern schließt die *Shopalize* Plattform eine Lücke, obwohl sie bisher nicht gezielt das Segment der Frauen anspricht.

Zusammenfassend existieren bereits viele Social Shopping Konzepte, in denen Social Commerce Komponenten einfließen. In Zukunft wird sich unserer Meinung nach der Nischen-Shop Ansatz im Sinne des Long Tails verbreiten. Zielgruppenorientierte Web 2.0 Ansätze haben aufgrund der meist werbefinanzierten Erlöskomponenten einen für den Werbetreibenden wesentlich höheren Wert, insbesondere dann, wenn die Zielgruppe schwer zu erreichen und einkommensstark ist.

Super-Grannies, Greyhopper und Silver-Preneure – Zielgruppendifferenzierung unter den Best Agern im Web 2.0

Die Plattform *eadeo.com* zeigt (ab Anfang 2008) ein sehr ausgefeiltes Konzept, um die Zielgruppen der gutverdienenden jungen Alten anzusprechen. In Kooperation mit dem Zukunftsinstitut (*zukunftsin-*

stitut.de) entwickelten die Gründer Zielgruppensegmente, um die kaufkräftigen Älteren stärker in ihre Web 2.0 Welt einzubinden. Ausgangspunkt ist eine Community und ein Shop, der intelligent über diverse technische Verwebungen Erlöse generieren soll.
Eine auf die unterschiedlichen Zielgruppensegmente abgestimmte Kommunikationsstrategie wird auf der Grundlage der in diesem Buch dargestellten Mechanismen für einen effizienten Social Commerce Ansatz in die Community und in den Shop implementiert. Mit diversen Partnern, die die Kunden von *EADEO* als kaufkräftige Zielgruppe erkannt haben, werden sowohl Produkte als auch Content in die Plattform einfließen. Laut *Klaus-Jürgen Schrötter*, einem der drei Gründer von *EADEO*, erhalten die Mitglieder von *EADEO* eine neuartige Plattform, um sich zu vernetzen und *unter sich* zu sein. Da er die Zielgruppe kennt, sich selbst unter ihnen befindet und über ein weit reichendes Netzwerk verfügt, werden die klassischen Bedürfnisse bestmöglich abgedeckt, was bisher im Internet für diese Klientel zu kurz kommt. Damit beginnt *EADEO* eine weitere Lücke im Internet zu schließen.

6 Herausforderungen und Schlüsselfaktoren

In diesem Kapitel wollen wir die langfristigen Schlüsselfaktoren für erfolgreiches Unternehmensengagement im Social Web kurz vorstellen. Von den technisch und trendbedingten Entwicklungen sehen wir aufgrund deren Schnelllebigkeit der Entwicklung zunächst ab. Diesbezügliche Anmerkungen finden sich aber im anschließenden Kapitel 7.

Nutzerbindung
Vertrauen
Manipulationsgefahr
Unterschiedliche Aktivität
Glaubwürdigkeit
Web 2.0 Müdigkeit
Authentizität
Geringe Wechselbarrieren
Nutzeraktivierung
Stickiness

6.1 Aktivität und Bindung der Nutzer

In allen vorangegangenen Abschnitten haben wir das Web 2.0 als eine Welt beschrieben, in der für die Nutzer zuvor ungeahnte Möglichkeiten entstanden sind. Die möglichen Gefahren bzw. notwendigen Änderungen auf Unternehmensseite, aber vor allem die Chancen für Social Commerce wurden für uns dabei in den Mittelpunkt der Betrachtung gerückt.

Stillschweigend vorausgesetzt haben wir bei fast allen Betrachtungen, dass die Nutzer diese Möglichkeiten auch wahrnehmen. Ansonsten können die beschriebenen Potentiale nicht realisiert werden. Sie brauchen den Nutzer in den meisten Anwendungen zur Erstellung von Content oder der Übernahme weiterer Funktionen. Deswegen sollte man über die Frage, warum User überhaupt Web 2.0 Dienste nutzen, ein paar kurze Gedanken verlieren.[87]

Die Grundregeln

Die Grundregel ist so einfach wie zugleich komplex: Dem Konsumenten muss ein individueller Nutzen gestiftet werden. Sieht ein Internet-User keinen Nutzen auch nur im Lesen und erst Recht nicht im Erstellen des Contents ihres Dienstes, wird er dies aus seinem einfachen menschlichen Kosten-Nutzen-Kalkül heraus nicht tun - zumindest nicht wiederholt. Letzteres ist aber genau ihr Ziel.

Erzeugen Sie „Stickiness"

Wie im Offline-Business gilt auch im gesamten Online-Business, dass Kundenbindung kostengünstiger ist als Neukundengewinnung. Die zunehmende Vielfalt der Angebote, deren Verknüpfung durch Mashups und die Möglichkeit zum Erstellen eigener Inhalte und eigener ganzer Webauftritte erschwert beide Ziele.

Selbst wenn man es geschafft hat, Nutzer auf die eigene Website zu ziehen, so besteht die richtige Herausforderung darin, die mächtigen und verwöhnten Web 2.0 User auf der Seite zu halten - man spricht in diesem Zusammenhang von der *Stickiness (= Klebrigkeit)* einer Seite - und ihn erneut dorthin zu bekommen. Je länger und

[87] Wer sich ausführlicher für die Motivstrukturen interessiert, den verweisen wir auf unser Buch *Community Marketing Managment - Wie man Online-Communities im Internetzeitalters des Web 2.0 zum Erfolg führt.*

öfter er sich auf ihrer Plattform aufhält desto mehr Leistungen und Umsätze kann er dort für Sie generieren.

Die Motive sind vielfältig – von Geldgeier über den „Hilfssheriff" bis hin zum Gesellschaftsvertrag.

Wodurch man nun Nutzen erzielt, also welche Motive man befriedigen muss, ist von den jeweiligen Zielgruppen abhängig.
Relativ einfach sind die Nutzer zu motivieren, die aufgrund monetärer Anreize Aktivität entwickeln. Wir hatten beispielsweise das Konzept des *Revenue Sharing* vorgestellt. Durch die Beteiligung am Verkaufserfolg über Provisionen können Sie solch motivierte Kunden einbinden. Das Verhältnis geht auf diese Weise eher in eine B2B-Beziehung über.

Nicht-monetäre Motivation – meist spannender, aber komplex.

Spannender – weil oft kostengünstiger und aufgrund der hohen Authentizität wirksamer - können jedoch die eher intrinsisch bzw. nicht-monetär motivierten User sein. Die Vielfalt dieser nicht in so starkem Maße auf äußere Anreize reagierenden Nutzer ist recht vielfältig. Wir können hier nur die wichtigsten aufgreifen.

Soziale Anerkennung als Währung.

Ein Grundmotiv, das die meisten Nutzer im Web 2.0 gemeinsam haben, ist die soziale Anerkennung der eigenen Person, oder sehr unwissenschaftlich formuliert, das Motiv *geliebt zu werden*. Viele Menschen agieren im Web 2.0 einfach aus dem Wunsch heraus, sich selbst darstellen oder etwas beitragen zu können, das andere mit Aufmerksamkeit belohnen. Diese Belohnung erfolgt in der Währung des Social Web, die da heißt *Soziale Anerkennung und Zustimmung*.

Diese kann ich z.B. verteilen, indem ich einen Beitrag oder ein Profil einfach nur abrufe, bewerte oder sogar kommentierend aufgreife und fortentwickle. Auch der Beitritt zu einer Gruppe kann dazu genutzt werden, gewollte Aussagen mit meiner Person zu verbinden. Wenn ich eine Gruppe oder einen Freundeskreis eröffne und andere treten bei, ist dies sowohl eine Form der Anerkennung für den Moderator als auch für ein Mitglied, das neu aufgenommen wird. Genauso kann sich ein User geehrt und anerkannt dadurch fühlen, dass seine Hinweise in die Produktentwicklung aufgenommen wurden. Er gehört damit zur elitären Gruppe der ausgezeichneten Entwickler und hat das Gefühl an *seinem* Produkt wirklich mitgewirkt zu haben. Dafür wiederum bewundern ihn andere.

Die Uneigennützigen?

Geht man einmal von den vor allem in Communities ausgelebten Zielen der Selbstdarstellung, Kommunikation und sozialer Anerkennung weg, so sind auch deutlicher intrinsische Motive zu finden. Beispielsweise möchten Konsumenten andere in einem Blog darüber informieren, welches Produkt wirklich gut oder schlecht ist. Dieses Warnen oder Empfehlen kann dabei zwar wiederum von dem Wunsch, sozial gehört zu werden, angetrieben sein. Genauso gut ist es aber möglich, dass das weit verbreitete Prinzip der *Fairness* zu Grunde liegt. Hier handelt es sich um eine Art Gesellschaftsvertrag - andere haben mir mit ihren Bewertungen geholfen, also möchte ich dies auch tun, sonst funktioniert die kollektive Nachfragermacht nicht. In eine ähnliche Richtung, aber weniger kollektiv, ist das Streben von Nutzern nach der Bestätigung, anderen etwas Gutes getan zu haben oder einen *bösen* Anbieter bestraft zu haben - der *Hilfssheriff,* der Sie im Parkverbot vor seiner Haustür meldet, obwohl Sie Niemanden behindern, sei gegrüßt.

Keine Patentlösung – Motive Ihrer Zielgruppen identifizieren und befriedigen.

Nach der Vorstellung einiger möglicher Motive, die lediglich die Vielfalt der Nutzenarten und Kombinationsdeutlichkeiten andeuten soll, sind Sie vielleicht ein wenig unschlüssig, was in Ihrem Fall zu tun ist.
Einerseits können wir Sie beruhigen: Dass die von uns vorgestellten Web 2.0 Dienste so zahlreich genutzt werden, dass sie Märkte entscheidend beeinflussen, ist heute schon ein Fakt. Insofern brauchen Sie sich keine Sorgen zu machen, mit solchen Angeboten danebenzuliegen. Allerdings besteht Ihre unternehmerische Aufgabe darin, mit dem kennen gelernten Handwerkszeug den richtigen Baukasten für Ihre spezifischen Zielgruppen und deren Motive zusammen zu stellen. Eine Aufgabe, die unter Umständen nicht trivial ist, aber wenn es so einfach wäre, wären alle Unternehmer.[88]

Nicht alle Nutzer sind gleich aktiv.

Bei den schon erläuterten Aufgaben, Motivstrukturen und Werkzeuge in Einklang zu bringen, kommt Ihnen erschwerend hinzu, dass nicht alle Nutzer im gleichen Maß an den Möglichkeiten des Web 2.0 interessiert sind. Ganz im Gegenteil: Auch wenn die kritische Masse der aktiven Nutzer erreicht ist, um die Marktstrukturen erheblich zu verändern, so ist die Mehrheit der Nutzer bei den meisten Angeboten vor allem an der Nutzung und nicht an der Erstellung von Content interessiert. Im Fachjargon bezeichnet man diese User, die lieber nur lesen und verfolgen, aber nichts beitragen als *Lurker*[89]. Laut einer von mehreren, aber weit verbreiteten Daumenregel von *Jakob Nielsen* machen sie durchschnittlich 90 % aller Internetnutzer

[88] Gerne können Sie natürlich auch unser Angebot einer Beratung für ihren individuellen Fall in Betracht ziehen – leider aber kostenpflichtig ☺.
[89] Lurk = lauern, schleichen (engl.).

aus. Weitere 9 % steuern von zeit zu Zeit etwas bei, werden also zu *Contributors*. Lediglich 1 % erstellen regelmäßig Content und gehören dadurch zu den *Heavy Usern*. *Nielson* kommt somit auf seine *90-9-1 Regel* der Ungleichheit der Internetnutzung.[90] Allerdings räumt der Autor ein, dass es sich hier um eine Faustformel handelt, die je nach Internetdienst stark abweichen kann. Jedenfalls steht fest, dass nicht alle Nutzer eine ausgeprägte Bereitschaft haben, sich aktiv im Web 2.0 zu beteiligen. Wir gehen davon aus, dass der Anteil in Zukunft steigen wird, einfach, weil die Optionen noch weiten Teilen der Bevölkerung nicht bekannt sind. Dennoch wird es immer unterschiedliche Aktivität geben.

Ist die unterschiedliche Nutzung ein Problem?

Sie können die unterschiedliche Nutzung meist nur in gewissem Maße beeinflussen. Vor allem können zusätzliche Informationen über das Nutzungsangebot und das gezielte Setzen von Anreizen hilfreich sein.

Unter Umständen ist es aber auch gar nicht sinnvoll, zu versuchen, darauf einzuwirken. Entscheidend ist nur, dass ein ausreichend großer Teil der User heute schon die Möglichkeiten nutzt und die Strukturen in der beschriebenen Weise verändert – und zwar auch für alle anderen, die bei der Erstellung von Content nur zuschauen, aber bei den neu geschaffenen Angeboten als Konsumenten zugreifen. In den meisten Fällen ist es wahrscheinlich sogar hilfreich, dass es weniger *Heavy User* gibt. Denn es geht ja gerade darum, die aktivsten und einflussreichsten Nutzer zu identifizieren und in Ihre Social Commerce Aktivitäten einzubinden – zahlenmäßig weniger einzubinden, ist da meist einfacher als viele. Es reicht für einen Erfolg, wenn die *Lurker* daraufhin kaufen.

---

[90] Für mehr Details zur von Nielsen untersuchten Ungleichheit der Internetnutzung siehe: http://www.useit.com/alertbox/participation_inequality.html.

Aufpassen: Fehlende Repräsentativität.

Sehr wichtig ist es, die Ungleichheit in der Partizipation bei der Nutzung von Web 2.0 Usern in der Marktforschung zu berücksichtigen. Sie müssen dabei immer im Einzelfall prüfen, ob die Überrepräsentativität der Aktiven hinderlich ist, um auf den Geschmack der großen Masse zu schließen.

Web 2.0 Müdigkeit und User-Untreue.

Selbst wenn der Bedarf und die Möglichkeiten für Web 2.0 Aktivitäten noch lange nicht ausgeschöpft ist und viele Zielgruppen noch kaum erschlossen sind, so darf nicht vergessen werden, dass hier vor allem bei denen, die schon länger damit vertraut sind, sich eine gewisse *Web 2.0 Müdigkeit* einstellen kann und wird. Auch wenn Sie die Aktivität in einer Online-Community zeitweise immer wieder spannend finden, so gehen wir nicht davon aus, dass viele User in 10 oder 20 solcher Communities dauerhaft aktives Mitglied sein werden. Die für viele Zielgruppen bereits hohe Angebotsdichte führt zu einer hohen Wechselbereitschaft und geringer *Treue* der Mitglieder.

Kapitulation vor der Community.

Nachdem die Faszination des neuen ein wenig nachlässt, ist für viele User auch der Zeitpunkt der *Kapitulation* erreicht, wenn die Anfragen in sozialen Netzwerken überhand nehmen. Ab einem gewissen Level wird es einfach kontraproduktiv oder nervend, wenn einen die Angebotsvielfalt oder die Anfragen von Community-Freunden einfach erschlägt. Hier wird irgendwann eine Konsolidierung der Anbieter und eine Normalisierung der Aktivität bei den Usern einsetzen. Der Markt würde dann gesättigt sein – keine Sorge dies dauert aber noch. Für Sie geht es bis dahin darum, ihren Stamm an Nutzern aufgebaut und Ihre Marktposition gefestigt zu haben. Diese Nutzer sind wie in der Offline-Welt auch durch ein immer wieder auf die Zielgruppe abgestimmtes Angebot ständig neu zu motivieren. Nur auf diese Weise kann die Aktivität und Untreue im Falle eines Wechsels zu anderen Plattformen ihrer Nutzer maßgeblich verhindert werden.

Aus Inaktiven Lurker und Enthusiasten machen
– das Beispiel Ebay.

Wie erfolgreich die Einbeziehung von Web 2.0 Nutzern hinsichtlich der Aktivierung sein kann, zeigt ein interessantes Experiment, das die Redaktion des *Harvard Business Managers* zusammen mit *Ebay* durchführte. Über anderthalb Jahre wurde ein Panel mit 140.000 *Ebay*-Kunden durchgeführt, die in den vorangegangenen drei Monaten zwar etwas über die Plattform verkauft, sich aber nicht in einer der *Ebay*-Communities engagiert hatten. 79.242 dieser Kunden wurden zufällig ausgewählt, ab Mai 2005 an einer der *Ebay*-Communities teilzunehmen, während die restlichen 60.878 als Kontrollgruppe nicht zur Aktivität in einer Gruppe aufgefordert wurden. In den ersten 3 Monaten folgten 3.299 der Einladung und traten einer *Ebay*-Community bei, in der sie Beiträge schrieben, an Diskussionen teilnahmen und andere Mitglieder unterstützten. Sie wurden zu *Enthusiasten*, während 11.242 der Eingeladenen *Lurker* wurden, also keine eigenen Beiträge schrieben, aber die anderer lasen. In den nächsten 12 Monaten unterschied sich das Verhalten aller Beobachteten erheblich. *Lurker* und *Enthusiasten* stiegen doppelt so oft in Auktionen ein wie Nutzer der Kontrollgruppe. Sie gewannen bis zu 25 % mehr der Auktionen, zahlten um bis zu 24 % höhere Preise und hatten insgesamt bis zu 54 % mehr Geld auf der Plattform ausgegeben. Im Vergleich zu der Kontrollgruppe versteigerten die Enthusiasten bis zu viermal mehr Produkte und erzielten einen bis zu sechsmal höheren Umsatz im Monat.

Vergleicht man diejenigen, die zuvor lediglich als Käufer, nicht aber als Verkäufer agierten, so kam man ebenfalls zu extremen Ergebnissen: Fast zehnmal so viele derjenigen, die sich einer Gruppe anschlossen, versteigerten jetzt.

Direkter Umsatzanstieg als Folge der Community-Aktivität.

Der gesamte Umsatzanstieg für *Ebay* durch die höhere Zahl an Käufen und Verkäufen von *Enthusiasten* und *Lurkern* betrug im gesamten Jahr rund 56 % im Vergleich zum Vorjahreszeitraum. Der Versuch, Nutzer zur Partizipation in Communities zu stimulieren kann folglich als *mehr als gelungen* bezeichnet werden. Die erhöhte Community-Aktivität hatte zudem einen direkten enormen Umsatzanstieg zur Folge.

6.2 Glaubwürdigkeit, Vertrauen und Authentizität

Im Rahmen dieses so wichtigen Themengebietes werden wir zwischen 3 Bereichen differenzieren müssen. Zum einen gehen wir der Frage nach, wie Betreiber von Plattformen ein glaubwürdiges Produkt bereitstellen. Eng damit verknüpft ist die Frage der Authentizität der von Nutzern generierten Inhalte. Zuletzt widmen wir uns der Frage, wie Unternehmen, die keine Betreiber sind, sich grundsätzlich in diesem Kontext verhalten können bzw. sollten.

Das heutige Problem des Internets besteht in seinem Informationsüberfluss.

Der Aufstieg und die Macht des Internets liegen vor allem in seiner - gemessen an früheren Perioden - unfassbaren Geschwindigkeit und

Fülle an Informationen. Das frühere Problem zu geringer Informationsbasis hat sich in eine Situation des Informationsüberflusses umgekehrt. Für Nachfrager besteht aufgrund dieser Entwicklung in nahezu allen Branchen und Kaufsituationen der Bedarf für Filterung der Informationen im Interesse des Kunden.

Glaubwürdigkeit und Authentizität sind die Schlüsselfaktoren im Social Web.

Die Konsumenten werden diese Reduktion der Komplexität der Entscheidungssituation einem glaubwürdig uneigennützigen Berater danken, indem sie ihn für eine unabhängige Informationsfilterung bezahlen. Dies geschieht vielleicht nicht bewusst, aber dennoch geschieht genau dies. Vor vielen Jahren war das Prinzip schon bei den unabhängigen Finanzdienstleistern ein erfolgreiches Konzept und jedem geläufig. Die Kunden liefen diesen hinterher, weil sie den Dschungel an komplexen aber notwendigen Finanzprodukten und Versicherungen nicht durchdringen konnten. Sie waren bereit für Beratung zur Informationsfilterung zu zahlen, auch wenn vielen dies nicht wirklich klar ist, dass die Prämie für den Berater von der Kundenrendite weggeht. Finanzdienstleister, die festlegten, dass ihre Berater keinerlei Vergütungssteigerung dadurch erfahren konnten, dass sie die Finanzprodukte eines Anbieters bei der Vermittlung anderen vorzogen, galten als unabhängig von Eigeninteressen. Den Kunden konnte auf diese Weise glaubhaft vermittelt werden, dass die Beratung im Sinne des Kunden erfolgte und der Berater nicht seinen Informationsvorsprung dazu ausnutzte, ein für den Kunden schlechteres Produkt zu vermitteln, nur weil er als Berater von diesem Anbieter eine höhere Provision kassierte.
Was früher nur für solche komplexen Produkte wie Finanzen und Versicherungen galt, ist heute bei zunehmend mehr Produkten zu finden, weil deren Informationsvielfalt sowie die Auswahlmöglichkeiten im Internetzeitalter enorm gestiegen sind. Und genau wie die

unabhängigen Vermittler in der Finanz- und Versicherungsbranche werden die Internetplattformen erfolgreich sein, denen es gelingt, glaubhaft im Sinne der Nutzer Informationen, Güter und Dienstleistungen zu vermitteln.

In Zukunft werden mehr denn je Plattform-Konzepte erfolgreich sein, die es schaffen, glaubwürdig Informationen im Dienste des Kunden zu filtern.

Die enorme Wichtigkeit der Glaubwürdigkeit für das Vertrauen der Nutzer in den Web-Anbieter kommt beispielsweise in dem Bestreben von *Google* zum Ausdruck, Suchergebnisse von der Wichtigkeit der jeweiligen Seite für die Nutzer und nicht etwa von Geldzahlungen oder Einflussmöglichkeiten von Anbietern abhängig zu machen.[91] Für das Vertrauen in die natürlichen Suchergebnisse hält *Google* die schätzungsweise 200 Kriterien, nach denen die automatischen Suchrobots vorgehen, die die Wichtigkeit einer Seite feststellen sollen. Zudem straft das Unternehmen jeden Webseitenbetreiber nachhaltig ab, wenn diese gegen die Regularien verstoßen, in dem die Internetpräsenz aus den Suchergebnissen gestrichen wird.

Ähnlich essentiell wie für *Google* ist das Vertrauen für einen anderen Internetgiganten. Die Auktionsplattform *Ebay* wird nur genutzt und bringt dem Unternehmen Provisionen, wenn Käufer und Verkäufer darauf vertrauen können, dass das jeweilige Gegenüber die entsprechende Gegenleistung auch erbringt. *Ebay* stellt diese Glaubwürdigkeit durch den Bewertungs- und Reputationsmechanismus her, der die bewerteten Leistungen der Vergangenheit widerspiegelt und bei guter Reputation das Vertrauen und damit Verdienstmöglichkeiten eines *Ebay*-Mitglieds steigert. Ohne einen funktionierenden Reputationsmechanismus oder durchschlagende Manipulati-

[91] Für die Werbeanzeigen, die suchkontextabhängig am rechten Bildrand angezeigt werden, zahlen die Anbieter jedoch an *Google*.

onsmöglichkeiten würden *Ebay* und *Google* nicht oder mindestens nicht im gleichen Maße funktionieren.

Eine der größten Gefahren für Social Web resultiert aus seiner Anfälligkeit des User Generated Content für Manipulation.

Obwohl Gleiches wie für die aus der Dotcom-Ära stammenden *Ebay* und *Google* im Prinzip auch für die Plattformen des Social Webs gilt, ist die Problematik des Verlustes an Glaubwürdigkeit der Teilnehmer, Beiträge und damit der gesamten Website bisher noch nicht in nennenswerten Kollapsen zu Tage getreten. Genau hierin besteht aber die Nagelprobe. Aufgrund des geringen Alters des Web 2.0 wird bisher vor allem die Glaubwürdigkeit und Authentizität der von den Nutzern generierten Inhalte betont. Dass aber gerade diese Inhalte anfällig für Manipulation durch als User getarnte Anbieter oder für bewusste Fälschung durch profilneurotische Selbstdarsteller-User sind, wird Mitte des Jahres 2007 noch vernachlässigt.
Dreh- und Angelpunkt der Macht des Social Web hängt genau an diesem Charakteristikum der glaubwürdigen Informationen. Dementsprechend sollten gerade Soziale Webseiten darauf erpicht sein, die Authentizität ihrer Teilnehmer und Inhalte zu garantieren.

Bist Du wirklich Model?

In einer Flirt-Community mag es vielleicht noch verzeihbar sein, wenn man dort eine Menge *Fake-Profile* (= fingierte Profile) findet. Hier glaubt wahrscheinlich ohnehin kaum ein Mitglied, dass das Bild von *Model Svetlana aus Prag*, die sich zur Zeit sehr einsam fühlt, sich aber zufällig gerade in deiner Nähe aufhält, irgendeinen realen Hintergrund hat. Solange gerade die Anonymität des Internets und die Illusion eines Kontaktes dabei angestrebt wird, ist dies auch nicht weiterhin schlimm. Ärgerlich für den wirklich Bekanntschaft

Suchenden wird es aber spätestens dann, wenn er feststellt, dass es sich bei *Svetlana* um überhaupt kein reales Profil handelt oder dass beim arrangierten Treffen mehr als deutlich wird, dass ein geschöntes oder seit 20 Jahren nicht mehr aktuelles Bild ins Profil gestellt wurde. Ein solcher User wird sich abwenden und wenn ihm genügend andere folgen, wird der Community die Existenzgrundlage entzogen.

Avatare eröffnen die Möglichkeit in eine zweite Identität zu schlüpfen – oder in eine dritte, vierte,...

Noch mehr Möglichkeiten als Fake-Profile mit falschen Fotos bieten Plattformen, die *Avatare* verwenden. In der derzeit wohl noch bekanntesten Anwendung in der virtuellen 3-D Welt *SecondLife* wählt jeder Nutzer ganz bewusst seine zweite Identität eines Avatars. Diese künstlichen Stellvertreter im Netz mögen Vielen als nettes Instrument willkommen sein, eröffnen der Manipulation aber Tür und Tor.
Vielleicht diskutiert man als User in einem Forum mit 10 anderen und wird von den anderen schließlich überzeugt, deren Mehrheitsmeinung zu folgen – tatsächlich steckt hinter den neun Avataren aber vielleicht nur eine einzige reale Person, die den Masseneffekt ganz bewusst einsetzt, um mich zu überzeugen.

Eines der wichtigsten Beispiele aus dem Bereich der Macht der nutzergenerierten Inhalte, stellen die in den letzten Jahren stark aufgekommenen Hotelbewertungsplattformen dar, auf denen Urlauber ihren Aufenthalt nach verschiedenen Kriterien bewerten und mit ihren entsprechenden privaten Urlaubsbildern garnieren können.[92]

[92] Sollten Sie das Kapitel 3.3 über das Branchenbeispiel Tourismus gelesen haben, so kennen Sie diese Thematik bereits.

Die Macht der Hotelbewertungsplattformen könnte so schnell wieder schwinden wie sie gekommen ist, wenn die Urlauber den Glauben in die Echtheit der Kommentare verlieren.

Der Einfluss auf die Anzahl der Buchungen ist mittlerweile ganz entscheidend, da immer mehr Urlauber die Meinungen ihrer Vorgänger in ihrer Hotelwahl berücksichtigen. Beim deutschsprachigen Marktführer *holidaycheck.de* sind mittlerweile über eine halbe Millionen Hotelbewertungen zu finden, beim weltweiten Branchenprimus *Tripadvisor.com* sogar zehnmal so viele. Das Geschäftskonzept dahinter ist so einfach wie genial - Urlauber können sich hier durch die Schilderungen anderer Touristen informieren und mit wenigen Klicks direkt über die Plattform buchen. Da die Macht dieser Webseiten auch die Tourismusanbieter erkannt haben, ist der Anreiz zu Manipulation durch Hotelbewertungen, bei denen sich Hotels oder von denen Beauftragte als Touristen ausgeben, sehr hoch. Schnell kann man auf diese Weise die Weiterempfehlungsrate des eigenen Hotels steigern, die eigenen Schwächen in Bewertungen anderer herunterspielen oder den Mitbewerber durch schlechte Bewertungen schwächen.

Der Anteil der Fake-Bewertungen beträgt vielleicht 20 %.

Das Ausmaß solcher Falsch-Bewertungen kann heute nur grob geschätzt werden, da bei geschickter Vorgehensweise ein Nachweis schwer ist. Wir beziffern ihn in ganz subjektiver Einschätzung auf etwa 20 % mit steigender Tendenz. Solange die Urlauber dies nicht realisieren, wird die Bedeutung und der Anreiz zu Manipulation stark steigen. Verlieren die Urlauber jedoch den Glauben an die Echtheit der Kommentare, könnte die Macht der Bewertungsportale so schnell wieder verschwinden, wie sie gekommen ist. Wenn Nachfrager nicht auf die Authentizität der Kommentare vertrauen können, werden diese genauso wenig hilfreich bei der Hotelwahl sein, wie die blumigen Beschreibungen von Reisekatalogen der Touristikkonzerne.

Was können Unternehmen tun, um vertrauenswürdig zu sein?

Die Wichtigkeit von Glaubwürdigkeit von Beiträgen auf Internetplattformen jeglicher Art für die Macht des Social Webs haben wir bereits mehrfach betont. Die dabei erläuterte Formel ist kurz gefasst recht einfach: Damit Kommentare und Empfehlungen jeglicher Richtung glaubwürdig sind und Konsumenten darauf vertrauen, müssen sie authentisch und frei von Risiken der Manipulation sein. Glaubwürdigkeit und Vertrauen verfügen über eine charakteristische und aus Sicht vieler Unternehmen und Privatpersonen manchmal sehr ärgerliche spezifische Eigenschaft, die sie aber äußerst wertvoll macht: man kann es auf der einen Seite sehr schnell zerstören, aber andererseits dauert es sehr lange bis man es mühsam erworben hat.

Vertrauen wird mühsam erworben, nicht beschlossen.

Vertrauen wird nicht gekauft oder verteilt, sondern durch ständige Übereinstimmung von Ankündigungen und Taten sowie offene und faire Kommunikation geschaffen. Weicht man hiervon ab, kann diese Reputation durch einen einzigen Fehler vernichtet werden. Die Schlussfolgerungen für Unternehmen in Zeiten des Social Web sind leicht abzuleiten:
Die Grundregel heißt, seine Konsumenten und die totale Öffentlichkeit des Internets mit seinen Foren, Blogs und Bewertungsportalen zu jedem Zeitpunkt ernst zu nehmen.

Die Grundregel heißt, Kunden ernst zu nehmen.

Folglich sollten Fehler, Mängel und Verbesserungsvorschläge offen kommuniziert und nicht vertuscht werden. Negative Bewertungen werden im unkontrollierbaren Internet ihren Weg finden - ob ein Unternehmen dies mag oder nicht. Unmut entfaltet sich bestenfalls dort, wo man als Unternehmen Einfluss nehmen kann, z.B. im eigenen Corporate-Blog oder der eigenen Community. Dort kann ein Unternehmen nicht nur versuchen, den Schaden und die Verbreitung dadurch einzudämmen, dass sie progressiv und mit Ernsthaftigkeit auf die Beschwerden zugehen. Vielmehr muss jede berechtigte Negativmeinung als ein kostenloser Qualitätscheck betrachtet werden, aus dem Ideen für Produktverbesserung und -neuentwicklung gewonnen werden können. Von solchen wertvollen Kritiken zu unterscheiden sind jedoch unhaltbare Negativmeinungen und unsachliche Beiträge, die von getarnten Mitbewerbern oder einfach nur *Spinnern* und *Wichtigtuern* eingebracht werden, mit denen man leider immer rechnen muss. Selbstverständlich muss man auch hier höflich und lauter bleiben, sollte aber sachlich einwandfrei aufklären und einen unberechtigten Kommentar ruhig als solchen entlarven, denn auch darüber bilden sich aufgeklärte Nutzer im Social Web mittlerweile ihre Meinung.

Manipulation sollte ein absolutes Tabu sein!

Man darf nicht versuchen, seine Kunden über den Tisch zu ziehen und Meinungsportale zu manipulieren. In Zeiten der nie zuvor gekannt hohen Markttransparenz, in der nichts mehr verborgen bleibt, gilt mehr als je zuvor, dass Lügen kurze Beine haben. Die Wahrscheinlichkeit, beim Betrug entdeckt zu werden ist so hoch, dass das Risiko die langfristige Reputation zu zerstören, die Chance auf kurzfristige Manipulationsgewinne kaum überkompensieren können sollte. Die aufgeklärten Nutzer des Web 2.0 Zeitalters reagieren (zumindest bis heute) sehr allergisch auf Betrüger.

Ich kann nicht anders.

Wenn man die Bedeutung von Glaubwürdigkeit erkannt hat, kommt man zwangsläufig zur Frage, wie man als Unternehmen oder Marke den höchsten Grad an Glaubwürdigkeit und damit Vertrauen aufbauen kann. Die Antwort ist genauso trivial wie alt hergebracht und dennoch genial: Durch glaubhafte Selbstbindung, auf Neudeutsch auch *Commitment* genannt. Ein Versprechen - ebenso wie eine Drohung - sind dann am glaubhaftesten, wenn man keine andere Wahl hat, also man gar nicht anders kann als das Versprechen einzuhalten.

Selbstbindung schafft Glaubwürdigkeit und Vertrauen.

Besteht die Möglichkeit zum versteckten Betrug, z.B. weil ein Verkäufer einen Informationsvorsprung gegenüber dem Nachfrager über die Qualität des Produktes hat, nennt man dies in der Volkswirtschaftslehre ein *moralisches Risiko* (= moral hazard). Dies bedeutet, es besteht das Risiko, dass der Anbieter aufgrund seiner Verkaufs- und Gewinninteressen, den Nachfrager über den Tisch zieht - einfach weil er die Möglichkeit dazu hat. Dass das Risiko besteht, heißt nicht zwangsläufig, dass dem so sein wird, aber der Nachfrager muss eben darauf vertrauen, dass der Anbieter der Versuchung nicht unterliegt.
Bindet sich der Anbieter jedoch selbst, z.B. dadurch, dass er seine Kalkulation offen legt, Garantien gibt oder die Kunden in den gesamten Erstellungsprozess miteinbezieht, schafft er ein *Commitment*, das dem Nachfrager dieses Risiko nimmt. Der Anbieter wird so glaubwürdig wie nur möglich.

Beispielsweise heißt dies im Umfang mit Meinungsplattformen, dass auch negative Kommentare zugelassen werden oder das Einträge in einem Corporate Blog nicht erst einen Filter durchlaufen, wenn sie veröffentlicht werden.

Die Möglichkeit zur Schaffung von Authentizität sind begrenzt, aber man muss es schaffen.

Die Mechanismen, mit denen *Ebay* und *Google* versuchen, ihre Glaubwürdigkeit gegenüber den Internetnutzern zu garantieren wurden bereits erläutert – sie stellen vor allem ihre Unabhängigkeit und Manipulationsresistenz der Suchalgorythmen und Reputationsmechanismen in den Vordergrund.

Was können Web 2.0 Plattformen davon lernen bzw. wie können Sie Authentizität und damit Glaubwürdigkeit herstellen?

Eine Lösung könnte lauten, dass auch ein Web 2.0 Anbieter als eine Art *TÜV* die User zuerst authentifiziert bevor er deren Inhalten vertraut. Die Wahrscheinlichkeit von Falsch-Profilen und interessengeleitetem Content wird auf diese Weise erheblich reduziert. Gleiches gilt für die Verbreitung von illegalen Inhalten oder Verunglimpfungen und Belästigungen anderer Teilnehmer, wie sie heute in zahlreichen Communities zu finden sind. Letzteres kann heute nur sehr schwer verfolgt werden, z.B. durch die Speicherung von IP-Adressen – eine Möglichkeit die dem *normalen* Plattformbetreiber nicht unbedingt zur Verfügung steht.

Mitgliederauthentifizierung per Reco-Pix Fotoerkennung löst viele Probleme.

Eine sehr gute Erfahrung mit Authentifizierungsverfahren konnten die Autoren beim Aufbau von Communities im Nightlife- und Tourismussektor machen. Mit den eigenen Unternehmen *Coloneo* und *Holiday Smilers* verwendeten wir die eigens programmierte Fotoerkennungssoftware *Reco-Pix*, um Mitglieder sehr unkompliziert aber authentisch in eine Community zu bringen. Die Neu-Mitglieder werden vor Ort auf einem Event, z.B. auf einer Party oder im Urlaubsclub zusammen mit einem Codeflyer fotografiert. Der Fotograf lädt diese Profilfotos direkt auf die Community-Plattform. Der Gast behält seinen Flyer mit seinem darauf befindlichen individualisierten *Reco-Pix* Code. Mit diesem loggt er sich später erstmalig auf der Community-Startseite ein. Nach dem Login erscheint sofort das zu diesem Code gehörige Profilbild des Gastes auf einem neu angelegten Community-Profil. *Reco-Pix* hat ihn identifiziert und er kann sofort mit dem Ausfüllen seiner Profilangaben in der Community beginnen. Für den Gast stellt die Fotoakquise zunächst ein unterhaltsamen Event dar. Zudem wird er durch diesen Prozess und den Flyer, den er mitbekommt, in besonderem Maße auf die Community aufmerksam und später daran erinnert. Die Erstanmeldung und das Anlegen eines Profils wird weiterhin so einfach und verständlich wie nur irgend möglich. Im Vergleich zum herkömmlichen rein webbasierten Community-Wachstum sind hier kaum Kenntnisse auf Seiten des potentiellen Neu-Mitglieds erforderlich. Es muss nicht erst aufwendig erfahren, dass es die Webseite gibt, den Button zur Anmeldung finden und selbständig ein Profilbild hochladen. Diese gerade bei nicht internetaffinen Zielgruppen Angst einflößende Informationsbarriere wird durch die *Reco-Pix* Akquise überwunden.

Auch nicht internetaffine Zielgruppen können in die Community geholt werden.

Die Mitglieder werden dort abgeholt, wo sie sich in der Realität in ihrem sozialen Umfeld befinden, das einfach nur in die Online-Welt übertragen wird. Der Medienbruch wird mit diesem Instrument überbrückt.

Neben diesen Akquisitionsaspekten hat die Fotoauthentifizierung aber den entscheidenden Vorteil, dass sie garantiert, dass der

Mensch auf dem Bild auch tatsächlich aktuell so aussieht und der Inhaber dieses Profils ist. Die Bildinformation ist somit authentisch und Betreiber und alle anderen Mitglieder können sich sicher sein, um wen es sich handelt. Böse Überraschungen aufgrund gefälschter Bilder werden beim arrangierten *Date* somit vermieden.

Missbrauch wird vermieden.

Der Betreiber hat zudem den enormen Vorteil, sicherere Daten über die Profile sammeln zu können und die Kontrollkosten herkömmlicher Communities für Beseitigung von ungewünschtem User Generated Content oder Beleidigungen und Belästigungen anderer Mitglieder zu reduzieren. Erfahrungen unserer auf diese Weise aufgebauten Communities zeigen, dass solche Probleme praktisch nicht mehr existent sind. Zudem begrüßten die Mitglieder in Feedback-Mails durchgehend, dass sie nun wüssten, mit wem sie es zu tun hätten.

Man kann sicher sein, dass der Profilinhaber
der Mensch auf dem Bild ist.

Lediglich darüber gab es Beschwerden, dass einige Mitglieder sich unvorteilhaft abgelichtet fühlten. Im folgenden Akquiseterminen wurden deshalb sicherheitshalber von jedem Mitglied 3 Bilder geschossen, von denen eines als Profilbild ausgewählt werden konnte. Anschließend bleiben nur noch wenige ganz hartnäckige Fälle, deren Profilbilder der Community-Manager manuell gegen Bilder der User austauschte, wenn er es für echt und vertretbar aktuell hielt.

Zeig mir deinen Personalausweis
und ich sage Dir, wer Du bist.

Weniger elegant und betreuungsintensiver ist eine Authentifizierung über Ausweispapiere. Neu-Mitglieder schicken hier ein Foto sowie eine Kopie des Personalausweises an den Betreiber, der nach dem Identitätscheck das Profil freigibt. Da die Weitergabe solcher Ausweisdaten nicht unbedingt jedermanns Sache ist, entsteht hier jedoch eine Hürde, die das Mitgliederwachstum einer Community extrem hemmt, so dass uns derzeit keine Community bekannt ist, die dieses Verfahren noch allgemeinverpflichtend anwendet. Möchte man aber z.B. eine kostenlose Probemitgliedschaft auf der Partnersucheplattform *datingcafe.de* schalten, so muss man sich dort über eine Personalausweiskopie authentifizieren. Name und Alter des Mitgliedes werden so vom Betreiber verifiziert. Solche Mitglieder werden durch ein entsprechendes Symbol ausgezeichnet. Mitglieder, die sich kostenpflichtig freischalten lassen, werden allerdings nicht auf diese Weise hinsichtlich ihrer Identität geprüft.

Hauptsache, der User bezahlt?

Ähnlich problematisch wie Daten von Ausweispapieren ist die Authentifizierung über Kreditkarten oder sonstige Bankdaten. Auf der einen Seite werden diese Daten ohnehin benötigt, wenn z.B. Produkte oder Services gekauft werden müssen. Trotzdem tun sich viele User schwer, solch sensitive Angaben zu machen – vor allem, wenn sie gar nicht kaufen wollen, sondern sich nur z.B. in einer Community anmelden wollen. Aus Sicht des Betreibers löst diese Methode ohnehin nicht alle Probleme. Sie können nur die Angaben der Kreditkarte verifizieren und bekommen somit Ihr Geld. Welche Person jedoch über diese Daten vielleicht anonym verfügt, ist nicht eindeutig, da keine Bilddaten überprüft werden. Insofern kann die Plattform immer noch nicht die Echtheit der Profile garantieren.

„Nur gucken, nicht anfassen!" löst Wachstumshemmnis.

Zwar in weitaus geringerem Maße, aber dennoch prinzipiell wachstumshemmend ist auch die Fotoerkennungsakquisemethode, da nicht so viele Menschen fotografiert werden können wie sich über das Internet anmelden können. Dieses Problem kann aber dadurch gelöst werden, indem man nur fotoauthentifizierten Mitgliedern das volle Rechtespektrum mit allen Funktionen zugesteht und zusätzlich eine anonyme Web-Registrierung mit verminderten Rechten zulässt und so Wachstum ermöglicht. Die Webregistrierten werden dann durch das Prinzip *Nur gucken, nicht anfassen* geködert, sich beim nächsten Fotoevent registrieren zu lassen, über den sie per mail informiert werden.

Zu viel Kontrolle durch Fotoerkennung?

Kritiker mögen anmerken, dass durch solche Kontrollmechanismen der eigentliche Charakter und Charme des Internets verloren gehen würde. Dies mag ein Stück weit richtig sein, wenn es aber um den Erhalt der unermesslichen Vorteile des Webs für die große Mehrheit der Nutzer geht, genauso notwendig wie das Vermummungsverbot auf Demonstrationen, um steineschmeißende Chaoten zu identifizieren.

6.3 Kritische Fragen zur Relevanz von Web 2.0 und Social Commerce

Bei aller angestrebter Stringenz der Argumentation muss es auch erlaubt sein, kritische Fragen zu stellen, die die von uns beschriebene Entwicklung relativieren oder sogar anzweifeln. Die meisten basieren auf tatsächlich gestellten Fragen unserer Kunden, Kooperationspartner oder Studenten. Wir werden diese so ausgewogen wie möglich beantworten.

Werden *Web2.0* und *Social Commerce* nicht eher kurzfristige *Marketing-Buzzwords* anstatt ein langfristiger Trend sein?

Mag sein, dass sich in Zukunft noch mehr Schlagworte in der ganzen Thematik entwickeln und sich treffendere herauskristallisieren als *Web 2.0* oder *Social Commerce*. Die dahinter steckende Entwicklung des sozialen Netzes mit Teilnehmern, die in alle Richtungen kommunizieren und organisieren ist nachhaltig. Der Grund dafür?

Die Antwort ist so einfach wie einleuchtend, ohne dass wir irgendwelche wissenschaftlichen Begründungen aufbauen müssten oder könnten: Weil es immer so war und sein wird, solange es Menschen gibt. Menschen sind von Natur aus soziale Wesen und als solche haben sie Bedürfnisse, sich mitzuteilen und auszutauschen. Erst wenn Menschen aufhören, Freunde zu haben oder ganz generell in Gesellschaft zu leben, also keine sozialen Wesen mehr sind, ist Social Commerce zu Ende. Wenn sie dies tun würden, wäre aber ohnehin das Ende der Menschheit gekommen.

Social Commerce wird erst dann zu Ende sein,
wenn Menschen aufhören, soziale Wesen zu sein.

Wieder bemühen wir die Geschichte, die uns den Blick auf das schärft, was langfristige Gültigkeit hat oder anders ausgedrückt *uns den Wald zeigt, durch den wir gerade laufen*. 150 Jahre Massenmarketing haben die Wahrnehmung für den Kunden getrübt. Man sprach zwar immer wieder von individuellen Ansätzen und nannte dies *Direktmarketing, Dialogmarketing* etc. Aber eigentlich ging es dennoch darum, möglichst viel zu standardisieren und zu modularisieren. Stellvertretend wird dies in dem recht widersprüchlichen

Begriff *Mass Customizing* mehr als deutlich.[93] Letztendlich wollte man die Kostenvorteile der Standardisierung nicht aufgeben, nur weil der Konsument vielleicht etwas anderes wollte. Die in riesigen Losgrößen produzierten Güter mussten auch in diesem Maße verkauft werden und wurden deswegen über die in der Neuzeit verfügbaren Massenmedien Print, Radio, TV und Plakate beworben.

150 Jahre Massenmarketing haben die Wahrnehmung für den Kunden getrübt.

Infolgedessen wurde Unternehmen oftmals zu recht vorgeworfen, Produkte *in den Markt zu drücken*, die viele Menschen nur bedingt brauchen, aber irgendwann doch kaufen, weil sie sich der Werbung nur unzureichend entziehen können. Da dies im Social Commerce aufgrund der neuen Nachfragermacht nun nicht mehr geht, müssen Unternehmen jetzt umdenken.

Erst die historische Perspektive zeigt uns den Wald, durch den wir gerade laufen.

Wenn man es genauer betrachtet, müssen sie jedoch nur zu der Art von Business zurückkehren, wie er vor dem Zeitalter der Massenkommunikation in allen Branchen aussah. Hersteller produzierten nicht industriell, sondern mehrheitlich kundenindividuell. Ein Kunde ging zum Schneider, Metzger oder Tischler und äußerte seine Wünsche, nach denen anschließend gefertigt wurde. Vielleicht half er auch noch mit, wenn seine Hände gefordert wurden. War der Hers-

---

[93] Bei diesem ursprünglich aus der Fertigungstechnik stammenden *Oxymoron* geht es darum, gerade in der Massenfertigung nach individualisierten Maß zu produzieren. Auf diese Weise sollen einerseits die Kostenvorteile der Massenproduktion und andererseits der Wunsch nach Individualisierung der Produkte erfüllt werden. Als klassische Beispiele der Konsumgüterindustrie können *Levi`s*, *Nike* oder in kleinerem im deutschsprachigen Raum *Dolzer* herangezogen werden. Diese bieten die Möglichkeit, die Maße des Kunden einzugeben bzw. zu messen und die jeweiligen Kleidungsstücke oder Schuhe dementsprechend zu fertigen. Bei Folgekäufen kann man einfach auf die gespeicherten Daten zurückgreifen.

teller nicht direkt vor Ort, so bemühte man einen Händler seines Vertrauens, der Waren besorgen konnte, die nicht im Laden verfügbar waren. Ein gutes Produkt, ein guter Produzent oder Händler wurden weiterempfohlen oder gegebenenfalls davor gewarnt, entweder vom Käufer selbst oder von denen, die die Ware in Augenschein nahmen. Das Ganze geschah nur eben tatsächlich von *Mund zu Mund* im wahrsten Sinne des Wortes. Das war mehrheitlich das Marketing dieser Zeit - Empfehlungsmarketing, Mundpropaganda oder Neudeutsch Word-of-Mouth Marketing.[94]

Wir kommen durch Social Commerce zurück in die Zeit des Vor-Massenmarketing.

Damit haben wir den Kreis zu den Schlagworten geschlossen, die die prägenden Elemente des Web 2.0 Marketing von heute und morgen darstellen. Wir kehren also im Social Commerce des 21. Jahrhunderts zurück zum Marketing des Vor-Massenmarketing-Zeitalters.

Tupper-Parties waren auch schon Social Commerce – nur nicht virtuell.

Und auch zu Zeiten der Massenwerbung gab es sensationell erfolgreiche Empfehlungsmarketingkonzepte, wie die wohl allseits bekannten *Tupper-Parties*. Über die reale vernetzte Community der Hausfrauen, die sich zum Kaffee trafen und sich über Küchenprodukte austauschten, eroberten die *Tupper*-Produkte seit den 1950er Jahren die Küchen dieser Welt. Im Social Commerce geschieht im Prinzip nichts anderes. Nur geben die Kunden die Informationen nicht mehr einzeln von Mensch zu Mensch weiter, sondern nutzen das Internet als den virtuellen Raum. Die Verbreitungseffekte posi-

[94] Die Begriffe wurden bereits in Kapitel 3 erläutert.

tiver und negativer Art sind hier ungleich höher, da die Information aufgrund der verschwindend geringen Kosten massenhaft und zeitlich unbegrenzt zur Verfügung steht.

Ist Web 2.0 nicht eher ein typisch amerikanisches Phänomen?

Die Frage ist im Prinzip schon beantwortet. Im Internet spielen nationale Grenzen keine Rolle, eher sind kulturelle Unterschiede von Belang. Besser muss man die Frage stellen, warum modische wie nachhaltige Entwicklungen in Deutschland spätestens seit Ende des 2. Weltkrieges mit einer Zeitverzögerung – meist aus USA - ankommen. In Sachen Fast Food, Trendsportarten, Mode mag es vielleicht an der höheren Dynamik der amerikanischen städtischen Gesellschaften entlang der Ost- und Westküste liegen. In Bezug auf Web 2.0 vielleicht zum einen an der noch größeren technischen Ferne und kritischer Grundhaltung gegenüber der Nutzung und Freigabe von Daten vieler Gesellschaftsschichten in Deutschland. Zum anderen mag auch die noch überschaubare Zahl durchschlagender Geschäftsmodelle aus heimischen Gefilden ein Grund sein.

"A banker is a fellow who lends you his umbrella
when the sun is shining, and wants it back the
minute it begins to rain."
Mark Twain

Dies wiederum hat einen seiner Gründe in der weitaus skeptischeren Haltung der Investoren hierzulande. Jeder Start-up, der auf Suche nach Risikokapitalgebern für sein Web 2.0 Projekt war, wird den gut gemeinten Tipp gehört haben, *es eher in Amerika zu versuchen*. Und ohne Kapital ist eine Expansion in den meisten Fällen nicht möglich. Exemplarisch sei ein Start-up genannt, das als Feedback auf seine Präsentation den Hinweis erhielt, dass es ein sehr interessantes Konzept sei und man sich finanziell engagieren wollte, aber man noch abwarten wollte, bis von den Gründern mehr Werte aufgebaut seien und Geld verdient werde. Klingt wie ein Witz, stammt aber aus dem Munde einer deutschen Gruppe, die sich als *Venture Capitalist* bezeichnet, wohl zu Unrecht, denn wenn der beschriebene Zeitpunkt gekommen ist, braucht man diesen Investor meist nicht mehr – das *Venture* = Risiko existiert dann nicht mehr!

„Bank – eine Einrichtung, von der Sie sich Geld leihen können – vorausgesetzt, Sie können nachweisen, dass Sie es nicht brauchen."

Mark Twain

Das in einem solch risikoaversen Umfeld keine ausgesprochene Dynamik durch Unternehmer entstehen kann, ist klar.

Vielleicht werden nur ganz wenige internet-affine Zielgruppen, aber nicht die große Masse vom Social Commerce erfasst?

Natürlich muss man bedenken, dass die begonnenen Entwicklungen nicht wirklich alle Menschen erfassen könnten. Aktuelle Publikationen in Zeitschriften und Blogs gehen in der Mehrheit vielleicht ein wenig zu einseitig davon aus, dass *die Konsumenten von morgen* das Mitmach-Web bzw. Selbstmach-Web wollen, sich an Votings beteiligen, Content erstellen, etc. Dies ist sicherlich in seiner Gänze ein Trugschluss. Warum? Erstens, weil es *die Konsumenten* nicht gibt und zweitens, weil die große Masse der Menschen nie aktiv war, es heute nicht ist und es wohl auch in Zukunft nicht sein wird.

Es ist ein Fehler zu glauben, dass sich die Masse radikal ändern möchte.

Viele Technologiepropheten gehen bei ihren Prognosen davon aus, dass sich die Mehrheit der Menschen alle paar Jahre radikal ändern will. Dies trifft jedoch bestenfalls für eine relativ kleine dynamische Elite zu, so dass die Erwartungen und die Breitenwirkung und die Geschwindigkeit nicht eintreffen. Wahrscheinlich wird sich die *Trägheit der Masse* der Konsumenten in wenigen Jahren *herauswachsen*, wenn die Generationen, die mit Web 2.0 groß geworden sind, die Mehrheit stellt. Die Analyse heutiger Web 2.0-Konzepte zeigt uns jedoch eins mehr als deutlich, das dagegen spricht: Auch heute ist ein verschwindend geringer Teil der Web 2.0 User wirklich aktiv, schreibt Beiträge, kommentiert, empfiehlt, etc. Die Mehrheit beschränkt sich immer noch auf das Konsumieren von Informationen, die andere erstellt haben.

Lurker und Contributors – ein Experiment.

Bei einem Feldversuch haben wir in einer gut besuchten Gruppe in dem Business-Netzwerk *XING* einen provokativen Beitrag darüber geschrieben, dass *XING* bei der Akquise von Neukunden nicht hilfreich ist. Der Beitrag wurde in der ersten Woche ca. 10.000 Mal abgerufen. Auf diese Weise haben wir sehr schnell eine sehr hohe Zahl an Lesern erreicht, die sich manche Lokalredaktion oder Nischenblatt wünscht. Immerhin 140 Antworten schrieben andere aktive Mitglieder des Business-Netzwerks. Dabei zeigt sich bereits das Verhältnis von aktiven und passiven Mitgliedern.

Es darf ruhig ein bisschen weniger sein.

Viele wissen noch nicht, was möglich ist und mindestens ebenso viele möchten überhaupt nicht ihr eigener Regisseur des

Internets sein. Wenn es aber darum geht, die Marktverhältnisse so gravierend zu verändern, wie wir es beschreiben, reicht es, wenn wenige Aktive die Möglichkeiten nutzen und die Mehrheit auf diese zurückgreift und sich in den Kaufentscheidungen leiten lässt. Insofern wird die Gesamtheit der Konsumenten erfasst, wobei die Verteilung auf die jeweiligen Rollen recht unterschiedlich sein kann.

Ist Web 2.0 nicht nur etwas für junge Leute?

Richtig ist, dass noch Unterschiede zwischen verschiedenen Altersgruppen hinsichtlich der Begeisterung von Web 2.0 Diensten bestehen. Insgesamt scheinen die User jenseits der 50 Jahre skeptischer dem Web 2.0 mit seinen Mitwirkungs- und Selbstdarstellungsmöglichkeiten gegenüberzustehen als junge Leute.

Ältere noch skeptisch.

Eine interessante Studie der Kölner *Result GmbH* aus dem Oktober 2007 mit dem Titel *Web 2.0 und die Generation 50+* kommt zu einem wichtigen Unterschied in der Mentalität der Internet-Nutzung. Für die ältere Generation steht demnach die Informationsbeschaffung im Vordergrund der Web-Nutzung. Folgerichtig ist *Wikipedia* auch die bekannteste und beliebteste Web 2.0 Seite. Auch Kommunikation ist ein wichtiges Motiv für Senioren. Sie bleibt aber vorwiegend auf bestehende Freundes- und Familiennetzwerke beschränkt.

Zeitverschwendung?

Der wichtigste Unterschied besteht in der stärkeren Ergebnisorientierung der Älteren. Sie surfen in der Regel nicht *einfach mal so*. Bleiben sie dennoch länger als geplant auf einigen Seiten, so empfinden sie dies eher als die Jüngeren als Verschwendung. Die Befragten bewerteten die unter den Jüngeren extrem erfolgreichen Konzepte *MySpace* und *Sevenload* eindeutig als *Fun-Seiten für Jugendliche*. Die Seite von *blog.de* erschloss sich den Befragten unter 10 angebotenen Websites am wenigsten. Weder verstanden sie den Sinn noch fühlten sie sich animiert, sich mit der Materie zu beschäftigen.[95]

Was nicht ist, kann ja noch werden.

Aus diesen Ergebnissen Schlüsse für die nachhaltige Konzeption von Web 2.0 Diensten zu ziehen, sehen wir als gefährlich an. Sicherlich lassen sich einige spezifische Ansprüche berücksichtigen. Fraglich ist jedoch, ob die unterschiedliche Sichtweise der Generationen ein dauerhafter Zustand ist oder es nur eine Frage der Zeit ist, bis sich auch die noch reservierter agierenden älteren Jahrgänge für die neuen Möglichkeiten des Web 2.0 begeistern. Dafür spricht, dass unter den Älteren der Begriff Web 2.0 weniger bekannt ist. Die meisten gewöhnen sich noch an das Internet der ersten Generation.

Für meine Branche wird Social Commerce vielleicht gar nicht relevant sein?

In einigen Branchen wird es vielleicht länger dauern bis Social Commerce tatsächlich alle Unternehmensstrukturen erfassen wird. Dies mag daran liegen, dass die Konsumenten einer Branche in geringerem Maße internetaffin sind - sei es, dass dies in der Natur der gehandelten Produkte begründet liegt, sei es, dass es an dem altersbedingten geringeren Vernetzungsgrad liegt. Auch kann es sein, dass die jeweilige Zielgruppe zu den wenig dynamischen Teilen der Gesellschaft zählt, die niemals einen Trieb entwickeln, sich im

[95] Die gesamte Studie mit weiteren interessanten Ergebnissen kann im Internet unter www.result.de bestellt werden.

Mitmach- oder Selbstmachnetz zu engagieren. Sie beharren lieber in der Rolle des Nutzers und Konsumenten.

Im B2B Bereich sind noch keine überzeugenden Konzepte zu finden.

Ebenso wird sich erst noch zeigen, ob der gesamte B2B Sektor von Web 2.0 erfasst werden wird. Bisher sind noch keine durchschlagenden Konzepte für Businesskunden in nur annähernd vergleichbaren Dimensionen wie im Endkundengeschäft zu finden. Dies bedeutet nicht, dass sie nicht denkbar sind und erfolgreich sein können – hier sind Forschung und Kreativität noch gefragt.

Internetaktivitäten sind aufgrund des hohen Aufwandes an Hard-, Software und speziellem Know-how vor allem für große Unternehmen vorteilhaft.

Web 2.0 führt gerade bezüglich der Nachteile kleinerer Unternehmen gegenüber größeren im Vergleich zu klassischen internetfernen Branchen zu einer enormen Egalisierung der Verhältnisse. Die traditionellen Nachteile kleinerer Unternehmen – allen voran geringere Kapitalausstattung und geringerer Spezialisierungsgrad in Bezug auf Fachkenntnisse - bestehen hier in weitaus geringerem Maße.

Web 2.0 führt in der Regel zu Chancengleichheit zwischen größeren und kleineren Unternehmen.

Web 2.0 Dienste sind bereits mit geringem Know-how eingerichtet, unverzüglich nutzbar und sind in ihrer Qualität professionellen Lösungen oft mehr als ebenbürtig. Zudem sind sie in der Regel kostenlos und durch die Prinzipien des kontinuierlichen *Beta* und *Mas-*

hup zügig auf dem neuesten Stand des technisch Machbaren. Nachteile solch offener Lösungen könnten in der geringeren Individualität und der Angreifbarkeit von Kundendaten zu finden sein. Hier kann unter Umständen teurere spezifische Unternehmenssoftware überlegen sein.
Durch die geschilderten Spezifika des neuen Internetzeitalters können kleinere Unternehmen meist die typischen Wettbewerbsvorteile solcher Strukturen - höhere Flexibilität und Kreativität und kürzere Reaktionszeiten - voll einsetzen.
Wen diese Thematik der Eignung von Web 2.0 speziell für kleinere und mittelständische Unternehmen im Detail interessiert, dem empfehlen wir das kostenlose E-book von *Mark Buzinkay* mit dem Titel *Einführender Ratgeber Web 2.0 für KMUs, Praxis 2007.*[96]

Unsere Mitarbeiter sind doch heute schon mehr als überlastet, da können wir nicht auch noch Web 2.0 Aktivitäten bewältigen.

Dieser Einwand mag zwar gewissermaßen nachvollziehbar sein, aber kann angesichts der umwälzenden Bedeutung der Entwicklung leider nicht akzeptiert werden. Aus dem vorangegangen Kapitel sollte deutlich geworden sein, dass die neuen Rahmenbedingungen einen Strukturwandel bedeuten, der eine dem entsprechende Anpassung in den Unternehmensstrukturen und Tätigkeiten erfordert. Leider ist es immer noch so, dass Sie sich dem Umfeld anpassen müssen, und dieses nicht den eingesessenen Strukturen in ihrem Unternehmen folgt. Es geht also nicht unbedingt darum, für Web 2.0 Aktivitäten *zusätzliche* Tätigkeiten zu entwickeln, sondern obsolet gewordene Aufgaben zu ersetzen bzw. einzuschränken. Immer noch ist es Ihre *unternehmerische* grundlegende Aufgabe, Ihre be-

[96] Als Download unter http://www.buzinkay.net

grenzten Ressourcen so aufzuteilen, wie es die Wettbewerbsbedingungen erfordern.

Sollte ich nicht eher abwarten bevor ich mit Web 2.0 Aktivitäten beginne? Dann ist die Entwicklung deutlicher.

Natürlich gilt in vielen Situationen, dass es günstiger sein kann, nicht auf jede Entwicklung sofort aufzuspringen, sondern erst nach einer gewissen Reife zu folgen. Andere haben dann schon Fehler gemacht und gezeigt, woran man sich die Finger verbrennt und was funktioniert. In einzelnen Bereichen, die im allgemeinen Sprachgebrauch auch unter Web 2.0 subsumiert werden, mag dies auch stimmen.
Als wichtigstes Beispiel sei stellvertretend wiederum die virtuelle Welt *SecondLife* genannt, die nach Abflauen des unglaublichen Medienhypes als ein Projekt bezeichnet werden muss, das weit hinter den Erwartungen zurückgeblieben ist. Die Unternehmen, die hier abgewartet haben und keine eigene Präsenz in *SecondLife* errichteten, sind im Nachhinein wahrscheinlich froh. Da es sich aber beim Social Web mit den von uns beschriebenen Elementen um eine nachhaltige und unvermeidbare Entwicklung handelt, raten wir davon ab, generell zu warten - *SecondLife* ist ein Sonderfall.

Besser Sie beginnen frühzeitig, sich mit der Materie zu beschäftigen und diese für ihr Unternehmen umzusetzen. Die Kosten für pathologisches Lernen, also ein Erkennen von Fehlern erst, wenn es zu spät ist, könnten enorm hoch sein – im Extrem endet dieses Verhalten in einem uneinholbaren Zeitverlust gegenüber den Mitbewerbern.

Ein weiterer Grund ist darin zu sehen, dass es sich nicht um eine triviale Thematik handelt. Es reicht nicht, einfach ein paar Web 2.0 Elemente in ihrem Webauftritt einzubinden und dann läuft es von allein. Beispielsweise müssen Sie Ihre Zielgruppen hinsichtlich ihrer

Motiv- und Aktivitätsstruktur analysieren und entsprechende Tools gegenübersetzen. Anschließend müssen diese Konfigurationen auf ihre Wirkung hin getestet und gegebenenfalls optimiert werden. Dabei erwerben Sie ein Gespür für die komplexe Welt des Web 2.0. Solche Lerneffekte - neben dem Zeitbedarf der technischen Implementierung - können aber in der Regel nicht so rasant aufgeholt werden, wenn die Mitbewerber schon davongezogen sind.

Sind die Nutzergenerierten Inhalte von der Qualität her nicht zu schlecht, um mit dem der Profis in Redaktionen und Agenturen mitzuhalten?

Zunächst ist festzuhalten, dass die nutzergenerierten Inhalte beispielsweise auf Multimediaplattformen a la *YouTube* oder *Sevenload*, Rezensionen oder sonstigen Arten von Inhalten oft millionenfach abgerufen werden und somit offensichtlich den Ansprüchen der Nutzer genügen. Dabei kann es sich durchaus um Beiträge handeln, die gerade als *bad taste* erfolgreich werden, weil sie so schlecht sind, dass sie wieder gut sind. Dies sei allen Zweiflern und Kritikern erst einmal entgegenzuhalten.
Die Stärke solcher Beiträge liegt aber natürlich in der Regel nicht unbedingt in der Professionalität der Erstellung, sondern der Authentizität der Inhalte. Insofern sei den Gegnern dieser Entwicklung - allen voran den klassischen Journalisten in den Redaktionen und Verbänden der etablierten Medien - Recht gegeben.

Qualitätsjournalismus versus Blogger?

Zuweilen wirkt es allerdings schon grotesk, wie von letzteren ihr *Qualitätsjournalismus* über den beispielsweise der Blogger gestellt wird. Diesbezüglich kann man ganz neutral nur konstatieren, dass *Qualität* in den Augen der Konsumenten und nicht der der Ersteller bestehen muss, denn diese sollen die Inhalte ja nutzen und gegebenenfalls bezahlen. Die Diskussion und Verteidigung erinnert manchmal an die Zeiten des Aufkommens des privaten Fernsehens in den 1980er Jahren und der Online-Redakteure Ende der 1990er Jahre. Das Totschlagargument der Qualität hat niemals gegen den Willen der Nachfrager gehalten. RTL wurde der erfolgreichste Fernsehsender Europas, die Online-Redaktionen eine feste Größe in der Medienwelt und genauso wird es mit den Bloggern und der generellen Akzeptanz des User Generated Content sein – egal, ob die alten Garden ihre Bastionen verteidigen wollen oder die Qualität bemängeln.

User Generated Content leichter zu manipulieren?

Ein zweiter Vorwurf gegenüber User Generated Content ist bezüglich der Manipulationsanfälligkeit zu hören. Dies ist sicherlich nicht aus der Welt zu räumen, wie wir bereits an anderer Stelle erläuterten. Ob dies allerdings in so viel geringerem Maße für die Anfälligkeit von klassischen Medien gilt, in denen die Manipulationen durch Politik. Ideologien und Interessengruppen ebenfalls nicht negiert werden kann, ist im Einzelfall zu prüfen.

Einsatz da, wo es Sinn macht.

Abschließend bleibt festzuhalten, dass es sich nicht lohnt, über eventuelle Qualitätsmängel aufzuregen, sondern User Generated Content und die Inhalte der Profis dort einsetzen, wo die jeweiligen Stärken liegen. In der fragmentierten Medienwelt findet alles sein Platz, was nachgefragt wird. Ein Beispiel für die Überlegenheit des User Generated Content hatten wir bereits im Falle des *Doritos-*

Werbespots genannt, eines für die Unterlegenheit folgt im Kapitel 7.1.[97]

Warum soll ich in Social Commerce Lösungen investieren anstatt in klassische Formen der Werbung?

Klassische Werbung beispielsweise im TV, Radio Print und Plakaten basiert auf dem früheren Kommunikationsmodell vom Sender über das jeweilige Medium in die Massen - unabhängig von deren Bedarf für diese Information. Gleiches gilt für die dennoch weiter expandierenden traditionellen Formen der Onlinewerbung, allen voran Banner.

Diese Werbeformen leiden im Wesentlichen unter den folgenden Punkten. Zum einen sind Konsumenten einer Überflutung an Werbebotschaften ausgesetzt. Allgegenwärtig, also nicht nur im TV, Radio oder Printmedien, sondern auch auf öffentlichen Toiletten oder an der Zapfsäule beim Tanken prasseln sie auf sie ein. Aus dieser Reizüberflutung folgt eine Sättigung und Reaktanz, die die Aufnahme neuer Botschaften erschwert. Um die Wahrnehmungsfilter des Menschen zu durchdringen. müsste die Information in diesem Umfeld höchstrelevant für das Individuum sein. Dies ist aber wie in Kapitel 6.2 gerade für die authentischen und damit glaubwürdigeren Empfehlungen anderer Nutzer und für klassische Werbebotschaften nur in weitaus geringerem Maße der Fall.

In genau diese Kerbe stoßen die Verkaufsformen des Social Commerce, die wir in den Kapiteln 4 und 5 erläutert haben. Allerdings ohne den starken von uns favorisierten Effekt der sozialen Komponente stoßen auch andere Formen des Targeting, z.B. Keyword, Kontext, Identität oder ortsabhängig basierte Formen, in die ähnlich aussichtreichere Richtung.

[97] Siehe für *SecondLife* Kapitel 7.1, für *Doritos* Kapitel 3.2.1.

Kennen Sie „Always Ultra"?

Entscheidend ist, dass bei diesen Kommunikationsformen des Web 2.0 vor dem Anbieten der Botschaft, die Relevanz für den User geprüft bzw. nachgewiesen werden kann. Die *Streuverluste* werden somit minimiert. Werbung wird somit in Information für den User umgewandelt, da ich ja schon weiß oder eine hohe Wahrscheinlichkeit habe, dass ihn genau interessiert, was ich anbiete. Die Zielgenauigkeit ist bei anonymen Massenwerbeformen einfach nicht erreichbar. Jeder für Werbung von weiblichen Hygieneartikeln ausgegebener Euro, der die Kapazität von männlichen Nicht-Käufern belastet, ist letztendlich als Streuverlust genauso verschwendet wie die Versicherungskosten für den Fall einer Schwangerschaft.

7 Ausblick – Trends im Web

Im Folgenden werden wir einige Entwicklungen, die die Zukunft des Web 2.0 und des Social Commerce unserer Ansicht nach entscheidend beeinflussen könnten, ansprechen. Ziel dabei ist es, dass der Leser, der sich nicht täglich mit dieser Thematik beschäftigt, ein Gefühl dafür bekommt, was in allernächster Zukunft in diesem Bereich passieren könnte. Dies ist vor allem sinnvoll, da die Welt seit Verbreitung des Internets noch einmal ein gutes Stück schneller schlägt als zuvor.

7.1 Visualisierung in 3-D

Eine der interessantesten Entwicklungen, die sich in den nächsten Jahren ergeben könnte, betrifft die Möglichkeiten der Visualisierung im 3-D Format. Wenn sie sich noch an das Aufkommen von 3-D Filmen, die man mit speziellen Brillen im Kino und Versuchssendungen im Fernsehen in den 1980er Jahren erinnern können, kommt man eher zu dem Schluss, dass diese Thematik sich nicht als echte Alternative zur zweidimensionalen Darstellung durchsetzten konnte. Diese Erfahrung reicht jedoch nicht aus, um eine negative Prognose für die 3-D Technik im Internet abzugeben. Unumstritten kann 3-D einen starken visuellen Effekt bewirken, der das emotionale Erlebnis auf Webplattformen entscheidend verstärkt.

Die Anonymität des zweiten Lebens – SecondLife.

Für eine kurzzeitige Euphorie sorgte das 3-D Projekt *SecondLife*. Die Entwicklerfirma *Lindenlab* schaffte es, einen unfassbaren Medienhype um ihr Produkt zu kreieren, in dem die Nutzer in einer Parallelwelt mit ihrem virtuellen Alter Ego – dem so genannten Avatar –

leben. Die Avatare können individuell gestaltet werden, sich ihre eigenen Wohn- und Arbeitswelten designen und sogar Geld verdienen und ausgeben. Nach anfänglichem Nischendasein schossen die Userzahlen 2006 weltweit in die Höhe. Optimisten prophezeiten bald dreistellige Millionennutzerzahlen. Alle möglichen Unternehmen von der *Bildzeitung* bis zu *Mercedes* eröffneten virtuelle Filialen in *SecondLife* – man musste ja dabei sein.

Im Herbst 2007 kann man als bisherige Analyse festhalten, dass das Projekt völlig überbewertet war. Die Zahl der registrierten Nutzer stieg auf 9 Millionen, von denen aber fast 8 Millionen als *inaktive Karteileichen* bezeichnet werden müssen. Der Kostenaufwand für einen Zugriff auf eine solche Nutzerzahl dürfte sich für Unternehmen kaum lohnen. Zur Zeit des Medienhypes um *SecondLife* mag es durchaus rational gewesen sein, eine Präsenz in der virtuellen Welt aufzubauen. Dies lag aber vor allem daran, dass das eigene Produkt, Unternehmen oder die Marke in den klassischen Medien in Berichten über *SecondLife* präsentiert wurden. Zeitweise hatte man aber das Gefühl, dass sich in der virtuellen Welt mehr Journalisten, Werbeagenturen und Firmenmitarbeiter tummeln als private Nutzer. Der eigentlich angestrebte Kundenkontakt blieb jedoch weit hinter den Erwartungen zurück.

Warum blieb das Projekt hinter den Erwartungen?

Auch wenn es für die Analyse der Ursachen vielleicht noch ein wenig früh sein mag, einige Gedanken hierzu. Zum einen könnte die Zielgruppe derer, die tatsächlich in eine zweite Persönlichkeit schlüpfen möchten bzw. ihren eigenen Charakter um bestimmte Elemente in ihrem Avatar ergänzen möchten, überschätzt. Die Mehrheit der Menschen scheint mit ihrer Person ganz zufrieden zu sein – jedenfalls übersteigen die Mitgliederzahlen in Communities, in denen man seine reale Person und Welt vorstellt, die von virtuellen bei weitem. Der Markt für Fantasyspiele und anonyme bizarre Cybersex Erfahrungen, für die *SecondLife* auch durch die Medien ging, ist ein existentes Marktsegment, aber eben nicht für jeden etwas. Zum anderen bleibt *SecondLife* in der Umsetzung der Grafik hinter dem heutigen Stand der Technik zurück.

Profis besser als User Generated Content?

Beispielsweise bleibt es deutlich hinter der Grafik der virtuellen Welt *Home,* die man über die *Sony Playstation* ab 2008 benutzen kann, zurück. Die Spielkonsolenhersteller haben zudem den Vorteil, dass sie ihren Nutzern schon spannende Stories und damit hohes emotionales Involvement über die Spiele bieten. Ein *SecondLife* User muss darauf hoffen, dass die anderen Nutzer ihm eine anschaulich und thematisch interessante Welt bauen. Hier scheint der User Generated Content in den Augen der Konsumenten deutlich hinter der Leistung der Profis zurückzubleiben. Dennoch können sich die User individuell einbringen; beispielsweise besteht die Möglichkeit, auf der heimischen Playstation gespeicherte Inhalte wie Fotos oder Videos den Freunden in der virtuellen Welt zu zeigen.

3-D in der Zukunft?

Der ausgebliebene durchschlagende Erfolg von *SecondLife* bedeutet nicht, dass virtuelle Welten in Zukunft keine Chance haben, einen gewissen Markt zu stellen, sie werden die reale Welt aber auch nicht ersetzen. Zum Glück scheint letztere für die Mehrzahl der Menschen spannender zu sein. *Steve Prentice,* kein geringerer als der Vizepräsident des weltweit führenden Informationstechnologie-Beratungsunternehmens *Gartner,* ist jedoch der Meinung, dass in 5 Jahren 80 % der Internet-User eine zweite Identität in einer virtuel-

len Welt ausleben.[98] Wir halten diese Prognose für völlig überzogen. Gut möglich ist es unserer Ansicht nach aber, dass 3-D sich größter Beliebtheit erfreuen wird.
Es würde aber wohl eher so sein, dass 3-D in die bereits existierenden sozialen Netzwerke wandert, anstatt die Communities in 3-D Welten. Ob sich diese Darstellung jedoch zu einem allgemeinen Standard im Web entwickelt, kann zum heutigen Zeitpunkt noch wahrlich nicht beantwortet werden. Erste 3-D Webbrowser existieren bereits, sind aber noch weit davon entfernt, zum Standard zu werden. Auch innovative 3-D-Community-Konvergenzkonzepte sind bereits in der Probephase. *Twinity.com* zielt zum Beispiel explizit darauf ab, die virtuelle Welt so realistisch wie möglich abzubilden. Folglich sind bei den Avataren keine Fantasieelemente wie bei *SecondLife* zugelassen. Vielmehr sollen die Avatare echte Stellvertreter sein.

7.2 Medienkonvergenz und Mobile Web

Eine Thematik, bei der allgemeiner Konsens hinsichtlich der extremen Bedeutung unter allen Experten besteht, ist die zunehmende *Konvergenz*. Darunter versteht man vereinfachend das Zusammenwachsen der ursprünglich weitgehend unabhängig agierenden Branchen Telekommunikation, Informationstechnologie und Medien. Der Verschmelzungsprozess läuft dabei differenziert auf den 3 Ebenen Infrastruktur, Endgeräte und Dienste bzw. Medien ab. Getrieben durch neue technologische Entwicklungen oder Integration können immer neue Funktionalitäten auf diesen Ebenen entstehen.

Die mehrdimensionale Medienfusion.

[98] So wird er in der Ausgabe November 2007 der Zeitschrift *Tomorrow* auf Seite 50 zitiert.

Auf der Ebene der Medien/Dienste sind vor allem das Fernsehen, Print, Radio Spielkonsolen und natürlich das Internet zu nennen, das immer mehr zu einer allumfassenden Klammer aller Medien wird. Innerhalb dieser Klammer findet neben der technischen eine *inhaltliche und personelle* Integration zwischen Medien, die sich klassischer Redaktionen bedienen und den Produzenten in den Social Media mit ihrem User Generated Content der Blogger, Multimediaplattformen und Communities statt.

Rückkanalfähigkeit optimiert kommerzielle Kommunikation.

Die intelligente Verknüpfung von früher getrennten Online- und Offline-Medien ermöglicht beispielsweise eine zielgenauere Erfolgsanalyse von Werbekampagnen. So kann eine Fernsehwerbung zu einer Interaktion über ein anderes Medium aufrufen. TV wird mit dem Internet ein Rückkanal in die Hand gegeben. Beispielsweise kann in einem TV Spot ein Gewinnspiel beworben werden, an dem man im Internet teilnehmen kann. Findige Agenturen, die für Unternehmen Werbebudgets sowohl im Online- als auch im klassischen Medienbereich verwalten, streuen Budgets zunächst in ausgewählten Print- und TV Medien und analysieren über das Internet als Rückkanal, welche Medien stärker frequentiert werden. Schritt für Schritt erreichen Sie damit besser ihre Zielgruppe auch in Offline-Medien. Laut *Stefan Längin*, Managing Director der Fullservice-Agentur für digitales Marketing *Planetactive*, ist dieser Weg der einzige, um dauerhaft im Sinne des Kunden eine gezielte Kommunikationsstrategie zu fahren, die kontinuierlich optimiert wird.[99]

Neue Werbeformen entstehen.

[99] Vgl. *Adzine-Magazin für Online-Marketing*, Ausgabe 01/2007, S. 5ff.

Vor wenigen Jahren noch undenkbare Werbeformen entstehen im Zuge der Konvergenz. Zu nennen sei hier das auch in diesem Buch bereits erläuterte *Video-Advertising* in entweder redaktionell oder nutzerproduzierten Videoclips, die auf Multimediaplattformen oder im IPTV abgerufen werden können. Hoch erwartungsvoll blicken die Werbetreiben auch auf *Ingame-Advertising*, also die Platzierung von Werbebotschaften in Computerspiele. In diesem Zusammenhang verspricht man sich vor allem vom Aufmerksamkeits- und hohen emotionalen Aktivierungsgrad Erfolge. Letztendlich werden sich aber auch diese Konzepte erst beweisen müssen.

Im Folgenden werden wir uns auf die Konvergenz-Ebene der Endgeräte fokussieren.

Die nächste große Stufe.

Der wirklich entscheidende Schritt von nächster durchschlagender gesellschaftlicher Kraft wird erreicht, wenn das Web 2.0 und Social Commerce mobil wird, Internet und mobile Endgeräte also tatsächlich in großem Stil zusammengewachsen sind. Noch ist die kritische Masse nicht erreicht, die Akzeptanz in den sozialen Netzwerken aber bereits in der breiten Masse vorhanden. Beispielsweise gaben in einer Studie der Strategieberatung *Booz Allen Hamilton* bereits 2006 58 % der deutschen *MySpace* Nutzer an, auch unterwegs auf das Angebot der Community zurückzugreifen.[100]

Das Mobiltelefon ist <u>das</u> Konvergenzgerät.

Das Handy (wir fassen PDA, Smartphones, etc. der Einfachheit halber dazu) ist von vielen Seiten seiner Natur her das ideale Endgerät für das allumfassende Medienweb mit seinen sämtlichen Anwendun-

[100] http://www.boozallen.de/presse/pressemitteilungen/pressemitteilung-detail/21256714

gen. Zum einen ist das Mobiltelefon das am stärksten verbreitete Endgerät weltweit. Während weltweit geschätzte 1.500 Millionen Fernseher und 800 Millionen PCs in Verwendung sind, befinden sich 3.000 Millionen Handys im Umlauf.

Ubiquität macht Mobile Commerce zum Realtime-Shopping.

Zum anderen haben es die meisten Menschen - und erst recht die meisten Onliner - ohnehin immer *am Mann* und sind süchtig danach, es allgegenwärtig in Betrieb zu haben. Jeder Reisende kennt wohl die Situation nach einer Flugzeuglandung - die Gurte sind noch kaum abgelegt, das Gepäck noch lange nicht abgeholt, da piept es bereits aufgeregt um einen herum, weil es die Fluggäste kaum erwarten können, die durch den Flug bedingte Zwangspause zu beenden. Damit können Kaufimpulse zu jeder Zeit an jedem Ort auftreten oder bewusst gesetzt werden. Der Konsument kann ihn dann direkt und spontan umsetzen - der so genannte *Point of Sale* befindet sich dank des mobilen Web 2.0 völlig ortsungebunden überall.

Zeig mir dein Handy und ich sage dir, wer Du bist.

Darüber hinaus scheinen viele Konsumenten eine ähnliche enge emotionale Beziehung zu ihrem Handy entwickelt zu haben wie sie sonst wohl nur bei Automobilen zu finden sind - obwohl es sich im Prinzip um ein Werkzeug, ein Mittel zum Zweck handelt, ist daraus ein eigenständiger Apparat, ein Mode- und Statusobjekt mit einer ganzen Menge Zubehör vom Klingelton über die austauschbare Schale bis hin zum Schmuckbändchen (!) geworden. Noch mehr als bei anderen Endgeräten spielen Details und vor allem Design eine wichtige Rolle. Da ist es nur konsequent, dass der Standard der Zukunft mobil sein wird. Es sprechen aber auch viele inhaltliche Gründe für diese These.

Viele Konzepte, die von der wirklich allgegenwärtigen Verfügbarkeit profitieren, werden dann ihren Nutzen erst in Gänze entfalten können.

Wer war hier und wie war es?

Der Zugriff auf die Tipps von anderen Usern oder die Anzeige von Community-Profilen oder speziell nur denen aus meinem Freundesnetzwerk, die sich gerade in der Nähe befinden, macht erst dann richtig Sinn, wenn ich unterwegs bin. Dann möchte ich spontan auf diese Informationen zugreifen. Die entsprechende Visualisierung der Profile in einer Navigationskarte, die mir den exakten Weg zur entsprechenden Location weist, entfaltet auch erst in dieser Situation den vollen Nutzen. Auch brauche ich die Information darüber, wer warum ein Gericht in einem Restaurant oder ein Elektronikgerät mit welchen Features zu welchem Preis gekauft hat, meist erst genau dann, wenn ich davor stehe. Dynamisch wachsende Dienste wie das Web 2.0 Empfehlungs- und Stadtmagazin *Qype* haben dies erkannt und sind seit 2007 auch mobil nutzbar. Die Mitglieder bewerten hier in über 2.000 Städten von Tankstellen über Kneipen bis hin zu Tagesmüttern alles, was auch in Branchenbüchern und darüber hinaus an interessanten Orten zu finden ist.

Live, in Farbe und überall.

Über das mobile Web 2.0 werden Events in Echtzeit an jedem Ort der Welt (mit mobilem Onlinezugang) mit Text, Bild, Ton oder Videos erstellt und können sofort weltweit abgerufen werden.
Eine Studie der Agentur *Komjuniti*, die 4.800 Nutzer zwischen 14 und 35 Jahren in Europa und den USA befragte, bekräftigte den Eindruck, dass hohe Präferenzen für Mobile Web 2.0 Dienste beste-

hen.[101] Typische Community-Motive wie das Knüpfen und Pflegen von ortsbasierenden Kontakten stellen das Hauptmotiv dar. 62 % möchten dabei Bewertungen und Empfehlungen über Restaurants, Shopping und Freizeitangeboten von anderen Mitgliedern einsehen, wenn sie direkt vor Ort sind. Ebenso möchten sie sich beteiligen und solche Beiträge verfassen. Ein Drittel der Nutzer möchte Mobile Communities zur Kommunikation in Chats und einfachem Informationsaustausch unter Gleichgesinnten nutzen. Die Highlights von *YouTube* oder *MySpace* – das Entertainment durch Kurzvideoangebote – gaben lediglich 8 % der Kunden als Hauptmotiv an.

Für solche Dienste gaben die Probanden an, zwischen 1,99 € und 4,90 € bezahlen zu wollen. Dies ist eine wichtige Erkenntnis, da die typische *Umsonstmentalität* der Internetnutzer über den Weg des Handys gebrochen werden könnte. Für Mobilfunkdienste sind die Kunden gewohnt zu zahlen und tun dies weiterhin, wenn sie Internetapplikationen über das Handy nutzen.

Mobilfunkanbieter außen vor.

Die bisherige Entwicklung in Sachen Mobile Web zeigt, dass die Mobilfunkbetreiber kaum eigene Aktivitäten entwickeln, sich als Betreiber von Communities zu platzieren. Sie scheinen das Feld den etablierten Internetplattformen zu überlassen – obwohl sie den theoretischen Vorteil hätten, die erste Schnittstelle zum Kunden darzustellen. Die Hoffnung auf höhere Verbindungsnutzung zu bestehenden attraktiveren Diensten scheint verlockender zu sein. Im August 2007 bot beispielsweise der Mobilfunkanbieter O2 Germany seinen Kunden an, die Community *KWICK* kostenfrei auf ihr Handy zu holen. Damit konnte erstmalig eine Online-Community in Echtzeit zwischen PC und Handy online genutzt werden, also per Handy auf ein

[101] Vgl. www.komjuniti.com.

Social Netzwerk von 900.000 Mitgliedern zugegriffen werden. Neben dem kostenlosen *KWICK* Mobilbasisservice, bei dem lediglich bis zu drei Netzwerkfreunde über WAP erreichbar sind, kann der Nutzer für 2 € pro Monat unbegrenzt mit dem Netzwerk kommunizieren.

MySpace geht voran.

Die weltweit größte Community *MySpace* startete dagegen Ende September 2007 eine komplett kostenlose neue Mobilversion, die unabhängig von Netzbetreiber oder Handymodell verfügbar ist. Ein solcher Dienst war zuvor nur gegen Gebühr als Abo und mit einer begrenzten Zahl von Endgeräten nutzbar. Damit setzt der Mutterkonzern *Fox Interactive* komplett auf die Werbefinanzierung. Dieser Schritt ist vor allem deswegen so bedeutend, weil *MySpace* die Werbung hier – basierend auf den Profileigenschaften der Nutzer – individuell und zudem ortsspezifisch, je nachdem, wo sich der Nutzer einloggt, platzieren will.

Targeting im Mobile Web

Das richtige Produkt zur richtigen Zeit und am richtigen Ort – also optimales Targeting. Dies wäre ein Schritt in die Richtung noch höherer Zielgenauigkeit der Werbung als in den meisten Diensten bisher möglich ist. Gelingt dies, sind weitaus höhere Werbeeinnahmen zu erwarten als durch die entgangenen Abo-Gebühren verloren geht.

Dennoch ist die breitgefächerte mobile Stufe des Web noch nicht erreicht und es ist auch nicht eindeutig zu sagen, wann dies soweit sein wird. Was sind die Faktoren?

Die Engpassfaktoren des Schrittes in das Mobile Web 2.0 sind ähnlich wie bei der Durchsetzung des Web 2.0.

Zunächst ist es für das Verständnis der Situation daran zu erinnern, dass die meisten Technologien und viele Web 2.0 Konzepte bereits vor vielen Jahren existierten, sich jedoch erst durchsetzen konnten, als eine ausreichende Zahl an Breitbandzugängen zu ausreichend niedrigen Kosten, v.a. mit Flatrates verfügbar war. Erst dann war die Zeit des Web 2.0 gekommen und die neue Perspektive konnte sich durchsetzen.

Ähnlich verhält es sich mit der mobilen Stufe des Web. Die meisten Möglichkeiten bestehen heute bereits, aber spielen nicht wirklich eine entscheidende Rolle. Zum einen sind die meisten im Gebrauch befindlichen Endgeräte noch nicht fähig, mit vielen Web 2.0 Applikationen umzugehen. Dies liegt einerseits an der mangelnden Datenübertragungsgeschwindigkeit, die die Nutzung vieler Dienste nicht allzu interessant macht. Die flächendeckende UMTS-Fähigkeit wird diesbezüglich schon eine wichtige Verbesserung bringen und wird in wenigen Jahren wohl erreicht sein. Laut Branchenverband *BITKOM*[102] stieg die Zahl der UMTS Handy-Verträge von 0,2 Millionen in 2004 auf rund 2,3 Millionen Ende 2005 und verdreifachte sich fast auf 6,5 Millionen Ende 2006. Bis Ende 2007 könnten 10,5 Millionen UMTS-Verträge verkauft sein, so der Verband.[103]

Flatrates – Mobile Web bis zum Umfallen.

Andererseits werden schnelle Zugriffe darüber hinaus auch durch die Vielzahl von unterschiedlichen Endgeräten, Displays und Softwares nicht selten zum Geduldsspiel. Ob dies dem verwöhnten DSL-Nutzer in der Mehrheit ausreicht, wird sich zeigen. Sollte dies nicht der Fall sein, wird die mobile Web 2.0 Nutzung für die meisten Nutzer auch weiterhin die Ausnahme bleiben. Letzteres gilt auch für den Fall, wenn die Preise für mobile Internetnutzung nicht signifikant fallen sollten. Dieser Faktor stellt laut einer Erhebung unter

[102] Bundesverband Informationswirtschafts Telekommunikation und neue Medien e.V.
[103] Vgl. http://www.golem.de/0703/51046.html.

Handynutzern aus 2006 von *TNS-Infratest* den Hauptmangel der mobilen Internetnutzung und der Verbreitung von UMTS dar. 39 % gaben dies als zu teuer an.[104] Das Zauberwort heißt wie schon im Festnetz *Flatrates*, die dem Nutzer das Gefühl unbedenklicher Endlosnutzung zu scheinen geben. Der Markt scheint diesbezüglich in Bewegung zu kommen – seit Sommer 2007 bieten einzelne Anbieter Internet-Flatrates in Verbindung mit einem PDA für 9,99 € an – allerdings nicht für UMTS, sondern das langsamere GRPS.

Handy-Displays nicht geeignet?

Ein letzter Unsicherheitsfaktor hinsichtlich des Siegeszuges des mobilen Web 2.0 könnte die Attraktivität der Displays darstellen. Die meisten Internetangebote sind von der Konzeption der Webseiten her für große Bildschirme und nicht für kleinere mobile Displays konzipiert. Die jeweilige Konfiguration muss für die mobile Software angepasst werden – ein Hindernis, das aber technisch überwindbar ist, obwohl es für viele Angebote noch nicht umgesetzt bzw. perfektioniert ist. Eine bequeme Lösungsmöglichkeit dieses Problems liefert *mowser.com*. Hier gibt man einfach die gewünschte Seite an und *mowser.com* stellt die XXL-Webseite anschließend übersichtlich untereinander dar.

Nicht lösbar ist aber die Thematik, dass eine große Zahl der Nutzer eventuell trotz jeglicher Anpassung die mobilen Displays einfach für zu klein empfinden. Unserer Ansicht nach ist dies aber ein recht geringer Faktor. Entscheidender sind ganz klar die Geschwindigkeit der Datenübertragung und die Kosten der mobilen Internetnutzung. Wenn diese Engpassfaktoren gelöst sind, wird sich zeigen, ob dann

[104] Weitere 26 % gaben an, kein mobiles Internet zu brauchen, 21 % bevorzugten andere Geräte. 6 % halten die Onlinenutzung für zu kompliziert, 5 % für zu langsam und 3 % meinen, es verbrauche zu viel Energie. Angaben nach Global Tech Insight (GTI) 2006 von TNS-Infratest.
Vgl. http://www.tns-infratest.com/03_presse/presse_detail.asp?ID='463'

immer noch – wie meistens heute – die Internetangebote nicht 1:1 übernommen sondern nur selektiv auf das Handy gebracht werden.

Bannerwerbung wird weniger wichtig werden.

Der Schritt ins Mobile Web könnte wichtige Konsequenzen für die gesamte Online-Werbung dahingehend haben, dass klassische Online-Werbeformen wie beispielsweise Banner gegenüber dem Targeting und Social Commerce weiter verlieren werden. Einen Grund sehen wir in dem bereits erläuterten Umstand, dass gerade bei solch einem *intimen* Begleiter wie dem Handy, dass viele Menschen immer bei sich tragen, als solche empfundene Werbung noch größere Reaktanz auslöst als im Festnetz. Werbung will man nicht unbedingt immer bei sich haben. Zudem wirkt sie umso störender je größer sie auf einem kleinen Display im Verhältnis zum Content wirkt. Bereits heute blenden laut einer Studie der amerikanischen Usability-Experten *Jakob Nielsen* Internetnutzer hochgradig Bannerwerbung aus. Mit Hilfe von *Eyetracking* wurde gezeigt, dass die Nutzer gerade die angestammten Plätze für Banner am oberen und rechten Rand gar nicht mehr mit ihren Blicken fokussieren. Empfehlungen oder andere als redaktioneller Content präsentierte Inhalte sollten hier folglich noch größere Verwendung finden. Sie haben eine größere Chance durch die höhere Selektion durch den Nutzer im Mobile Web hindurchzudringen.

7.3 Die Super-Community?

Weniger deutlich als die sich klar abzeichnende Verschmelzung der Medien stellt sich auch bei der Vielfalt von Web 2.0 Plattformen die Frage, ob es hier Monopolisierungstendenzen geben könnte.
Prinzipiell stellt sich hier die Frage, ob sich ein Nutzer in Zukunft lieber auf ein einziges Profil als Eintrittskarte in das allumfassende

Internet verlassen möchte, anstatt in mehreren Communities Mitglied zu sein, wo er seine Daten immer wieder übertragen muss. Heute ist noch nicht abzusehen, was passieren wird, da einige Argumente sowohl in die eine als auch die andere Richtung führen. Einerseits wäre es vielen Nutzern bestimmt recht, nur einmal ein Profil anzulegen und dann damit alle Web 2.0 Möglichkeiten nutzen zu können, da die erneute Anmeldung einfach lästig ist. Zu vergleichen ist dies vielleicht mit dem Hype um Plastikkarten jeglicher Art. Das Angebot kann noch so gut sein, wenn im Portemonnaie einmal eine gewisse Anzahl an Karten erreicht ist, entsteht beim Kunden Reaktanz bezüglich der Aufnahme neuer.

Nicht noch eine!?!

Andererseits sind Web 2.0 Anwendungen und im Speziellen Communities in der Regel themenabhängig. Wenn ich mich in mehreren abgegrenzten Communities klarer wieder finde, bin ich auch eher bereit, dafür mehrere Profile zu verwenden. Ich bewege mich in unterschiedlichen Welten von Themen und Menschen und bin deswegen eher bereit, mehrere *Karten* zu akzeptieren. Allerdings gibt es hier bestimmt eine Obergrenze. Eine einzige Super-Community mit der ich mich überall bewege wäre in dem Fall der bewussten Trennung sogar hinderlich.

Facebook geht neue Wege - Öffnung.

Einen sehr interessanten Weg hat die ursprünglich als Studenten-Community Plattform *Facebook* eingeschlagen. Im Kern hat der *Facebook*-Gründer *Marc Zuckerberg*, nachdem er Kaufangebote unter anderem von *Yahoo*, *Google* und *Microsoft* ausgeschlagen hatte, seine Community geöffnet. Er verkündete im Mai 2007, dass sich andere Softwareentwickler an *Facebook* andocken könnten, also ihre Programme den Community-Mitgliedern anbieten können.

Den Nutzern wird damit innerhalb von *Facebook* ein maximaler Mashup ermöglicht.
Tatsächlich scheint dieser Schachzug genial gewesen zu sein und entspricht bis zur Vollendung dem offenen Geist des Web 2.0. Ganz nebenbei macht diese Strategie *Facebook* nämlich zu der Community mit den mannigfaltigsten Features, die man sich nur erdenken kann. Andere Entwickler wollen ihre Features in *Facebook* anbieten, weil sie dort Zugriff auf viele User bekommen. Der Multiplikator liegt vor allem darin, dass wenn ein Mitglied ein Feature hinzufügt, dieses seinem gesamten Freundesnetzwerk zur Verfügung steht. Damit sind virale Effekte bei der Verbreitung möglich. *Facebook* selbst erhält dadurch aber eine Vielfalt an Inhalten und Features wie keine andere Community, die sich auf die Kreativität und Kapazität der Entwicklungsabteilung eines einzigen Unternehmens - eventuell ergänzt um einige Kooperationspartner - beschränken muss. Das ist *Crowdsourcing* und *Wisdom of Crowds* in Perfektion!

Auf dem Weg zum Betriebssystem?

Denkt man einen Schritt weiter als das Thema Communities im heute bekannten Sinne, könnte *Facebook* so leistungsfähig werden, dass es die Möglichkeiten der heutigen *Webbrowser* schon bald um ein Vielfaches übertrifft. Das Community-Profil wird zum eigenen Portal von dem aus ich alle anderen Web-Anwendungen ansteuere, egal, ob es *Ebay*, *Google* oder *YouTube* ist – die Startseite ist damit *Facebook*. Im Prinzip passiert dort nichts anderes als bei den individualisiert zusammengestellten Mashups wie *netvibes* oder *pageflakes*, die wir schon vorgestellt haben. Dort stellt man sich auf der individualisierten Startseite per *drag & drop* kleine Kästchen mit den interessanten Angeboten zusammen. Bisher könnte eines dieser Kästchen das eigene *Facebook*-Profil sein. Diesen Angeboten fehlt aber das, was *Facebook* hat, nämlich eine riesige Vielfalt an Einbindungen, Entwickler, viele Nutzer und hohe Publicity.

Hier kann sich das Karussell schneller drehen: Viele User und Medienpräsenz ziehen viele Drittentwickler an und diese wiederum erhöhen die Angebotsattraktivität von *Facebook*, die dann noch mehr User anzieht. Folglich wären dann andere Dienste lauter kleine Kästchen auf der *Facebook*-Seite.

Zittert Microsoft?

Und genau davor hat *Microsoft* in einem ersten Schritt mit seinem Explorer als Marktführer unter den Webbrowsern vermutlich Angst. Denn genau dieser Weg des Open-Source-Prinzips ermöglicht überhaupt erst ein Aufholen durch die Konkurrenten, allen voran der *Mozilla Firefox*. Dieser Browser konnte nur deswegen Marktanteile in der Größenordnung zwischen 20 und 30 % der weltweiten Verbreitung aufholen, weil die Quellcodes nicht nur den eigenen Entwickler zugängig waren.[105] Beim Open-Source Prinzip als dem ursprünglichsten Gedanken des *Wisdom of Crowds* dürfen alle, die wollen, mitarbeiten - allerdings ohne Gegenleistung, d.h. sie erhalten keine monetäre Vergütung oder Eigentumsrechte. Bei der Open-Source Community der Software-Entwickler reicht in der Regel der intrinsische Anreiz bzw. der *Ruhm* dabei gewesen zu sein oder in einigen Fällen auch, *Microsoft* zu ärgern. Doch bei den Browsern, wie man sie heute kennt, hört die Gefahr noch lange nicht auf.

Der Browserkrieg.

Der *Explorer* hatte damals den Markt überrollt und den früheren Marktführer *Netscape Navigator* in der Versenkung verschwinden lassen, indem *Microsoft* ihn als Paket in seinem Betriebssystem *Windows* mitgeliefert hatte. Was die PC-Käufer mit *Windows*, das in 95 % aller PC weltweit eingebaut wird, schon mitbekamen – den

[105] *Wikipedia* beziffert unter dem Stichwort *Browserkrieg* den Firefox-Anteil im Juli 2007 in Europa auf 28 %, in Deutschland sogar 38%.

Explorer – mussten sie nicht mehr extra herunterladen wie beim *Navigator*.
Und da liegt die eigentliche existenzielle Gefahr für *Microsoft*. Wenn *Facebook* so leistungsfähig wird, dass es nicht nur den Browser, sondern das ganze *Windows*-Betriebssystem obsolet macht, ist das Quasi-Monopol von *Microsoft* auf diesem Kernmarkt, dem Schlüssel für ihre Marktdominanz mehr als gefährdet. Die ursprüngliche Community-Software könnte sich zu einer Art Betriebssystem im Internet entwickeln, das von der Funktionsweise der *Windows*-Arbeitsoberfläche gleichkommt. Ein Ort, wo Dateien gespeichert und Textanwendungen, Grafikverarbeitung, E-Mails und Spiele abgerufen werden können. Im Kleinen existieren solche Versuche bereits mit z.B. *MyGoya* oder *Atoloo*. Diesen Konzepten fehlen aber heute noch Nutzer und vor allem Drittentwickler.

Macht mit!

Wie erfolgreich die Strategie, andere einzubinden sein kann, weiß auch *Microsoft*. Denn bei der Fortentwicklung von *Windows* bzw. bei der Bereicherung um Programme, die darauf laufen, luden sie die Drittentwickler ebenfalls ein, für die der gigantische Marktführer attraktiv war, ohne jedoch die Führung oder Eigentumsrechte aus der Hand zu geben.

6 Milliarden? Nein, Danke.

Da *Facebook* diesen Weg mit dem beschriebenen möglichen Ausgang eingeschlagen hat, zittern jetzt die Etablierten – zu Recht! Warum sollte ich als User zunächst einen Browser öffnen, um dann erst in mein *Facebook*-Profil zu gelangen, in dem ich mich ohnehin direkt mit viel mehr Möglichkeiten im Internet bewegen kann als mit dem Browser? Da kann ich den Browser auch weglassen. Gleiches gilt aber – und dies ist weitaus bedeutender - für das ganze Betriebssystem, das ich mir als User sparen kann. *Microsoft* versuchte im Sommer 2007 den möglichen Ablöser dadurch auszuschalten, dass man ihn einfach kauft, doch der 23-jährige Gründer *Zuckerberg* lehnte das Angebot über geschätzte 6 Milliarden Dollar einfach ab! Im Oktober 2007 wurde dann lediglich eine kleinere Beteiligung gemeldet: Es wurden 240 Millionen Dollar für 1,6 % gezahlt – dies entspräche einem Gesamtwert von 15 Milliarden Dollar. Sicherlich eine erfreuliche Kapitalausstattung für den jungen Gründer.

Das Wachstum stimmt.

Auch wenn wir noch nicht dort angekommen sind, wo es einmal hinführen könnte, scheint der Erfolg der *Facebook*-Strategie in der Kürze seit der Öffnung hinsichtlich eines Etappensieges Recht zu geben: Die Anzahl der Erweiterungen stieg in den ersten 3 Monaten auf über 1.000 Applikationen und die Zahl der Mitglieder stieg seit der Öffnung täglich um ca. 150.000 auf über 40 Millionen im Oktober 2007. Pro Jahr gerechnet entspricht dies ungefähr 348 %. Die Firma spricht zudem von 40 Milliarden Seitenabrufen pro Monat.

Schaffen Sie es die Communities?

Dennoch ist der Markt zu schnell, die Möglichkeiten zu vielfältig und die Social Web-Thematik ein wenig anders gelagert als dass man heute schon sagen könnte, dass der Weg zur Super-Community unausweichlich ist. Eines der Kernprobleme könnte in dem Erfolg der Ausweitung der Anzahl der Erweiterungen liegen. Irgendwann wird es einfach zu viel und damit zu unübersichtlich und damit zu Nichts. So wie die Suchmaschinen erfolgreich waren, weil sie die Informationsflut des Internets filterten, könnten auch Konzepte siegen, die mich nicht mit Applikationen überhäufen, die in der Mehrheit zwischen Unnötigkeit und Blödsinn oszillieren und *Freunden*, die ich nicht will und mir die Zeit stehlen. Wenn es die Super-

Community gibt, dann ist es auch noch nicht gesagt, dass es *Facebook* sein muss. Angeblich überlegt *MySpace* mit ca. 200 Millionen Mitgliedern (Stand September 2007) das weitaus größere und damit für Drittentwickler attraktivere soziale Netzwerk, den gleichen Schritt zu tun.

Die Neuerfindung des Internets?

Noch in den Kinderschuhen stecken alternative integrative Ansätze wie das Projekt *Espra*. Vollmundig kündigen die Entwickler unter *24weeks.com* nichts Geringeres als die Neuerfindung des Internets an. Die neuartige Software soll ihrer Meinung nach der neue Standard des Internets werden, bei dem alles, was man vom Web 2.0 kennt, auf einer einzigen Plattform läuft. Browser, Kalender, Mail-Programme oder Messenger werden dadurch überflüssig, denn Podcasts, Blogs, Communities oder Foren können alle im Rahmen einer einzigen Webseite genutzt werden. Dies wird sowohl auf dem eigenen Rechner, dem Internet oder dem Handy möglich sein – wenn es klappt, vielleicht wirklich ein Schritt in Richtung *Web 3.0*.

Auf jeden Fall eine spannende Zukunft - warten wir die Entwicklung ab!

7.4 Warum Suchmaschinen in Zukunft an Bedeutung verlieren könnten

Stellen Sie sich vor, Sie erhalten eine Information, bevor Sie auf die Idee kommen, diese zu suchen. Wenn Sie morgen wissen, wonach Sie bei *Google* suchen würden, kann Ihnen Web 2.0 die Suchergebnisse bereits heute liefern. Mit anderen Worten: Das Internet gibt

Ihnen eine Information, bevor Sie überhaupt wissen, dass diese Information existiert und für Sie hoch relevant ist.

Werfen wir einen Blick darauf, wie das Ganze funktionieren kann. Zur Zeit sind Sie bei vielleicht 2-3 Communities Mitglied und haben dort Ihr Profil eingestellt. Wenn Sie die Profilinformationen aus den einzelnen Communities verdichten, erhalten Sie bereits ein relativ klares Bild über sich und Ihre Wünsche. Wenn Sie nun zusätzlich Ihr Verhalten im Internet aufzeichnen, kann man diese Informationen auswerten und daraus einen Suchagenten befallen, der genau nach den Informationen Ausschau hält, die auf Ihr Profil passen. Problematisch ist lediglich noch der Datenschutz und damit einhergehend Ihr Wille, die Profilinformationen mit detaillierten Daten über Ihre Persönlichkeit auszufüllen. Die Folge wird unserer Meinung nach ein eigener Suchagent sein, den jeder für sich selbst programmiert, ähnlich einem Programm, das nur auf dem eigenen Rechner läuft. Wenn Sie nur noch die Informationen erhalten, die Sie haben möchten und nicht Gefahr laufen, dass Ihre Daten zweckentfremdet werden, sind Sie eher bereit, persönliche Daten preiszugeben. Ein erster Schritt in diese Richtung sind gefilterte RSS Feeds. Allerdings müssen diese immer noch abonniert werden und sie beschränken sich auf den Anbieter der Seiten, die Sie bereits kennen. Die Agententechnologie versteht sich mehr als eigener Suchroboter wie ein Suchmaschinenroboter, der für Sie laufend das Netz durchforstet und wichtige Informationen sammelt.

Intelligente Plattformen verknüpfen ähnliche Agenten und updaten gegenseitig Suchergebnisse. Das gemeinsame Suchen können wir schon heute unter dem Titel *Social Search* beobachten. Die Vereinigung der Suchergebnisse aus menschlichen und automatisierten Agententechnologien erzeugt wesentlich effizientere Ergebnisse als die Eingabe von Suchwörtern bei *Google* und Co – ganz abgesehen von der zeitlichen Komponente.

In Zukunft wird auch das Problem auf uns zukommen, dass Internet-User nicht unbedingt Interesse haben, in NOCH EINER Community Mitglied zu werden. Deshalb wird es pro Person vielleicht nur noch zwei virtuelle Persönlichkeiten geben, die wahrscheinlich mit der Agententechnologie verbunden sind. Mit Ihrer virtuellen Persönlichkeit können Sie sich auf anderen Web 2.0 Plattformen anmelden, ohne jedes Mal erneut Ihr Profil auszufüllen, da Sie sofort erkannt werden.

Erste zaghafte Versuche dahingehend sind zum einen Avatarlösungen wie *Weblin* und Social Browser Lösungen wie *Flock*. Wenn Sie sich nun fragen, warum wir von zwei Persönlichkeiten sprechen, dann fragen Sie sich mal, womit immer noch sehr viel Geld im Internet verdient wird. Erotik ist das Zauberwort! Dieses Phänomen wird die meisten Internet-User dazu bringen, ein offizielles und ein inoffizielles Profil zu erstellen.

Diese Vision steht uns kurz bevor und wird die Menschheit wieder ein ganzes Stück voran bringen, da wir schneller Informationen erhalten und verbreiten können und damit einhergehend die Welt besser machen können. Minderwertige Produkte und schlechte Dienstleister werden langfristig vom Markt verschwinden, da sie ihre Kunden nicht daran hindern können, ihre Meinung offen kund zu tun.

Schlusswort

Angekommen am Schluss, fragt sich ein jeder Autor, was man alles noch hätte hinzufügen oder weglassen können. So natürlich auch wir. Sicherlich hätten wir noch viele Überlegungen, Konzepte und Geschäftsmodelle erwähnen müssen, die vielleicht schon zum Zeitpunkt der Veröffentlichung höchstaktuell sein werden. Andere werden schneller Geschichte sein als wir die Seiten löschen können.

Das einzig stetige ist der Wandel –
und der ist schneller als je zuvor.

Bei der Geschwindigkeit, mit der sich gerade die (Internet-)Welt um uns herum verändert, mussten wir jedoch an irgendeiner Stelle mal kurz inne halten, vor- und zurückschauen und eine Momentaufnahme zur Orientierung machen. Wir hoffen, dies ist uns gelungen. Für Kritik und Anregungen sind wir im Sinne der Web 2.0 *Beta*-Mentalität und der *Weisheit der Massen* sehr dankbar.

Die Details stehen in diesem Buch, aber die wichtigste Botschaft, die Sie als Leser begriffen und verinnerlicht haben sollen ist:

Das, was uns Marketing-Experten und Verkaufsberater schon vor Jahrzehnten prophezeit haben, wird dank Web 2.0 und Social Commerce endlich wahr:

Der Kunde ist König!

....weil er im Web 2.0 die Macht dazu hat.

Ziehen Sie daraus Ihre Konsequenzen.

Weiterführende Hinweise für Literatur und Blogs

Natürlich müssen wir uns hier auf die Aufzählung unserer Ansicht nach besonders nützlicher Bücher, Blogs und Sammelwebsites zum Thema Web 2.0 oder Social Commerce beschränken. Einige andere wurden bereits im Text bzw. in Fußnoten genannt.

Bücher und Papers

Anderson, C.: The Long Tail. Nischenprodukte statt Massenmarkt. Das Geschäft der Zukunft. München (2007)

Buzinkay, M.: Web 2.0 für KMUs, Praxis 2007. Download unter www.buzinkay.net/web20-kmu.html

Eck, K.: Corporate Blogs – Unternehmen im Online-Dialog zum Kunden. Zürich (2007)

Mühlenbeck, F./Skibicki, K.: Community Marketing Management – Wie man Online-Communities im Internet-Zeitalter des Web 2.0 zum Erfolg führt. (2007)

Oetting, M.: Wie Web 2.0 das Marketing revolutioniert. Download unter www.connectedmarketing.de/downloads/oetting_wie-web20-das-marketing-revolutioniert.pdf

Reichwald, R./Piller, F.: Interaktive Wertschöpfung. Open Innovation, Individualisierung und neue Formen der Arbeitsteilung. Wiesbaden (2007)

Richter, A./Koch, M./Krisch, J.: Social Commerce. Eine Analyse des Wandels im E-Commerce.
Download unter www.kooperationssysteme.de/wordpress/wp-content/uploads/RichterKochKrisch2007.pdf

Ruschkoff, D.: Die neue Renaissance. (2006)

Schwarz, T. (Hrsg.): Leitfaden Online-Marketing. (2007)

Schwarz, T./Braun, G.: Leitfaden Integrierte Kommunikation. Wie Web 2.0 das Marketing revolutioniert. (2006)

Web 2.0/Social Commerce Blogs und Links

Agenturblog.de von Oliver Wagner

Communixx.de von Michael Koch

Connectedmarketing.de von Martin Oetting

Crowdwisdom.de von Markus Pöhlmann

Excitingcommerce auf *ecommerce.typepad.com* von Jochen Krisch

Dealicious.de von Volkmar Breindl

e-commerce-blog.de von Michael Jung und Daniel Schäfer

Fischmarkt.de

Go2web20.net

Gruenderszene.de von Lukasz Gadowski

Handelskraft.de

ibrahimevsan.de von Ibrahim Evsan

Idea-lounge.net von Martin Buzinkay

Interneteconomics.de/blog von Thomas Vehmeier

Kooperationssystem.de/blog von Alexander Richter, Michel Koch und Jochen Krisch

Neubibergblog unter *webzwo.wordpress.com* von Alexander Richter

Open-innovation.de von Ralf Reichwald und Frank Piller

Public-Beta.com von Christian Münch

Paulinepauline.de von Silke Berz

shoppingzweinull.blogspot.com von Stefan Wolk

SocialMash.de von Marcus Schmidt

Technorati.com

Themenblog.de von Mark Pohlmann

web2null.de

Werbeblogger.de von Patrick Breidenbach und Roland Kühl von Puttkamer

Über die Autoren

Um den interessierten Lesern das Durchstöbern von Homepages und Suchmaschinen zu ersparen, beenden wir dieses Buch im Folgenden mit einigen Anmerkungen zum Hintergrund der Autoren.

Frank Mühlenbeck

Während des Studiums engagierte sich Frank Mühlenbeck als selbständiger Berater für Internetlösungen. Nach Fertigstellung seines Betriebswirtschaftsstudiums an der Universität zu Köln gründete er eine spanische GmbH auf den Kanarischen Inseln, deren Gegenstand Marketing- und IT Leistungen im Tourismus-Sektor sind. Ein Jahr später gründete er ein weiteres Unternehmen, dass Multimedia Kiosksysteme von Deutschland aus vertreibt. Sein Weg führte ihn parallel zur Selbständigkeit zurück an die Universität zu Köln, für die er unter der Leitung von Marketing Professor Richard Köhler das Alumni-Netzwerk KölnAlumni 3 Jahre aufbaute. Das gemeinsame Interesse an Netzwerken und Online-Communities bewegte ihn und Prof. Dr. Skibicki dazu, ein gemeinsames Unternehmen zu gründen und Bücher zu publizieren.

Prof. Dr. Klemens Skibicki

K. Skibicki fügte nach seinem BWL-Diplom noch ein weiteres in VWL an der Universität zu Köln hinzu. An gleicher Stelle promovierte er als wissenschaftlicher Mitarbeiter in Wirtschaftsgeschichte über die Industrialisierung Oberschlesiens. Als Repetitor und Unternehmensberater führte er eigene Unternehmen, bevor er eine Professur an der *Cologne Business School*, dem International Campus der *Europäischen Fachhochschule Rhein/Erft*. übernahm. Seit 2004 lehrt er hier mit den Schwerpunkten Marketing und Marktforschung. Zentrale Themen wurden schnell die Bedeutung der Dynamik des Internets.

Brain Injection, Coloneo und Holiday Smilers

Die gemeinsamen Tätigkeitsschwerpunkte bündelten Mühlenbeck und Skibicki in der als Unternehmensberatung gestarteten *Brain Injection Ltd. & Co. KG*. Der Schwerpunkt der Community-Beratung wurde schnell so überragend, dass das Team um das technische Know-how erweitert wurde.

Zusammen mit den IT-Spezialisten *Rouven Maier* und *Thorben Maier* wurde 2006 die *Coloneo GmbH* in Köln gegründet. Seitdem bildet sie das Herzstück für die Konzeption, technische Umsetzung und das Management von Online-Communities der vier Gründer. Erweitert wird das Team durch ein Netzwerk an externen Programmierern und Marketingpartnern.

Coloneo bietet branchenübergreifend Community-Lösungen *aus einer Hand* mit Hilfe ihrer modularen Community-Software Jen-Go an. *Sahnestück* ist die Möglichkeit der Akquise von Community-Mitgliedern mit Hilfe der eigenen Foto-Erkennungssoftware *Reco-Pix*, die Mitglieder direkt und authentisch aus der Offline-Welt bei einem Event in die Community *beamt*.

Speziell für das Marktsegment Tourismus wurde als Tochterfirma die *Holiday Smilers GmbH & Co KG* gegründet.

Über Community-Lösungen, Seminare und unternehmensspezifische Beratung für externe Kunden hinaus betreibt das Start-up Unternehmen *Coloneo* auch eigene Communities. Hierzu wurden bisher zusammen mit der *Brunomedia GmbH* die *Booksmilers Ltd.* zum Betrieb der Literatur-Community *booksmilers.com* gegründet.

In Kooperation mit der *Striker Consulting Group* entsteht bis Ende 2007 *match2ad*, ein Marktplatz zur Koordination von Sponsoren und Sponsorsuchenden.

www.coloneo.com
www.holiday-smilers.com
www.brain-injection.com
www.booksmilers.com
www.match2ad.com

Interesse an unseren Leistungen?

- Unternehmensberatung
- Web2.0/Social Commerce-Beratung
- Community-Konzeption und -Management
- Community-Software
- Fotoerkennungs-Software
- Web 2.0/Social Commerce Seminare

Oder Sie möchten uns als Referent für Ihre Veranstaltung buchen? Bitte zögern Sie nicht, uns zu kontaktieren:

info@brain-injection.com

Regelmäßig äußern wir uns zu aktuellen Themen und freuen uns auf Ihr Feedback auf unserer Webseite

www.community-marketing.info

und speziell auf unserem Blog

www.braininjection.wordpress.com.

Bücher der Reihe Brain Injection – Social Media Marketing:

Band 1: Community Marketing Management (Details nächste Seite)

Band 2: Verkaufsweg Social Commerce

Band 3: Social Media Public Relations (erscheint 2008)

Eigene Communities bauen, nur wie?

MySpace, *YouTube*, *StudiVZ* und andere Online-Communities sind nach millionen- und milliardenschweren Übernahmen in aller Munde. Was macht diese Communities so erfolgreich?

Community Marketing ist die Königsstrategie im Online-Marketing, da kein anderes Instrument eine so emotionale Bindung der Kunden ermöglicht - Responsequoten von über 80 Prozent sind realistisch. Für den erfolgreichen Einsatz sind umfassende Kenntnisse über Chancen und Risiken von Communities nötig. Die Autoren Frank Mühlenbeck und Klemens Skibicki verbinden die wissenschaftliche Basis mit einem praxisorientierten Leitfaden, der Unternehmern einen Weg aufzeigt, eine eigene Community aufzubauen, um bestehende Kunden zu binden, neue Kunden zu akquirieren, Ihre Marke zu stärken und im Markt der Communities langfristig Werte zu schaffen.

Preis: 29,80 Euro, Seitenanzahl: 216
ISBN Nr. 978-3833492624
Versandkostenfrei bestellbar über Amazon.de